国家社科基金后期资助项目(18FKS022)

新时代人的文化存在与社会主义核心价值观教育创新研究

夏 锋 著

山东大学出版社
SHANDONG UNIVERSITY PRESS
·济南·

图书在版编目(CIP)数据

新时代人的文化存在与社会主义核心价值观教育创新研究/夏锋著.—济南:山东大学出版社,2021.9

ISBN 978-7-5607-7157-1

Ⅰ.①新… Ⅱ.①夏… Ⅲ.①社会主义核心价值观—思想政治教育—研究—中国 Ⅳ.①D64

中国版本图书馆 CIP 数据核字(2021)第 197527 号

责任编辑 谭学秋
封面设计 牛 钧 王秋忆

出版发行 山东大学出版社
社　　址 山东省济南市山大南路 20 号
邮政编码 250100
发行热线 (0531)88363008
经　　销 新华书店
印　　刷 济南乾丰云印刷科技有限公司
规　　格 720 毫米×1000 毫米 1/16
　　　　 17.5 印张 302 千字
版　　次 2021 年 9 月第 1 版
印　　次 2021 年 9 月第 1 次印刷
定　　价 58.00 元

国家社科基金后期资助项目
出版说明

后期资助项目是国家社科基金设立的一类重要项目，旨在鼓励广大社科研究者潜心治学，支持基础研究多出优秀成果。它是经过严格评审，从接近完成的科研成果中遴选立项的。为扩大后期资助项目的影响，更好地推动学术发展，促进成果转化，全国哲学社会科学工作办公室按照“统一设计、统一标识、统一版式、形成系列”的总体要求，组织出版国家社科基金后期资助项目成果。

全国哲学社会科学工作办公室

序　言

习近平指出："时代是思想之母，实践是理论之源。"① "中国特色社会主义进入了新时代，这是我国发展新的历史方位。"② 这一重大论断，昭示着新时代的历史开启性，确立了中国特色社会主义新的历史方位。新时代作为历史发展的新时期，并非意指自然场域中时间轴的延伸，而是人的存在场域和过程的延伸。正如马克思所言："整个所谓世界历史不外是……自然界对人来说的生成过程。"③ 就此而言，新时代是人之发展的方位和进程的更新，具有历史方位的锚定性和历史进程的跨越性。就锚定性而言，新时代立足新的历史起点，锚定了面向未来的发展前景，在历史性变革的基础上，迎来了实现中华民族伟大复兴的光明前景。就跨越性而言，新时代实现了里程碑式的跨越发展，"近代以来久经磨难的中华民族迎来了从站起来、富起来到强起来的伟大飞跃"④；新时代发生了关系全局的历史性变化，社会主要矛盾的变化标志着人的全面发展和社会全面进步有了更新和更高层次的目标定位。

新时代开启了社会主义核心价值观教育⑤的新境遇，深化了习近平新时代中国特色社会主义思想在思想政治教育领域的实践指导作用。价值观教育是在一般意义上价值观的教育理念表达与实践方式，社会主义核心价值观教育则是一般意义上价值观教育的具体价值表征与价值实践。核心价值观教育是立足新时代的历史方位，以核心价值观为价值目标、原则和取向，所进行的价值教育、价值养成和价值实践。在此意义上，新时代设定

---

① 习近平：《决胜全面建成小康社会　夺取新时代中国特色社会主义伟大胜利——在中国共产党第十九次全国代表大会上的报告》，北京，人民出版社，2017年，第26页。

② 习近平：《决胜全面建成小康社会　夺取新时代中国特色社会主义伟大胜利——在中国共产党第十九次全国代表大会上的报告》，北京，人民出版社，2017年，第10页。

③ 马克思：《1844年经济学哲学手稿》，北京，人民出版社，2000年，第92页。

④ 习近平：《决胜全面建成小康社会　夺取新时代中国特色社会主义伟大胜利——在中国共产党第十九次全国代表大会上的报告》，北京，人民出版社，2017年，第10页。

⑤ 在本书中"核心价值观"特指"社会主义核心价值观"，"核心价值观教育"特指"社会主义核心价值观教育"。——作者注

了当代中国精神的时代维度，核心价值观则是“当代中国精神的集中体现，凝结着全体人民共同的价值追求”①。新时代以中华民族伟大复兴为宏伟目标，高度的文化自信与文化的繁荣兴盛是实现中华民族伟大复兴的题中之义。习近平指出：“人类社会发展的历史表明，对一个民族、一个国家来说，最持久、最深层的力量是全社会共同认可的核心价值观。核心价值观，承载着一个民族、一个国家的精神追求，体现着一个社会评判是非曲直的标准。”② 在此意义上，核心价值观彰显了社会主义先进文化的内在规定性，以坚持和发展中国特色社会主义为题中之义，在国家、社会和公民等三个层面高度彰显并表达了价值目标、价值取向和价值准则。

新时代坚持以人民为中心，为人的存在和发展设定了新场域，为人的本质发展规定了新维度，为人的价值发展开启了新愿景。基于人的存在维度，新时代是人的发展更为全面实现的时代。新时代是历史既定性的时空场域，以历史的既定性和制度的内在规定性为前提；新时代是历史开放性的时空场域，彰显着历史的生成性，呈现出人民现实发展与制度完善发展的“源生性”活力。基于人的本质维度，新时代是人的发展更加多维实现的时代，人的个体本质更加多维实现的时代，人的群体本质更加自我确证的时代，人的类本质更加鲜明彰显的时代。基于人的价值维度，新时代是人的发展愿景更加接近实现的时代。新时代是人的现实发展愿景不断实现的时代，人民对美好生活的向往更加强烈，对美好生活的共识更加通约；新时代是人的终极发展愿景更加接近的时代，人民全面发展的终极愿景更具价值实践的渐进性，社会全面进步的共有愿景更具价值实践的合力性。

新时代深化了人的文化存在与核心价值观教育的本质关联。在学理逻辑层面，人的文化存在作为人的精神存在，是人的精神存在方式、过程与结果。具体而言，人的文化存在是以人为价值主体的在场状态，以文化为具体现实的存在方式，实现了人之存在的物质性、社会性、精神性的价值契合与现实融通。与此同时，人的文化存在具有固有的价值预设，核心价值观正是在国家、社会和公民等三个层面为国人的文化存在设定了价值目标、价值取向和价值准则。在实践逻辑层面，核心价值观秉承了人本的价值原则，以人民的利益满足、需求实现和全面发展为根本价值指向，“坚持以人为本，尊重群众主体地位，关注人们利益诉求和价值愿望，促进人

---

① 习近平:《决胜全面建成小康社会　夺取新时代中国特色社会主义伟大胜利——在中国共产党第十九次全国代表大会上的报告》,北京,人民出版社,2017 年,第 42 页。

② 《习近平谈治国理政》,北京,外文出版社,2014 年,第 168 页。

的全面发展”①。核心价值观在价值规则层面注重价值规则设计与践行的内在一致性，在规则设计层面注重政策保障、制度规范与法律约束的有机衔接，在规则践行层面注重宣传教育、示范引领与实践养成相统一。核心价值观作为文化软实力，在文化强国的进程中，实现了国家、社会和公民个人等层面的价值通约，凝聚了中华民族伟大复兴中国梦的价值目标。

综上所言，本书以鲜明的问题意识，以马克思主义人学为理论分析框架，立足“人的文化存在”这一核心范畴，以“中国特色社会主义进入新时代”为基本理论前提，紧密围绕新时代、人的文化存在、核心价值观教育三者构成的多维关系，阐释基本学理问题。与此同时，本书立足中国特色社会主义文化的研究视域，以习近平新时代中国特色社会主义思想为指南，深化核心价值观教育创新的时代研究；以鲜明的实践意识，以“满足人民日益增长的美好生活需要”为根本旨归，基于教育内容的时代发展、教育方法的时代拓展和教育路径的时代延展，以期深化核心价值观教育创新研究。

① 《关于培育和践行社会主义核心价值观的意见》，2013年12月23日。

目 录

第一章 导论 …… 1

一、问题的缘起 …… 1
二、研究现状述评 …… 6
三、本研究主要内容、方法及创新之处 …… 22
四、研究意义 …… 26

第二章 人的文化存在的理论阐释 …… 28

一、人的文化存在的相关界定 …… 28
二、人的文化存在的内容 …… 35
三、人的文化存在的本质特征 …… 46
四、人的文化存在的表征方式 …… 56

第三章 价值观教育的文化存在论基础 …… 65

一、价值观教育价值取向的文化存在论基础 …… 65
二、价值观教育基本规律的文化存在论基础 …… 71
三、价值观教育环境的文化存在论基础 …… 80

第四章 价值观教育的文化属性及其功能 …… 85

一、价值观教育的文化指向性与导向传播功能 …… 86
二、价值观教育的文化整体性与选择协调功能 …… 94
三、价值观教育的文化生成性与传承创新功能 …… 102

第五章 新时代人的文化存在与社会主义核心价值观教育面临的机遇及挑战 …… 111

一、新时代人的文化存在的现实境遇分析 …… 111

二、新时代社会主义核心价值观教育面临的新机遇…………………… 124
三、新时代社会主义核心价值观教育面临的新挑战…………………… 141

第六章　新时代人的文化存在视域下社会主义核心价值观教育内容拓展…………………………………………………………………………… 153

一、基于人的文化存在主体的社会主义核心价值观教育内容拓展…………………………………………………………………………… 153
二、基于人的文化存在过程的社会主义核心价值观教育内容拓展…………………………………………………………………………… 166
三、基于人的文化存在场域的社会主义核心价值观教育内容拓展…………………………………………………………………………… 173

第七章　新时代人的文化存在视域下社会主义核心价值观教育方法论构建…………………………………………………………………… 184

一、构建“因事而化、因时而进、因势而新”的教育方法论……… 185
二、构建“落细、落小、落实”的教育方法论……………………… 194
三、构建“全员全过程全方位育人”的教育方法论………………… 201

第八章　新时代人的文化存在视域下社会主义核心价值观教育创新途径实现…………………………………………………………………… 210

一、拓展社会主义核心价值观教育的文化实践……………………… 210
二、挖掘社会主义核心价值观教育的文化资源……………………… 221
三、创新社会主义核心价值观教育的文化载体……………………… 228
四、优化社会主义核心价值观教育的文化环境……………………… 239

主要参考文献……………………………………………………………… 256

后　记………………………………………………………………………… 267

第一章　导论

党的十九大报告指出："中国特色社会主义进入了新时代。"[①] 新时代是以坚持和发展中国特色社会主义为根本主题，以建设社会主义文化强国为重要战略任务和发展指向。实现人民的全面发展、社会全面进步是新时代的价值旨归，是以培养担当民族复兴大任的时代新人为着眼点，以期激发全民族文化创新创造活力。立足新时代的历史方位，人与文化的本质关联更加密切，更具有当下的时代价值，即满足人民美好生活的需要是以推动社会主义精神文明发展为必要条件。人与文化的本质关联也蕴含着更加宏大高远的价值愿景，实现中华民族伟大复兴的中国梦以坚定文化自信、推动社会主义文化繁荣兴盛为题中之义。本书基于新时代的重大理论论断，立足马克思主义人学与文化哲学，以人的文化存在为理论基点，以培育和践行社会主义核心价值观为现实落脚点，以期深化社会主义核心价值观教育创新问题研究。

一、问题的缘起

党的十九大报告指出："文化是一个国家、一个民族的灵魂。文化兴国运兴，文化强民族强。没有高度的文化自信，没有文化的繁荣兴盛，就没有中华民族伟大复兴。"[②] 文化作为民族之魂，是延续民族血脉的精神纽带，也是激发民族的身份认同和价值认同的文化基因。文化作为国家之魂，是彰显国家软实力的重要构成要素，为实现民族复兴奠定了深厚的精神根基和价值滋养。就此而言，人的文化存在恰恰彰显了文化的"体"与

① 习近平:《决胜全面建成小康社会　夺取新时代中国特色社会主义伟大胜利——在中国共产党第十九次全国代表大会上的报告》,北京,人民出版社,2017 年,第 10 页。

② 习近平:《决胜全面建成小康社会　夺取新时代中国特色社会主义伟大胜利——在中国共产党第十九次全国代表大会上的报告》,北京,人民出版社,2017 年,第 40～41 页。

“用”价值统一性。在“用”的层面，文化以自身的繁荣促成国家富强与民族复兴。在“体”的层面，文化是人民“日用常行”的存在方式，实现了人与文化之间的休戚与共，也构建了供人民安身立命的精神家园。在此意义上，文化不仅是人之存在的方式，更是人之存在的本真价值和本体确证。

基于此，本书以“人的文化存在”为核心范畴，基于人与文化的本质关联，以价值观为人的文化存在的精神凝练和价值表达，以价值观教育为人的文化存在的价值实现方式和实践路径，有助于深化思想政治教育的人学范式研究，深掘思想政治教育的文化属性和价值。

（一）本研究是深化思想政治教育范式研究的应有之义

党的十九大报告指出：“社会主义核心价值观是当代中国精神的集中体现，凝结着全体人民共同的价值追求。”① 可见，核心价值观具有高度的凝练性和深远的指向性。就凝练性而言，核心价值观具有本质规定的凝练性，是对中国精神、中国力量和中国智慧的高度凝练。核心价值观既蕴含着中国特色的文化基因、文化传承和文化血脉，也遵循着科学社会主义的本质原则。核心价值观也具有时代特点的凝练性，是对“中国特色社会主义进入新时代”的价值表达，使当代中国精神以高度凝练的价值目标、价值取向和价值原则予以集中表达。就指向性而言，核心价值观具有客观的指向性，科学遵循着社会主义建设规律和文化发展规律，在社会主义现代化强国的建设进程中，深刻折射出建设文化强国的战略指向。核心价值观也具有主体的指向性，深刻反映了人民对美好生活向往的价值愿景，自觉顺应着人民的美好生活需要。基于此，核心价值观教育创新研究正是基于思想政治教育的人民性、文化性和科学性等内在规定，以“合规律性”的教育实践顺应中国特色社会主义的发展方向，凝聚人民建设社会主义现代化强国的实践合力；以“合目的性”的教育实践顺应人民全面发展、社会全面进步的价值指向，在教育引导过程中以自发的价值诉求与意愿，深化为自觉的价值恪守与践行。

1. 本研究有助于深化价值观教育的文化范式研究

价值观教育是价值观、教育与文化之间的实践关联，彰显出教育的人本性、文化性和实践性。就此而言，价值观教育以文化为本质关联，即价值观是文化的集中凝练与表达；人是文化的价值主体与受体，也是教育的

① 习近平：《决胜全面建成小康社会　夺取新时代中国特色社会主义伟大胜利——在中国共产党第十九次全国代表大会上的报告》，北京，人民出版社，2017年，第42页。

主体与客体；教育是文化的具体样态与实践方式。可见，如何厘清文化在价值观教育中的逻辑关系和现实关系，如何以文化范式审视价值观教育的必要性、重要性和可行性，对于深化价值观教育创新研究具有基本的学理意义。本课题是基于关于文化的哲学审视，以马克思主义为理论分析框架，探究人、价值观与教育之间的学理逻辑。

一是立足文化与人的本质关联，解析人与文化之间的双向主体关系，即文化是“人为”的实践过程与结果，也是“为人”的价值规定与归属。基于人的文化存在的理论阐释，价值观教育设定了“人之为人”的人本维度与“以文化人”的文化维度；基于人与文化的本质关联，阐析价值观教育的本质规定、功能属性和实现路径。

二是立足文化与教育的双向关系，探究教育所蕴含的文化属性与功能，阐释文化所具有的教育功用与价值。在此研究视域中，教育是文化的具体实践路径与现实表征方式；文化则是广义上的教育内容、路径和载体，营造出更加系统的教育环境、氛围和情境，使教育形成了显性与隐性，以及宏观、中观和微观相衔接的文化实践活动。

三是立足文化与价值观的内在关联，阐析文化所蕴含的价值理念、价值准则和价值取向，解析价值观形成发展的文化归因、文化脉络和文化背景。基于此，文化与价值观构成了互诠互释的逻辑关联。文化构成了价值观生成与发展的精神滋养，具有内在的价值逻辑与实践生成逻辑。价值观则是文化的高度凝练，也是文化主体之间在文化认同与践行过程中构成的价值通约的文化表达方式。

2. 本研究有助于深化价值观教育的人学范式研究

本研究具有鲜明的问题意识，聚焦“人的文化存在”这一研究主题。该主题呈现出三方面的问题指向：其一，“人的文化存在”的存在主体是什么？换言之，“人的文化存在”究竟是谁的存在？其二，“人的文化存在”的存在方式是什么？具体而言，“人的文化存在”是以何种方式予以存在、表征和确证？其三，“人的文化存在”的存在样态是什么？就此而言，“人的文化存在”在发生学意义上具有何种演化的内生性逻辑与内在规定性本质？在此问题意识的催进下，价值观教育以“人的文化存在”为逻辑基点，围绕人、文化和存在的核心范畴，深刻省察“人之为人”的人本教育、“以文化人”的文化教育、“日用常行”的生活教育。

一是以“以人为本”为理念，将价值观教育作为“人”的教育，提升人的主体性价值。在价值哲学视域中，人的文化存在以人的在场状态为根本存在；人是存在的价值主体，也是存在的价值旨规。由此，价值观教育以人为根本的价值衡量尺度，遵循人的成长规律、心理作用规律、思想道德品质塑造规律；以人为根本的价值旨规，彰显“人之为人”的价值意蕴，实现“人的全面发展”的价值愿景。

二是以文化为基点，将价值观教育作为“文化”的教育，提升教育的文化属性和价值指向性。就文化属性而言，价值观教育是对价值观的文化认知、理解和践行的实践过程，发挥着价值观教育的文化渗透、熏陶的隐性功用，也发挥着文化传播、宣传的显性作用。基于其文化属性，价值观教育要通过隐性与显性的不同教育路径，达到共同、共有的价值指向。立足新时代，价值观教育必然要基于“立德树人”的根本任务，确立“担当民族复兴大任的时代新人”的育人目标。

三是以生活世界为场域，将价值观教育作为“生活”的教育，提升教育的生活意蕴与实践价值。在发生学视域中，价值观教育由自发的价值认知、价值观念，在有组织、有计划的教育引导过程中，升华为自觉的价值认同、价值实践。由此，价值观教育要置身于现实生活的多层面场域中，提升教育内容、目标和方法的生活化程度，强化价值观践行的可操作性与实效性，达到教育引导与实践养成的有机衔接。

（二）本研究是深入践行习近平新时代中国特色社会主义思想的现实诉求

习近平指出：“时代是思想之母，实践是理论之源。”① 党的十九大报告中提出：“中国特色社会主义进入了新时代。”② 新时代是立足新的时代条件，契合新的实践要求，以高度的实践自觉，确证了实践逻辑的科学性、合理性和指向性。正是如此，新时代呈现出“源头活水”的理论活力，形成习近平新时代中国特色社会主义思想，“以全新的视野深化对共产党执政规律、社会主义建设规律、人类社会发展规律的认识，进行艰辛理论探索，取得重大理论创新成果”③。在此意义上，只有以更具高度的理论自觉审思“新时代”，才有助于以更具高度的实践自觉践行习近平新时代中国特色社会主义思想。基于马克思主义人学的理论审思，“新时代”具有属人的内在规定性，在人的具体现实的存在场域中，以人为根本的前提、目标和动力，深刻蕴含着以人民为中心的发展思想，具有以人为本的

① 习近平：《决胜全面建成小康社会　夺取新时代中国特色社会主义伟大胜利——在中国共产党第十九次全国代表大会上的报告》，北京，人民出版社，2017年，第26页。

② 习近平：《决胜全面建成小康社会　夺取新时代中国特色社会主义伟大胜利——在中国共产党第十九次全国代表大会上的报告》，北京，人民出版社，2017年，第10页。

③ 习近平：《决胜全面建成小康社会　夺取新时代中国特色社会主义伟大胜利——在中国共产党第十九次全国代表大会上的报告》，北京，人民出版社，2017年，第18～19页。

目标指向性、发展规律性和价值合理性。归其根本，“新时代”以里程碑式的意义，以中国特色社会主义为内在规定，以社会主要矛盾的转化为现实基点，以习近平新时代中国特色社会主义思想为行动指南，在社会主义文化强国建设进程中，开启了人的文化存在、人的本质及人的价值的新场域、新动力和新愿景。

1. 本研究是新时代视域下建设社会主义文化强国的时代诉求

人的文化存在问题研究立足于党的十九大所提出的“要坚持中国特色社会主义文化发展道路，激发全民族文化创新创造活力，建设社会主义文化强国”[①] 的时代诉求，具有“发挥文化引领风尚、教育人民、服务社会、推动发展的作用”的现实任务与诉求。

第一，人的文化存在问题研究是建设社会主义文化强国的时代诉求。“从站起来、富起来到强起来的伟大飞跃”，昭示着中国特色社会主义强大的生命力、发展的持续力和愿景的感召力。这一伟大飞跃不仅是以国家经济实力为物质支撑，更是以国家的文化软实力为精神依托。立足新时代的历史方位，如何维护好国家文化安全，加强意识形态领域建设，提高中国特色社会主义文化的影响力与辐射力，是本研究的现实诉求与理论呼应。

第二，人的文化存在问题研究是增进中华民族文化认同、增强民族凝聚力的时代诉求。文化以精神家园的方式，以高度的文化自觉，构成了凝聚民族的精神纽带。文化以民族之魂的样态，以高度的文化自信，激发了民族自强的内生驱动力。在全球化的历史大势中，中华民族如何“不忘本来”、更为自觉地进行文化辨识与传承，如何“吸收外来”、更为自觉地进行文化汲取与甄别，如何“面向未来”、更为自觉地进行文化的创造创新与转化发展，上述问题的研究正是本研究的题中要义。

2. 本研究是新时代视域下践行以人民为中心的发展思想的时代要求

人的文化存在问题研究以人民的全面发展为根本落脚点，以人民作为文化延续、发展和创新的价值实践主体，以人民作为文化成果的价值归属主体，以激发全民族文化创新创造活力为价值实现动力。

第一，人的文化存在问题研究是激发人民主体力量与作用的时代诉求。党的十九大报告指出：“人民是历史的创造者，是决定党和国家前途命运的根本力量。”[②] 人民作为文化存在的主体，在日用常行的生活中传

① 习近平：《决胜全面建成小康社会　夺取新时代中国特色社会主义伟大胜利——在中国共产党第十九次全国代表大会上的报告》，北京，人民出版社，2017 年，第 41 页。

② 习近平：《决胜全面建成小康社会　夺取新时代中国特色社会主义伟大胜利——在中国共产党第十九次全国代表大会上的报告》，北京，人民出版社，2017 年，第 21 页。

承践行核心价值观。由此，研究人的文化存在问题是关注人民的精神存在，将人民定位为文化传承与创新的主体。人民的文化创新创造活力的不断激发，构成了发展中国特色社会主义文化的强大的主体驱动力。由此，人的文化存在问题研究是践行以人民为中心的发展思想的时代诉求。中国特色社会主义具有人民性的内在规定，以人民为制度设计、制度安排的实践动力与价值归属。在此意义上，践行以人民为中心的发展思想，体现在民生、教育等社会公共服务政策与公共服务资源供给方面，不断优化人民对社会发展的获得感与安全感。与此同时，践行以人民为中心的发展思想，也是在社会转型的发展机遇中不断应对社会治理的各种问题，优化社会发展的利益分配，化解社会群体的关系冲突，引导社会心态的积极正向发展，进而不断优化人民的幸福感与归属感。

第二，人的文化存在问题研究是满足人民精神文化需要、加强精神文明创建的时代诉求。中国特色社会主义进入新时代，为人的文化存在奠定新的历史方位。关于人的文化存在的研究，坚持以人民为中心的价值导向，以实现人民的全面发展为价值归属。由此，人民的发展不仅是物质需要的满足，也是社会需要和精神需要的升华和实现。新时代社会主要矛盾的转化，意味着人民具有更为多样的层次化需要，也意味着人民具有更高标准的高质量需要。这决定了人民的物质需要已不能满足于温饱层面，而是追求更为健康、安全、便捷的衣食住行等方面的需要。同时，这预示着人民的精神文化需要具有多样化的品质追求，呈现出多种品位的价值选择、多样格调的价值分化。这也彰显着人民的精神文化需要具有同质化的价值追求，“促进满足人民文化需求和增强人民精神力量相统一”①，使人民更具有笃实的获得感、幸福感和安全感。

二、研究现状述评

尽管当前学界尚未有直接以“人的文化存在与社会主义核心价值观教育创新研究”为题目的相关研究成果，但国内外学界立足哲学、社会学、人类学、心理学、教育学等学科，对人的文化存在、价值观教育等相关问题，进行了多视域、多学科的学术研究。

---

① 中共中央党史和文献研究院编:《中国共产党第十九届中央委员会第五次全体会议文件汇编》,北京,人民出版社,2020 年,第 48 页。

（一）国内研究现状述评

根据目前查阅到的资料，关于“人的文化存在与社会主义核心价值观教育创新研究”，尚未有以此为题的专著、期刊论文和学位论文。关于“文化观”“人的文化存在”“人的文化生存”“文化与思想政治教育”“文化与价值观”“文化与德育”等理论问题，已有一定数量相关的专著、期刊论文和学位论文，其中一些理论问题已经成为研究焦点，研究成果颇为丰富。总体而言，本课题的相关研究主要涉及以下三个方面：

1. 关于“人的文化存在”“人的文化生存”的研究

国内学术界对“人的文化存在”“人的文化生存”问题的研究相对较晚。在理论背景上，存在主义、西方马克思主义、文化哲学、文化人类学等理论思潮传入中国，关于人的存在、人的文化存在成为理论研究焦点；在现实背景上，市场经济的确立与完善、社会转型进程的深化等诸多因素，深刻地改变了人的生存方式，关于人的文化存在问题成为现实焦点。在此背景下，多个学科对这一问题进行了相关研究。具体可以从以下四个方面分析：

第一，关于“人的文化存在”的内涵界定。文化问题即人的问题，要正确反映文化的本质，就要从哲学一般出发，从人的存在视角认识、理解文化。文化存在是人类在实践活动中，基于人的主体性、实践性和生成性而予以确证的客观实在。基于文化的狭义与广义概念的区分，就广义文化而言，文化是人的存在方式，人的文化存在等同于人的存在，是自然存在、社会存在和精神存在的有机整体。就狭义文化而言，人的文化存在作为人的精神存在，是人在精神世界中自由自觉的存在。

第二，关于“类的文化存在”研究。基于人的类、群体与个体的差别，人的文化存在方式具体表征为类的文化存在、群体的文化存在与个体的文化存在。当前学界侧重于人的类本质、群体本质与个体本质等不同方面，研究人的文化存在问题。关于“类的文化存在”的研究，主要是从马克思主义人学、哲学人类学、文化哲学等角度，关注人的文化存在的前提、条件等问题，探寻文化与人的内在关联性、同一性和生成性等问题；立足宏观历史视域，探究人类文化的发展脉络，解析文化与人的双向关系，研究文化与人的相互确证、共同生成、相互诠释的过程和机制。比如，李鹏程指出：“文化世界是一个以人为本体的世界，人的意向性是文化世界的动力和指向，人的活动是文化世界的运动方式。”① 丁三青指出：“马克思主义文化哲学立足于马克思主义的主体性文化概念，其根本目标指向是实现人的主体性生成，推动主体文化自觉。……通过主体意识的强化和实践活动的深入自觉实现新文化生成，最终实现人的生存方式转变的动态过程。”②

第三，关于“群体的文化存在”的研究，主要是以特定历史时期内民族等群体为研究对象，探究民族与文化的内在关系。在共时态角度，以文化比较的方式，探究文化的异质性、文化模式的多样性等问题；以中西文化的不同视角，探究中西文化模式、文化结构和价值观等问题；以全球化视野，探究传统文化转型中的文化冲突问题、国人的价值观嬗变、精神家园的变迁等问题。如邹广文等主张，“反思并确定文化的形而上来源、根据和意义，是文化哲学构建的重要使命”③，以历史与现实的视角考察国人的精神家园，探究中国文化的终极关怀向度。在历时态角度，以哲学、人类学视角，探究文化模式的演化过程、人的文化存在的结构与图式等问题；以人类学研究方法，通过历史研究与实证研究，关注少数民族的文化生存的历史发展、现状和解困之道。如杨玲的博士论文《文化交往论》，立足历时态角度，基于发生学立场，系统梳理文化交往的历史进程以及文化交往的一般规定，着力从哲学本体论层面分析了文化交往存在的基本前提；基于共时态角度，剖析文化主体合法性问题及文化主体间沟通与理解可否通约等方面的问题，并就文化交往的现实困境进行哲学反思；反思和观照当下中国文化交往的问题，探索开启和深化文化交往的中国之路。④

第四，关于“个体的文化存在”的研究，侧重于研究在整体文化背景与具体文化情境下个体的心理发生机制与人格塑造养成机制。教育学从教育的规律、方法、过程等方面，将教育作为人的文化存在方式与手段，促进人的全面发展；心理学以个体为研究起点，主张人格是个体对特定文化“内化”的结果，也是人的文化存在方式。如杨秀莲认为，人生活于特定的文化情境之中，是由文化塑造的，个体发展的过程就是其所处文化情境塑造的结果。人创造了文化，又被文化所创造，人与文化密不可分。人格是个体在特定文化状态下的生存样态，它的形成和发展受物质文化、制度

① 李鹏程：《当代文化哲学沉思》，北京，人民出版社，1994 年，第 48 页。

② 王希鹏、丁三青：《主体文化自觉：马克思主义文化哲学的现实关怀》，《内蒙古社会科学》2011 年第 1 期。

③ 邹广文、蔡利民：《从文化哲学视角看中国人的终极关怀》，《天津社会科学》2009 年第 5 期。

④ 参见杨玲：《文化交往论》，华中科技大学博士学位论文，2010 年。

文化和精神文化的影响和制约；人格界定为文化的产物，“人格是个人对特定文化‘内化’的结果，也是人的文化存在方式”①；人是文化中的人，文化是人的文化；人是文化的创造者和被创造者，人类创造了文化，但对每个个体来说，文化又塑造了他。

2. 关于文化与价值观教育关系的研究

在社会转型的当下境遇中，人们的利益分配、价值观念、行为方式趋于多样化。在此背景下，文化与价值观教育的关系问题逐渐成为思想政治教育学科研究中的重要问题。学术界取得了一定的研究成果，提出了一些值得深究的重要课题和值得借鉴的成果。

第一，基于哲学一般的视角，关注研究马克思主义经典作家关于文化与思想政治教育关系、文化与价值观教育关系的思想和论述。从现有的研究成果看，当前学界主要是研究马克思主义中的文化问题，探究文化观与相应的文化理论。在所发表的学术论文和相关著作中，关于文化与思想政治教育、文化与价值观教育的理论探析，一方面梳理了马克思主义关于文化问题研究的脉络，探究历史唯物主义文化观形成、发展和完善的过程，解析内在理论精神和精髓的一致性；另一方面立足于马克思主义的文化观，探究文化与教育人民大众、促进社会发展的关系。如胡海波的博士论文《马克思恩格斯文化观研究》梳理了马克思恩格斯文化观的发展轨迹；阐述了文化观的基本内容，即以社会生活的不同层级结构，创立了具有一定理论体系严整性的历史唯物主义文化观，文化的意识形态性与历史正当性共同构成了马克思恩格斯对阶级社会条件下社会精神文化现象的全面理解；阐发了马克思主义文化观的社会价值，指出文化全球化与文化转型的现实境遇凸现的马克思恩格斯文化观成为当代境遇下进行文化研究和文化建设的理论宝库。②

第二，基于中国特色社会主义文化视域，探究核心价值观的文化源流、内涵和内容。党的十八大提出“三个倡导”，对核心价值观从三个层面进行了高度凝练与概括。学界从不同层面对其文化源流和发展过程进行梳理，对内涵和内容进行解读和诠释。关于核心价值观的文化源流方面，有学者基于马克思主义中国化、中华优秀传统文化等理论视域予以研究。如郭齐勇认为，“社会主义核心价值观根植于中华传统文化，而中华传统文化根植在六经之中。对待传统文化，我们应该有敬畏之心，同时应该有

① 杨秀莲:《试论人的文化存在方式》,《学术交流》2011 年第 11 期。

② 参见胡海波:《马克思恩格斯文化观研究》,东北师范大学博士学位论文,2010 年。

文化自信和自觉"①。又如肖贵清认为，"中华优秀传统文化既是我们这个民族价值观的内在根基，也是我们这个民族价值观的外在表现"②。关于核心价值观的发展历程研究方面，如李文阁主张，社会主义核心价值观的形成可分为酝酿、提出、深化三个阶段，即从党的十六届六中全会提出建设社会主义核心价值体系到十八大之前是酝酿阶段，第一次提出了"建设社会主义核心价值体系"的重大命题和战略任务；从十八大到《关于培育和践行社会主义核心价值观的意见》的颁发为提出阶段，明确了核心价值观的基本内容以及培育和践行核心价值观的指导思想、基本原则和实践路径；从《关于培育和践行社会主义核心价值观的意见》颁发至今是深化阶段，中央高度重视核心价值观的培育和践行，全国培育和践行核心价值观引向深入。③ 关于社会主义核心价值观与社会主义核心价值体系的关系研究方面，如韩震认为，社会主义核心价值观是社会主义核心价值体系的内在灵魂或者精髓；社会主义核心价值观的价值诉求、价值目标、价值取向、价值准则以及价值规范等，都是社会主义核心价值体系的不同功能的体现。④ 如韩振峰认为，"社会主义核心价值观与社会主义核心价值体系是两个既有联系又有区别的概念。……社会主义核心价值体系指的是社会主义意识形态中那些反映社会主义经济、政治和文化制度要求、体现社会主义发展趋势的核心思想意识、价值观念的总和，而社会主义核心价值观则是对社会主义核心价值体系核心内容和精神实质的高度凝练及抽象概括"⑤。关于社会主义核心价值观内容外延研究方面，如姜迎春认为，社会主义核心价值观至少包括"人民至上、劳动光荣、团结进步、追求理想"这四个方面的内容。⑥ 关于社会主义核心价值观内容的关系研究方面，如崔宜明认为，社会层面的价值目标起中间桥梁作用，只有社会层面的价值目标得到保障，才能实现国家层面的价值目标，才能保障公民个人

---

① 郭齐勇:《中华优秀传统文化是社会主义核心价值观的土壤与基础》,《光明日报》2014 年 4 月 2 日。

② 肖贵清:《中华优秀传统文化与社会主义核心价值观的内在联系——学习习近平系列重要讲话精神》,《南京师大学报(社会科学版)》2015 年第 6 期。

③ 参见李文阁:《论社会主义核心价值观的形成、内涵与意义》,《北京师范大学学报(社会科学版)》2015 年第 3 期。

④ 参见韩震:《"民主、公正、和谐"体现了社会主义的核心价值追求》,《红旗文稿》2012 年第 6 期。

⑤ 韩振峰:《社会主义核心价值观的基本内涵和重大意义》,《思想政治工作研究》2012 年第 12 期。

⑥ 参见姜迎春:《社会主义核心价值观弘扬马克思主义政党的本质》,《红旗文稿》2012 年第 8 期。

的价值准则具有“好公民”的价值标识。①

3. 人的文化存在与价值观教育关系研究

关于这一问题的研究，逐渐成为学界的研究焦点与难点。目前学界主要以人的存在为切入点，基于人的存在的多维视角，探究人的存在问题与价值观教育创新之间的内在关联。总体而言，研究主要集中在以下四个方面：

第一，立足哲学一般视角中的“人的存在”问题，探究“人的存在”与教育、价值观教育的关系。王学安认为，马克思主义对人的本质的揭示奠定了社会主义核心价值观的理论基础；马克思主义价值观认为，劳动是人的价值基础，社会价值是人的价值的根本所在，衡量人的价值的最终标准是看人的活动是否推动了社会历史的前进与发展。人必须要适应社会发展规律的要求，只有为推动社会发展与进步贡献力量，人才会有价值。②石中英在《论教育实践的逻辑》《人作为人的存在及其教育》《文化多样性与学校文化建设》等论文著述中，从教育哲学的视角探讨人作为人的存在特征、问题及其教育；阐释了人作为人而存在的“绝对性”“意向性”“文化性”“时间性”“语言性”和“独特性”，分析了由此产生的人作为人而存在的基本问题——“死亡”“奴役”“有限”“孤独”“自我认同”，并将其区分于一般意义上的生存问题；分析了“存在教育”与“生存教育”两个概念，主张要关注人的存在问题，应该将存在问题的讨论与青少年学生存在经验的自我反思结合在一起，在学校情景中进行存在教育。③王智慧的博士学位论文《人的存在与思想政治教育》，以人的存在作为现代思想政治教育的出发点，以思想政治教育作为人的存在方式，在此基础上分析了人的语言存在方式、时间存在方式、文化存在方式、理解存在方式与思想政治教育语言性、过程性、文化性、理解性之间内在的本质关联，主张只有从思想政治文化的角度才能全面理解思想政治教育的全部内容，这就是思想政治教育的文化性；基于人的存在就是人的现实生活过程，探究生活与思想政治教育的内在关联，提出了生活化思想政治教育的内容构建与方法论原则。④

第二，立足“人的存在”的多维特征与特性，探究核心价值观教育的

① 参见崔宜明：《社会主义核心价值观与中华优秀传统文化的再认识》，《道德与文明》2014 年第 5 期。

② 参见王学安：《社会主义核心价值观的四个来源》，《党政干部论坛》2014 年第 11 期。

③ 参见石中英：《人作为人的存在及其教育》，《北京大学教育评论》2013 年第 2 期。

④ 参见王智慧：《人的存在与思想政治教育》，山东师范大学博士学位论文，2008 年。

实现路径。这方面的研究成果重点关注青少年的价值观教育，认为青少年处于价值观形成与发展的关键时期，要基于青少年的心理特点、成长规律，探究教育规律、方法和途径；关注大学生的价值观教育，立足高校立德树人的根本任务，遵循大学生成长规律，研究价值观教育的具体路径。基于国民教育的学段，探究价值观教育的具体路径。有研究成果主张，“教育者要善于在‘小故事’方面进行探索，将‘小故事’融入‘大理论’中；在教学机制方面，要善于从‘小细节’入手，由‘小细节’转入‘大问题’中；在教学理念方面，要善于将‘小个体’延伸到‘大环境’中”①。有研究成果认为，“社会主义核心价值观融入校园文化的价值导向中，以此增强核心价值观的向心力和凝聚力；融入校园文化的环境塑造中，以此丰富核心价值观的培育载体；融入校园文化的社团生活中，以此提升社会主义核心价值观在大学生中的认同情感；融入校园文化的实践活动中，以此实现社会主义核心价值观的行动转换”②。冯刚认为，“大学生核心价值观培育要遵循大学生思想品德形成发展的基本特征及其特殊规律，要通过加强课堂教学、借助网络平台、注重人文涵育、突出实践育人、着眼多方统筹等，从而有效推进大学生核心价值观培育工作”③。

第三，基于“人的存在”的文化属性与特征，探究核心价值观教育的实现载体。相关成果从文化对人的发展、人的价值层面研究价值观教育的实现问题。如冯颜利、廖小明认为，提炼和践行社会主义核心价值观，是实现文化自觉、增强我国文化软实力的客观需要，是巩固全党全国各族人民共同思想道德基础的内在要求以及助推社会主义核心价值观大众化、通俗化的现实迫切需要。④ 相关成果以“微时代”为视角，探索高校社会主义核心价值观教育载体的创新。如杨军、陈根认为，“微时代”的新媒体既有负面影响又包含巨大机遇，所以高校应合理规避新媒体的消极影响，充分发挥新媒体的积极作用，将社会主义核心价值观融入健康的新媒体文化，探索和创新社会主义核心价值观教育的载体和途径。⑤ 李煌明从中华优秀传统文化的价值观出发，提出以“和”为社会主义核心价值观的价值

---

① 韩文乾：《高校社会主义核心价值观教育的基本路径和关键环节》，《河北大学学报（哲学社会科学版）》2015 年第 4 期。

② 朱志明、魏宝珠：《社会主义核心价值观融入高校校园文化建设的路径探究》，《思想教育研究》2016 年第 2 期。

③ 冯刚：《着力培育大学生社会主义核心价值观》，《高校理论战线》2012 年第 9 期。

④ 参见冯颜利、廖小明：《问题・旨趣・路径——社会主义核心价值观新探究》，北京，人民出版社，2014 年，第 14～16 页。

⑤ 参见杨军、陈根：《微时代大学生社会主义核心价值观教育的消解与重构》，《教育探索》2014 年第 6 期。

准则，以“生”为社会主义核心价值观的价值导向，以“德”为社会主义核心价值观的价值保障。①

第四，立足“人的存在”的现实境遇，探究核心价值观的实现机制。基于“人的存在”的主体性予以研究，如万光侠认为，“培育和践行社会主义核心价值观，一方面需要坚持人民主体地位，关注人民群众的精神诉求；另一方面，要切实维护人民利益，注重人的需要满足。因此，要在人民群众中扎实开展学习教育活动，要结合社会发展实际，营造良好氛围，需要长期的科学的灌输、引导和强化”②。基于“人的存在”的过程机制予以研究，崔华前从社会主义核心价值观教育机制构成要素出发，主张构建六种教育机制，具体包括教育者素质提升机制、受教育者认同机制、载体整合机制、方法创新机制、环境优化机制和评估完善机制。③ 李飞主张从三个向度构建教育机制：从教育理念向度，注重人的价值关怀的教育；从教育环境向度，注重隐性教育机制；从教育方式向度，回归事实教育。④ 刘泽雨认为，“从三个维度来解构社会主义核心价值观大众化：一是从功能维度把握推进社会主义核心价值观大众化的重大意义；二是从理论维度追溯社会主义核心价值观的文化底蕴和理论来源；三是从实践维度研究社会主义核心价值观大众化的方法论基础”⑤。基于“人的存在”的生活化向度予以研究，如柳礼泉等阐释了社会主义核心价值观生活化的必要性与重要性，分析了制约社会主义核心价值观融入日常生活的瓶颈因素，从融入出发点、契合点、共鸣点和支撑点四个侧面提出了相应对策。⑥

（二）国外研究现状述评

根据国外相关期刊数据库检索情况，以“culture（civilization）& being（existence/survival）”“being（existence/survival）& morality（ethics）”

---

① 参见李煌明：《儒家传统价值观对建构社会主义核心价值观体系的启示》，《科学社会主义》2011 年第 5 期。

② 万光侠：《培育践行社会主义核心价值观的人本向度》，《山东师范大学学报（人文社会科学版）》2013 年第 1 期。

③ 参见崔华前：《当代大学生社会主义核心价值观教育机制研究》，合肥，合肥工业大学出版社，2012 年，第 15～17 页。

④ 参见李飞：《大学生社会主义核心价值观教育机制创新问题探论——以美国核心价值观教育为鉴》，《理论导刊》2014 年第 10 期。

⑤ 刘泽雨：《论社会主义核心价值观的三个维度》，《思想理论教育》2014 年第 9 期。

⑥ 参见柳礼泉、陈方芳：《社会主义核心价值观融入日常生活探析》，《思想教育研究》2015 年第 7 期。

"being (existence/survival) & education" "culture (civilization) & education" 为关键词进行模糊搜索，通过 Academic Search Elite（学术期刊全文库）、Kluwer Online Journals（电子期刊全文数据库）、PQDD（ProQuest Digital Dissertations）（美国 ProQuest 数字化博硕士论文文摘数据库）、SpringerLink（施普林格全文数据库）进行查询，直接与本课题研究相关的理论成果和文献数量较少。与本课题相关的文化和人的存在关系研究、现代德育研究成果较多。总体而言，本课题的相关研究主要涉及以下三个方面：

1. 关于"人的文化存在"问题的研究

20 世纪，西方马克思主义、文化哲学、文化人类学等理论派别都关注"文化"问题、"人的文化存在"问题，从不同的学术视角予以研究。

（1）存在主义关于人的存在问题的研究

存在主义以人的存在为出发点，基于人的情感、意志、心理等多维层面，解析人的生存结构和存在方式，揭示人与世界的本真关系，探求人如何本真地存在，人不断自我筹划、选择、创造，终而在超越中实现人的自由。

海德格尔主张，哲学的根本问题在于探究、追问和反思"在"的意义。人作为"此在"，是领悟自身之在的在者，追问在的本体意义。此在以"现身""领悟""交谈"等方式予以存在。"烦"构成了此在存在的根源，是此在的最为基本结构的本质。它既有"物烦"，此在与世间事物发生存在关系而生成的"烦"；也有"人烦"，此在与他人在"共在"中生成的"烦"。由此，"烦"构成了此在存在的双重意义，此在处于"烦"中实现自我筹划，解蔽本真的存在意义与状态；同时，此在以不得不存在的方式，处于"被抛状态"。

萨特关注到了个人的异化及对当时资本主义社会环境下人与他人之间的关系和情感，主张人的存在与物的存在有着本质的差异，提出了"存在先于本质"的论断。就人与物的本质而言，物的本质是先于物的存在，其本质是予以预先确定的。人的存在则是通过领悟、筹划、选择等方式，实现了自我设计与造就，成为不断生成、展现本质的存在。就人与物的存在而言，"自为存在"是人所特有的存在方式，与之相对的是"自在存在"。"自在存在"是物质性的客观实在，是以纯粹实施、偶然、无缘故、无意识的方式存在。"自为存在"则具有时间性，以不断超越自身、超越过去的方式，予以生成和存在；还具有意向性，通过不断追问、选择，在"虚无"中领悟自由。

（2）西方马克思主义关于人的存在问题与文化危机问题的研究

西方马克思主义立足资本主义社会现实，从不同角度深入分析人的存在的物化或异化问题，反思、批判资本主义社会大众文化。

卢卡奇从商品拜物和物化的角度触及异化主题。在资本主义生产过程中，资本主义的物化现象掩盖了资本主义生产的本质，因此在资本主义社会中，最重要、最基本的现象就是“物化”。物化是资本主义生产的本质特征和产物，在文化、政治、经济、制度上的每一个方面，甚至在人的每一个方面都被物化了。物化之所以会普遍化，是同资本主义社会所特有的经济制度分不开的。“只要他（工人——引者注）实际上还不能够使自己超过这种客体地位，他的意识就是商品的自我意识；或者换言之，就是建立在商品生产、商品交换基础上的资本主义社会的自我认识、自我揭露。”① 物化在资本主义社会是普遍存在的现象，是不可避免的。人与人关系的物化有三个方面：物化使人屈从于狭隘的分工范围，把全社会分裂成一块块的碎片；现实生活被物化、僵硬化和机械化；无产阶级在劳动过程中被客体化，从而丧失了自己的主动性和创造性。人与人关系物化，导致了人的存在方式的异化，其结果有三个方面：物化的结果造成了一个与人相异的“第二自然”；物化内化到人的思想领域，形成了意识的物化；物化将人变成了纯粹客体性的存在，人的存在被作为“物”的功能而适时发挥，人的主体性丧失，人被数字化，并成为被计算、被操作之物。

弗洛姆主要是从个性心理上所受到的压抑的视角提出异化问题。弗洛姆以精神分析为方法，研究“被动人格”问题。弗洛姆认为，现代工业社会陷入的危机不再是经济危机、政治危机，而是人的危机。机器大生产、消费奇迹和技术意识形态使人陷入从众、非怀疑、随大流的思维态势，造就了需要不断被刺激、被推动、被诱惑的被动人格。技术意识形态实现了对人的操控，现代工业社会正产生一种新的宗教，即技术的宗教。工业社会拥有维持自身存在的社会过滤器——新闻、教育、文学、娱乐等技术产品及其复制品，技术能力成为道德的职责和源泉技术，通过无形的文化力量对社会进行整合，进而消解人的主体性。

马尔库塞和哈贝马斯从科学技术的飞跃发展所带来的消极因素的角度来论述异化主题。资本主义文明通过科技合理性改变人的本能结构，从而造成人的自我异化。科学技术成了新的合法性基础，行使意识形态功能。科学技术意识形态掩盖了目的理性的活动和相互作用之间的差异，导致人们混淆劳动和实践、系统和生活世界，由此导致生活世界自我调节能力弱化，使生活世界越来越金钱化、官僚体制化。“在操作原则统治下，人的

① 〔匈〕卢卡奇：《历史与阶级意识》，杜章智、任立、燕宏远译，北京，商务印书馆，1992年，第252页。

身心都成了异化劳动的工具，而只有当人的身心抛弃了人类有机体原先具有并追求的力比多的主—客体自由时，才会成为这样的工具。”[①] 为此，要建立新的理性概念，即交往合理性，它集理论理性、实践理性和审美理性于一身，对应着外在的客观世界、社会世界和人自身的主观世界，使民主、公正的原则在政治、经济和法律体制中得到真正的贯彻，克服由现代性所导致的“意义丧失”和“自由丧失”，使现代化、社会合理化在健康的环境下逐步推进。

列斐伏尔从日常生活角度反思剖析异化现象，开创了日常生活批判的新领域。列斐伏尔将马克思哲学的异化理论和历史辩证方法创造性地运用于研究现代日常生活问题，将日常生活批判作为恢复自我主体性的必由之路。“日常生活和现代性相互回应、相互指涉、相互提供着合法性并相互补充。”[②] 异化现象开始渗透到日常生活的各个领域，人性遭受压制，人处于片面化的存在状态。由此，日常生活批判的最终价值目标是实现“总体的人”“全面的人”，通过节日和狂欢式的文化革命，在节日和日常生活的交替中实现了日常生活的平常与超常的辩证统一。

（3）哲学人类学关于人的文化存在问题研究

哲学人类学将人界定为文化的存在，主张人是文化的创造者，同时也是文化的产物；人只有在创造文化的过程中才能成为真正意义上的人。

舍勒主张“必须研究完整的人”，探究“人的存在的根本结构”。舍勒运用哲学思辨与实证科学相结合的方法，在研究宗教哲学、历史哲学、知识社会学基础上，探究人的生命冲动和精神本质双重结构所构建出来的哲学人类学理论体系。舍勒以“人是什么，人在存在中的地位是什么”作为哲学研究的最根本问题，探究人的本质形象，获求关于人的存在最高根据的哲学规定；从人在宇宙中的特殊地位出发，探索人的完整形象。就人的本质问题，舍勒依据生物学、生理学、心理学等方面的研究，认为在生命领域中存在着由低到高的四个等级，植物具有感情冲动，动物具有本能，高等动物具有联想的记忆，人类具有实用的智能。人的本质是精神，具有自由、对象化能力和自我意识。人与动物的本质区别在于，“人是能说否者，生命的禁欲主义者”[③]。精神和冲动是人之存在的双重特征，“正是通

① 〔美〕马尔库塞：《爱欲与文明》，黄勇、薛民译，上海，上海译文出版社，1987 年，第 29 页。

② 吴宁：《日常生活批判——列斐伏尔哲学思想研究》，北京，人民出版社，2007 年，第 340 页。

③ 〔德〕马克斯·舍勒：《人在宇宙中的地位》，陈泽环、沈国庆译，上海，上海文化出版社，1989 年，第 42 页。

过人的精神历史的显现以及生命进化，精神和冲动本身才得以自在地成长”①。

卡西尔主张人是符号化的存在物，从人性、人的本质出发去透视各种文化形式的本质和发展，从人的生活世界探究人的本质、人性问题。卡西尔梳理了西方思想史中关于“人”的问题研究，认为在两千多年的思想史中，自古希腊以降，关于人的问题一直是困扰人自身的重要问题；直至科学技术昌明兴盛的今天，人的文化非但没有真正予以解决，反而使人类处于深刻的自我认识的危机之中。他另辟蹊径提出了“人”的定义，即“人是符号的动物”，是发明、运用符号去创造文化的存在。动物具有反应特性，对外界信号作出条件反射；人具有应对特性，能够将信号改造为有意义的符号，营造出人的生活世界，区别于动物的自然界。“人是文化的动物”，文化是人运用符号创造出的产物。人类的文化史是人不断解放自身的历史。人只有在创造文化过程中，才是真正意义上的人，才能获得真正的“自由”。由此得出结论：“我们应当把人定义为符号的动物来取代把人定义为理性的动物。只有这样，我们才能指明人的独特之处，也才能理解对人开放的新路——通往文化之路。”②

兰德曼主张人是文化的存在，以人作为研究对象，立足从哲学角度、思辨角度研究“整体的人”，探究人的本质与存在。兰德曼运用现象学还原的方法，力图实现人本主义思潮与科学主义思潮的视域融合，并以此来解释思想史中关于人的认识。兰德曼梳理了宗教哲学人类学、理性哲学人类学、生物哲学人类学等几个哲学人类学的主要流派，宗教哲学人类学认为人是上帝的创造物，理性哲学人类学认为人是理性生物，生物哲学人类学认为人是有生命的生物。人作为文化的存在，具有不确定性与可塑性。兰德曼提出，人是文化的存在，一方面人是文化的创造者，另一方面人是文化的产物。文化作为人的第二天性，是由人创造的，在创造文化过程中，人也创造了自身；人是社会的存在，这是文化存在的逻辑前提。在不同的社会形势中，文化得以创造，文化通过具体社会形式表现出来。人是历史的存在，在历史过程中人创造出具体的文化。“在人塑造了文化之后，每一种文化反过来又塑造着人；所以，人通过塑造文化而间接地塑造自己。”③ 人是社会的存在，人受制于传统，又能超越传统。在传统的保守

① 〔德〕马克斯·舍勒：《人在宇宙中的地位》，陈泽环、沈国庆译，上海，上海文化出版社，1989年，第78页。

② 〔德〕恩斯特·卡西尔：《人论》，甘阳译，上海，上海译文出版社，1985年，第46页。

③ 〔德〕米夏埃尔·兰德曼：《哲学人类学》，张乐天译，上海，上海译文出版社，1988年，第225页。

性与人的创造性的矛盾关系中，人真正成为自由与必然的有机统一体。

2. 关于文化与德育、价值观教育的关系研究

基于文化多元化背景，西方德育理论研究予以深化。20 世纪 60 年代，西方社会经历了深层次的社会变革。经济与社会飞速发展的同时，利益分化和价值冲突趋于凸显，精神危机问题显现。存在主义、后现代主义等社会思潮纷然林立，新左派运动、反殖民主义、反种族歧视、女权运动兴于一时。同时，道德危机显现，青少年的道德理念、价值观念和道德水平令人担忧，厌学、吸毒、暴力、性自由等问题骤然增多。在此背景下，西方社会的德育问题凸显出来，宗教对德育的影响式微，学校的德育工作存有争议，家庭的价值观教育收效微弱。基于不同的哲学、心理学、社会学等学科理论，西方德育进行了新的探索、创新和实践，涌现出众多的德育派别。

（1）在道德价值观研究上，探究普适性德育价值观与具体德育价值观

在普适性德育价值观研究方面，逐渐接受人本主义理念，拒斥极权主义道德教育。极权主义道德教育在西方具有悠久的历史，宗教教会一度占据道德教育的主导地位，以《圣经》教义为道德准则，不容许对宗教权威的质疑与挑战，运用灌输、体罚等方式进行道德教育。20 世纪 60 年代，新左派运动兴起，在德育价值观上反对灌输任何权威，主张以公平、正义、自由、平等、人权为核心的德育价值观。西方各道德教育理论共同遵循着民主、自由、尊重人格尊严的社会价值取向。各派别都主张在尊重选择自由的前提下，引导儿童形成一定的道德价值观；以人本主义为前提，主张研究人们普遍认同的道德价值观教育和道德行为规范教育。道德教育注重普适性的价值观教育，探究纯人性、纯人际关系的基础。德育价值观、道德认知、道德情感、德育社会化、宗教问题等方面的研究成果较多。在具体学派中，人本主义教育学派鲜明地将人本主义作为主导理念，立足自我实现理论，主张以学生为中心进行道德教育。其他理论派别，如存在主义道德教育理论、关怀伦理道德理论、价值澄清学派、品格教育学派，虽然没有以“人本主义”为名称，但都渗透和蕴含着人本主义精神。

在具体德育价值观研究方面，如何使多样化价值观达成价值共识，避免道德混乱和价值虚无，成为德育研究的重要课题。如品格教育提倡者注重正面的价值观教育。价值观对于人的道德认知和行为具有直接影响。若是价值观与行为的关系发生失调，则导致人的品德缺失。品格教育注重品格与美德之间的内在关联，如利科纳提出了“智慧、公正、坚忍不拔、自我控制、爱、积极的态度、勤奋工作、正直、感激以及谦逊这十种基本的

美德……这些基本的、普遍的、核心的道德价值观构成了人的良好品格”①。基于共同的价值观念和美德标准，学校、家庭、社会组织等多个方面共同承担责任，培养年轻人的良好品格。

（2）在教育路径选择研究上，探究不同的德育和价值观教育路径

选择价值中立的相对主义的路径，以价值澄清学派为代表。该学派以价值相对主义为理论基础，主张所有的价值观都是平等的，人依据自身已有的价值观作出道德选择。道德教育要利用特别的途径和方法，帮助人们尤其是青少年澄清他们在道德选择时所依据的价值观，培养和提高其道德选择能力。为此，价值澄清学派提出了具体的价值澄清过程步骤，引发青少年的内在价值观外化，在评价引导后又内化为青少年个体的价值观，再通过行为或价值观点陈述的方式外化，实现道德价值观念与道德行为的统一。

普遍主义应对路径，以寻求普遍正义的道德认知发展学派为代表。科尔伯格研究道德认知发展模式，批评修正了相对主义道德教育观，反对因强调道德的社会性而忽视道德普遍性原则，主张“道德在本质上表达了对每一种文化都有效的一套判断和决策的理性原则，它体现了人类的利益和公正原则……无论怎么说，道德原则代表了儿童自己的道德经验的理性结构”②。在此基础上，科尔伯格创立了儿童道德发展阶段理论，主张儿童的道德发展具有向上、有序、无逆转、无跳跃的发展特点，根据儿童的年龄特征，将道德发展进程划分为三个水平、六个阶段。

超越普遍主义与相对主义的二元对立的应对路径，以追求关怀与爱为宗旨的关怀伦理模式为代表。该学派坚持以关心体谅青少年为道德教育的出发点和最终目的，注重教育的情境性、针对性、连贯性和梯度性，以母爱式的关心途径，尊重学生的人格尊严，深入学生的心理世界，利用对话法等方式，让受教育者体验到被关爱和关心的情感感受，以此建立新型的人际关系和教育关系。③ 如内尔·诺丁斯分析了全球化时代的道德教育问题，主张关怀理论是应对全球化伦理与道德教育的理论路径，分析了关怀理论的构建要素，其中最为根本的要素是人的关系，关心者与被关心者之间的相互依赖关系是构成平等的关怀关系的基础；分析了关怀理论如何具体应用在全球化时代，主张道德教育应基于关怀理论而予以重构，由关怀

① 余维武：《冲突与和谐——价值多元背景下的西方德育改革》，南京，江苏教育出版社，2009年，第123页。

② 〔美〕科尔伯格：《道德教育的哲学》，魏贤超、柯森等译，杭州，浙江教育出版社，2000年，第3页。

③ 参见余维武：《冲突与和谐——价值多元背景下的西方德育改革》，南京，江苏教育出版社，2009年，第32页。

自我推及关怀熟识的他人，再推及陌生人，直至推及全球范围；在多元价值文化冲突的全球化时代中，应通过互为主体的关怀，实现人际关系的和谐，构建由个人领域至政治领域、再至全球领域的道德教育模式。①

（3）在德育与价值观教育模式实践上，注重微观研究和操作模式研究

各类理论学派由宏观研究转向微观研究，将研究焦点集中于现实生活中的德育问题，将德育理论建立在实证研究基础之上；研究视角立足于具体道德问题，进行道德心理的发生机制与道德心理结构、道德教育具体过程、具体场域等方面的研究。安琪拉·李、莫妮卡·泰勒的《道德教育四十年发展趋势：关于道德教育论文的内容分析（1971～2011）》，以《道德教育杂志》（*The Journal of Moral Education*）在40年（1971～2011年）中所发表的945篇德育研究论文为调研范围，对论文关键词出现频次进行统计与排序，其中“道德归因”“道德价值观”“道德判定”“性道德教育”“公正教育”等位列高频词的前五位；同时“道德文化”“道德风气”的频次逐年提升，成为德育微观研究的重点问题。② 完善人格道德教育理论、道德认知发展学派等不同理论学派立足于不同的研究焦点，实现教育理论与实践相结合，到学校、社区进行教育理论指导和咨询，根据实践结果和调研数据的反馈，进一步修正教育理论。

立足微观研究，诸多道德教育学派提出了不同类型的道德操作、实践模式，并将相应的教育策略运用到教育实践中。美国道德教育家弗雷德·纽曼提出了“社会行动道德教育模式”，主张道德教育要培养学生的道德认知、选择、判断和实践能力，引导学生具备教育自我、影响他人、参与社会道德实践的能力；通过学校的课程培训、参加社会实践，使学生具有改变环境、参与政务、促进社会变革的能力，成为符合社会发展要求的社会公民。如价值澄清学派运用填空法、自传、价值单、群体谈话等应用策略，贴近学生实际生活，引导学生自我呈现、自我反思和自我引导。道德认知发展学派以道德两难故事为教育策略，引导儿童对故事中的人物和事件进行讨论，让其回答提出的问题，以此判断儿童道德发展阶段。两难故事法通过面对一个道德两难问题、陈述对一个假设的见解、检验推理、反思个人的见解等四个步骤，将道德理论应用于现实生活，道德理论与个体情境、具体道德实践有机结合。

---

① Noddings, Nel, 2010:“Moral Education in an Age of Globalization”, *Educational Philosophy and Theory*, No.4.

② Lee, C. M., M. J. Taylor, 2013:“Moral Education Trends over 40 Years: A Content Analysis of the Journal of Moral Education (1971-2011)”, *Journal of Moral Education*, No.4.

3. 关于“人的存在”与价值观教育的关系研究

以“人的存在”为核心范畴，分别基于哲学存在论和文化人类学立场，探究人之存在对德育和价值观教育的哲学省察和价值反思。

（1）基于存在主义立场探究德育和价值观教育问题

萨特、奈勒、布贝尔等人立足存在主义哲学，探究德育及价值观教育问题。布贝尔提出了“我—你”关系论，指出“我—你”关系是教育过程中真正的人际关系，就其本质而言是一种包容式人际关系，形成能够意识到对方存在的自我体验。萨特主张“自我存在”的道德教育理论，世界由无数个自我主观性构成，肯定自我存在的价值，主张人有任意选择和造就自己的本质属性，主观情感是选择道德行为的依据。奈勒坚持“个人”的相对主义主张，推崇个人的存在和个人选择的自由，自信作为主要的人格特征，列为德育的重点内容；在教育实践中，学校不应设置统一的道德教育科目，不应规定统一的纪律，而是应引导学生以个体的方式形成独立的道德价值观和行为。

（2）基于文化人类学立场探究德育和价值观教育问题

以卡西尔为代表的文化人类学主张，“人是符号的动物”，是发明、运用符号，创造文化的存在。以威尔逊、威廉姆斯等人为代表，道德符号理论学派对于道德与文化符号问题进行探究，注重道德符号的运用，将复杂的道德问题分解为相互联系的道德构件，运用特定的符号标识相应的道德构件，按照知、情、行等分类方式构造道德公式，代表“移情”“尊重”“实践”“感知”等道德情感和行为，以此厘清道德问题的核心概念和内容；在具体教育实践中，教师运用道德符号和公式，结合具体道德实例，讲述道德内容的构成，引导学生理解道德符号，实践道德内容。

（三）研究趋势与不足

综合分析国内外研究现状，关于人的文化存在问题主要是基于文化哲学的视角予以研究。关于人的文化存在问题现实省察与分析的成果较少，尤其是人的文化存在问题与价值观教育的理论关联研究、现实契合研究仍较薄弱。基于“人的文化存在”的核心范畴，立足价值观教育的落脚点，关于该主题的研究主要有以下三个方面的不足：

第一，关于人的文化存在问题在学理层面缺乏进一步的界定与阐析。关于人的存在问题已经进行了多维度的深化研究，诸如人的现实存在与虚拟存在，以及人的自然存在、社会存在和精神存在等。基于马克思主义哲学的理论分析框架，以“现实的个人”为理论基点阐释人的文化存在问题，仍需要进一步予以深化学理研究，进一步辨识人的文化存在的本质规定、内涵与外延、内容与形式等方面的问题。

第二，围绕人的文化存在与社会主义核心价值观教育的内在关联问题仍缺乏广度与深度方面的研究。人的文化存在与价值观教育看似分属于文化哲学、教育学等研究范畴，但两者具有共同的价值主体与旨归。人的文化存在是以人为根本的存在本体，价值观教育是以人为根本的育人旨归。基于人的价值在场状态，人的文化存在与价值观教育之间的学理关联问题有待进一步阐明。

第三，基于“中国特色社会主义进入新时代”这一重大论断，审视与省察社会主义核心价值观教育的研究成果较少。尤其是基于新时代的学理研究与现实境遇，社会主义核心价值观教育的内容拓展、方法论原则构建、创新路径实现等方面需要进一步深化研究。

综观国内外研究现状，关于人的文化存在问题以及价值观教育问题的研究趋势主要有以下四个方面：

第一，教育的文化范式与人学范式研究逐渐深化。基于新时代的时空维度与人的文化存在的理论维度，深化社会主义核心价值观教育的内容拓展、方法论原则建设与创新途径等方面的研究。

第二，理论的现实视域更为聚焦。基于新时代的历史方位，以习近平新时代中国特色社会主义思想为理论指南，以社会主要矛盾的转化为现实基点，探究社会主义核心价值观教育的创新路径。

第三，理论向现实转化的广度与深度更为拓展。基于人的文化存在的现实境遇，由宏观、抽象的学理逻辑研究转向微观、具体的操作模式研究，更为注重理论与现实的契合、呼应，以此提升教育创新的针对性与实效性。

第四，实证分析研究更为精细。调研样本的数量以及广度更为拓展，调查方式更具多样性和典型性，调研分析更具精确性和有效性，数据分析更具信度和效度。

三、本研究主要内容、方法及创新之处

（一）主要研究内容

本书注重理论与现实的紧密呼应、学理研究到现实践行的应用转化，其主要研究内容包括理论构建研究、现实问题研究和论题实现研究。

1. 理论构建研究

该部分主要包括导论和第一、二、三章，主要是对该成果的核心范畴、理论基点和逻辑前提予以界定和厘清。

导论部分紧密围绕“为什么研究”“研究什么”“如何研究”三个层面的问题，具体阐释“新时代人的文化存在与社会主义核心价值观教育创新研究”这一核心论题的研究缘起、研究现状述评、主要研究内容、研究方法及创新之处、本研究的理论意义与现实意义等方面内容。

第一章“人的文化存在的理论阐释”，包含四方面内容：一是在基本概念界定层面，具体阐释“人”“存在”“文化”的哲学含义以及“人的文化存在”的哲学意蕴；二是阐释人的文化存在的本质内容；三是阐析人的文化存在的基本特征；四是分析人的文化存在的具体实现方式。

第二章“价值观教育的文化存在论基础”，包含三方面内容：一是教育价值取向的文化存在论基础，阐释人的文化存在如何奠定价值观教育的个体价值与社会价值；二是教育基本规律的文化存在论基础，分析价值观教育如何遵循人的文化存在的基本规律；三是教育环境场域的文化存在论基础，即人的文化存在如何营造价值观教育的宏观文化环境与微观文化情境。

第三章“价值观教育的文化属性及其功能”，包括两方面内容：一是在文化属性层面，价值观教育具有文化指向性、文化整体性和文化生成性；二是在文化功能方面，价值观教育具有文化导向传播功能、选择协调功能和传承创新功能。

2. 理论问题研究转向至现实问题研究

该部分主要是第四章，即人的文化存在视域下新时代核心价值观教育面临的机遇与挑战。

第四章主要包含三部分内容：一是新时代人的文化存在的现实境遇分析，阐释新时代如何为人的文化存在设定了新的历史方位，产生了何种深刻影响，具有何种新特征。二是新时代核心价值观教育面临的新机遇，阐析核心价值观教育目标的共识性、教育理念的人民性、教育实践的多维性等时代属性。三是新时代核心价值观教育面临的新挑战，分析“伟大事业”进程中面临的西方文化渗透与挑战，“伟大斗争”进程中面临的意识形态领域的挑战，“伟大工程”进程中面临的信仰信念层面的挑战。

3. 论题实现研究

该部分主要包括第五、六、七章，重点探究新时代核心价值观教育的内容拓展、方法论原则构建、创新路径实现等问题。

第五章“新时代人的文化存在视域下社会主义核心价值观教育内容拓

展”，主要包含三部分内容：一是立足人的文化存在主体维度，具体阐释国家价值目标、社会价值取向、个人价值准则等三方面价值观教育内容拓展；二是立足人的文化存在过程维度，具体阐释价值内化与外化过程的价值观教育内容拓展；三是立足人的文化存在场域维度，阐释日常生活与非日常生活的价值观教育内容拓展。

第六章“新时代人的文化存在视域下社会主义核心价值观教育方法论构建”，主要是构建三个层面的方法论，即构建“因事而化、因时而进、因势而新相协同”的方法论、“落细、落小、落实相协同”的方法论和“全员全过程全方位相统一”的方法论。

第七章“新时代人的文化存在视域下社会主义核心价值观教育创新途径实现”，主要包含四部分内容：一是拓展核心价值观教育的文化实践，二是挖掘社会主义核心价值观教育的文化资源，三是创新核心价值观教育的文化载体与话语体系，四是优化核心价值观教育的文化环境。

（二）研究方法

本课题以马克思主义为理论分析框架，以文化哲学、文化人类学为理论参照，主要运用以下研究方法：

1. 整体研究方法

本书基于人的存在的整体性、系统性和生成性，立足于人与文化之间的本质关联，以思想政治教育基本原理为理论基础，探究人的文化存在与价值观教育过程中的整体性、动态性、关联性等方面问题。

2. 文献研读法

本书注重以学理研究为基础，以马克思主义为理论分析框架，以现实问题为切入点，深化研究新时代、人的文化存在、核心价值观教育等多层面的基本学理问题。

3. 理论与现实相结合的方法

本书立足理论省察与分析，以哲学一般的视角审视人的文化存在问题，阐释价值观教育的人学意蕴。本书注重实证研究，在援引借鉴相关权威调研报告与数据的基础上，对核心价值观教育的现状进行实证分析，实现理论思辨与实证研究的内在融通。

（三）研究创新之处

1. 研究角度方面

目前学术界以新时代为研究视域，以“人的文化存在与社会主义核心价值观教育”为主题的研究成果较为鲜见。本书在综合学界有关研究的基础上，推进了该主题的研究，具有一定的学术创新性。

第一，本书的选题视角方面，以新时代作为研究的时空视域，以人的文化存在为研究基点，以核心价值观教育为研究落脚点，探究核心价值观教育创新的内容拓展、方法论原则构建和创新实现路径等问题。

第二，本书的基础学理研究方面，以人的文化存在与社会主义核心价值观教育的内在关联问题为关键点，基于两者的学理关联，分析人的文化存在如何从深层关涉核心价值观教育的价值取向、基本规律、基本关系和环境场域，解析核心价值观教育如何渗透着人的文化存在的属性，发挥其文化功能。

第三，本书的现实问题研究方面，以新时代为时空维度，研究人的文化存在所处的新的现实发展境遇，在此基础上辩证地分析核心价值观教育所面临的机遇与挑战。

第四，本书的路径实现方面，紧扣新时代的本质属性、时代特征和发展指向，基于人的文化存在的主体、特性、过程、场域等多维视角，拓展教育内容，构建教育方法论原则，探究教育创新的实现路径。

2. 研究观点方面

第一，人的文化存在是人的精神存在的方式、过程和结果。人的文化存在具有“知”“情”“意”“信”内容，具有实践性、主体性、生成性的本质特征，具有个体、群体和类等三重维度的具体实现方式。

第二，人的文化存在具有多重的表征方式。在实践性层面，人的文化存在具体表征为“以文化人”的实践存在过程；在主体性层面，人的文化存在表征为“人之为人”的主体规定性；在生成性层面，人的文化存在表征为“生生不息”的文化生命力。

第三，新时代为人的文化存在设定了新的历史方位。新时代以中国特色社会主义为内在规定，以社会主要矛盾的转化为现实基点，以习近平新时代中国特色社会主义思想为理论指南。新时代社会主义核心价值观教育面临发展新机遇，教育目标更具共识性，教育理念更彰显人民性，教育实践更具多维性。新时代社会主义核心价值观教育主要面临以下问题与挑战：在教育的宏观环境与背景层面，面临西方文化的渗透与挑战、意识形态领域的挑战、信仰信念层面的挑战；在教育系统的各要素层面，面临教育理念、内容、方法和路径等方面的问题与不足。

第四，新时代社会主义核心价值观教育内容拓展，要立足于人的文化存在主体、过程和场域等三重维度，拓展基于国家价值目标、社会价值取向、个人价值准则的价值观教育内容，基于价值内化与外化过程的价值观教育内容，以及基于日常生活与非日常生活的价值观教育内容。

第五，新时代社会主义核心价值观教育方法论原则，要构建“因事而化、因时而进、因势而新”“落细、落小、落实”“全员全过程全方位育人”的方法论原则。

第六，新时代社会主义核心价值观教育的实现路径，要彰显人民性、文化性和时代性的内在规定。其一，人民性的价值实现路径，要拓展社会主义核心价值观教育的文化实践，推进生活养成实践，深入社会治理实践，融入文化事业与文化产业。其二，文化性的价值实现路径，要挖掘社会主义核心价值观教育的文化资源，推进中华优秀传统文化的创造性转化和创新性发展，推进社会主义先进文化和革命文化的弘扬和发展。其三，时代性的价值实现路径，既要拓展形式多样性、辐射全面性和影响渗透性的文化载体，也要构建具有传播力、引导力、影响力和公信力的话语体系。

四、研究意义

本书立足新时代的历史方位，以坚持和发展中国特色社会主义为根本时代主题，以实现人民的全面发展为根本价值旨归，对于坚定人民文化自信、培养担当民族复兴大任的时代新人、建设社会主义文化强国具有一定的理论价值和现实意义。

（一）理论价值

第一，立足中国特色社会主义文化的研究视域，以习近平新时代中国特色社会主义思想为理论指向，有助于深化核心价值观教育创新方面的理论研究，深化研究核心价值观教育的文化属性与功能、内容方法创新与路径构建等问题。

第二，立足马克思主义文化哲学视角，有助于推进核心价值观教育的文化范式研究，深化核心价值观教育与文化生态的内在关联研究，研究中国文化生态与核心价值观教育现状等相关问题。本书有助于深化核心价值观教育的文化范式研究，基于人的文化存在的教育范式，研究人的文化存在纳入核心价值观教育研究视域的可行性问题，以人的文化存在作为核心价值观教育的前提与基础，以文化的视角审视核心价值观教育，实现人的文化存在与核心价值观教育的视域融合与创新。

第三，立足马克思主义人学视角，有助于深化核心价值观教育的人学问题研究。以人的文化存在与价值观教育的内在关联为重点，深掘核心价值观教育文化生态的人本价值与人学意蕴。本书深化了“人的文化存在”这一范畴的学理研究，关注研究“人为何是文化存在的主体”“文化为何是人的存在方式”“人的文化存在是不是人的根本存在方式”等基础学理问题，在此基础上解析人的文化存在的本质、特征、内容、方式等方面问题，有助于推进核心价值观教育的人学范式研究。

（二）现实意义

第一，根植于新时代的历史方位，深化对习近平新时代中国特色社会主义思想是思想政治教育领域的理论指导和行动指南的认识，彰显发挥核心价值观教育的政治属性与功能。紧密围绕党的十九大提出的“坚持社会主义核心价值体系”“必须坚持马克思主义”，有助于应对意识形态领域的复杂问题及挑战。本研究以习近平新时代中国特色社会主义思想为行动指南，以中国特色社会主义为内在规定，以社会主要矛盾的转化为现实基点，契合了新时代视域下建设社会主义文化强国的时代诉求，顺应了新时代视域下践行以人民为中心的发展思想的时代要求。

第二，紧密围绕新时代的文化属性，增强核心价值观教育的文化属性与功能，推进文化强国战略的深化实施。紧密围绕党的十九大提出的“坚定文化自信”“发展中国特色社会主义文化”，从“社会主义文化强国”战略任务出发，促进中华优秀传统文化与革命文化、社会主义先进文化的内在融通。

第三，科学顺应新时代的价值愿景，进一步发挥核心价值观教育的根本育人功能，提升立德树人的育人功效。紧密围绕党的十九大提出的“坚持以人民为中心”“把人民对美好生活的向往作为奋斗目标”，优化思想道德建设促成人民全面发展的实践路径。这一研究立足于解析核心价值观教育的现实境遇，在教育内容、方法、载体的创新研究中，力求使教育的关注点更为微观，教育方式更具针对性，教育功能更富含文化属性。

第二章　人的文化存在的理论阐释

“人的文化存在”蕴含着人、存在与文化的本质关联。基于马克思主义人学和文化哲学，人与文化具有本体存在意义上的内在关联。人以文化为存在方式，文化是人的精神存在过程与结果，人与文化构成了互诠互释、互为确证的双向关系。

一、人的文化存在的相关界定

“人的文化存在”蕴含着人、文化与存在的多维本质关联。人是“人的文化存在”的价值本体，文化是“人的文化存在”的实现方式，存在则构成了“人的文化存在”的本质确证。

（一）关于“人”“存在”“文化”的哲学解析

“人的文化存在”是人以文化的方式予以存在。其中，“人”“文化”和“存在”构成了这一范畴的三个核心概念。这需要在界定相关概念的基础上，进一步阐析三者之间的理论逻辑关联。

1. “人”是“现实的个人”

在马克思主义哲学的一般意义上，人是以“现实的个人”为本质规定。基于人的本质、人的存在、人的发展等维度，“现实的个人”的哲学意蕴得以本真把握。

首先，在人的本质维度，人以个体、群体和类为本质表征。人作为“现实的个人”，总是在一定社会关系中、在一定物质条件之下从事实践活动、有生命的人。就此而言，人的本质作为人之存在的内在规定，呈现出自由自觉的类本质、社会关系的群体本质、需要的个体本质。其一，在类的层面，人是自由自觉的存在。人是“通过实践创造对象世界，改造无机界，人证明自己是有意识的类存在物”[①]。其二，在群体存在层面，人是具有一定社会关系的存在。“人的本质不是单个人所固有的抽象物，在其现实性上，它是一切社会关系的总和。”[②]“每一既定社会的经济关系首先表现为利益。”[③]其三，在个体的层面，人是有生命的个人的存在，人的需要即人的本性。人是“一个有生命的、自然的、具备并赋有对象性的即物质的本质力量的存在物”[④]。

其次，在人的存在维度，人以实践为根本存在方式。人与实践构成了互为确证的存在方式。实践具有“属人”的根本特质，只有人才具有“自由自觉”的实践意识和能力。人以实践作为人之存在的确证方式，以及人之价值的实现方式。其一，实践是确证人的存在的最根本方式，“通过实践创造对象世界，即改造无机界，证明了人是有意识的类存在物”[⑤]。其二，实践是实现人的价值的根本方式。实践以合目的性的方式，实现着人的本真价值。“历史不过是追求着自己目的的人的活动而已。”[⑥]实践也是以合规律的方式，以高度的实践自觉遵循人的本质发展规律。马克思指出：“我的观点是把经济的社会形态的发展理解为一种自然史的过程”[⑦]，“把对象性的人、现实的因而是真正的人理解为他自己的劳动的结果”[⑧]。

最后，在人的发展维度，人是具体的历史存在。人的发展以全面发展的实现与自由个性的生成为价值旨归，以共时态与历时态的现实条件为前提。其一，在共时态维度，人作为具体的现实存在，处于具有限定性的生存条件之中。人“不是处在某种虚幻的离群索居和固定不变状态中的人，而是处在现实的、可以通过经验观察到的、在一定条件下进行的发展过程中的人”[⑨]。其二，在历时态维度，人作为具体的历史存在，处于限定性的时空维度之中。正如马克思指出的：“时间实际上是人的积极存在，它不仅是人的生命的尺度，而且是人的发展的空间。”[⑩]

---

① 《马克思恩格斯选集》第1卷，北京，人民出版社，2012年，第56页。

② 《马克思恩格斯选集》第1卷，北京，人民出版社，2012年，第139页。

③ 《马克思恩格斯选集》第3卷，北京，人民出版社，2012年，第258页。

④ 《马克思恩格斯文集》第1卷，北京，人民出版社，2009年，第208页。

⑤ 《马克思恩格斯全集》第42卷，北京，人民出版社，1979年，第93页。

⑥ 《马克思恩格斯文集》第1卷，北京，人民出版社，2009年，第295页。

⑦ 《马克思恩格斯文集》第5卷，北京，人民出版社，2009年，第10页。

⑧ 《马克思恩格斯全集》第3卷，北京，人民出版社，2002年，第320页。

⑨ 《马克思恩格斯选集》第1卷，北京，人民出版社，2012年，第153页。

⑩ 《马克思恩格斯全集》第47卷，北京，人民出版社，1979年，第532页。

2. “存在”是物质与精神、现实与可能的多维度的存在

在哲学的历史流变中，“存在”一直是哲学中的基础范畴，在本体论、认识论和语言学等发展过程中，处于始基意义上哲学反思与省察的范畴。从不同的哲学视角与维度阐析“存在”，呈现出多维的价值视域和价值阐释。

首先，在内涵界定层面，“存在”呈现为两个层面的本质意蕴。其一，“存在”具有实体性质，其相对应的哲学范畴是“精神”“意识”“心灵”“思维”。在此维度中，存在是具有实体性质的客观外物或客观世界。由此，“存在”与“意识”构成了相互对应的哲学范畴，也由此形成了主观与客观相映射的哲学关系。其二，“存在”是实际存有的性质，相对应的是“无”“空”等哲学范畴。由此，“存在”是具有实际实存之“有”，区别于潜在可能之“有”。基于此，“存在”蕴含着“有”与“现实”的本质规定，也形成了“有”与“无”、“现实”与“可能”的哲学对应关系。

其次，在问题省察层面，“存在”蕴含着本体论与认识论的问题指向。在本体论层面，“存在”这一问题关注于本源的终极依据或本质的终极价值。在认识论层面，“存在”这一问题关注认识对象的合理性、可靠性和有序性。在现代哲学的发展转向中，存在主义超出本体意义的客体问题，也超出认识论意义上的主观问题去理解存在的本质意义。比如，海德格尔认为，存在是敞开自身的过程，而本身并不作为现成的存在者得到显现；萨特认为，存在是超出对象化认知，在生存体验中得以揭示的自在存在和自为存在；雅思贝尔斯认为，存在是主客二分之前的生存的大全。可见，“存在”是基于主客关系省察其本质，既有本体论意义上的，也具有认识论意义上的，同时还具有超越主客关系意义上的。这为“存在”的本质理解设定了多维的哲学视域，也构成了不同视域之间的不可通约性诠释。

最后，基于实践层面，省察“存在”的本质规定。关于“存在”问题的本体论与认识论分野，是基于实体与精神、现实与可能等关系的绝对二分性。基于马克思主义哲学，“存在”是人的存在，即以人作为根本的存在主体，也是以人作为价值本原。就主体维度而言，人是以实践为根本的存在方式，人的存在即实践存在。正如马克思所言：“理论的对立本身的解决，只有通过实践方式，只有借助于人的实践力量，才是可能的；因此，这种对立的解决决不只是认识的任务，而是一个现实生活的任务，而哲学未能解决这个任务，正因为哲学把这仅仅看作理论的任务。”[①] 实践

① 《马克思恩格斯全集》第42卷，北京，人民出版社，1979年，第127页。

弥合了认识论层面的存在问题，即“存在”与“意识”在人的实践过程中得以确证。人不仅是实体存在，也是有意识的存在。正是实践满足了人的现实需要，延续了人的实体存在。也正是实践作为人的自由自觉的活动，确证了人的意识存在。就价值维度而言，人是存在的价值主体，脱离了人或者处于人的空场状态，存在也就沦为了物的实存状态，也丧失了“为人”的本体价值。

3. “文化”是人类精神层面的活动与成果

“文化”一词是“日用常行”而又“日用不觉”的高频词。基于哲学一般意义，文化是人的主体存在、精神存在和实践存在的具体方式。从词源学和哲学层面阐析“文化”，有助于更为理论自觉地理解“文化”的发展源流、本质内涵与外延。

首先，基于词源学意义上的“文化”阐析。基于中西文明的发展分野，“文化”一词具有原初意义上的差别。其一，在古希腊和古罗马时期，“文化”一词最早起源于古希腊，后被古罗马沿袭，其拉丁语为“cultus”，直至延承到当下，其英文为“culture”。最初之意是指“农业的种植、耕作”，其意义逐渐由自然领域拓展至社会领域，由物质生产延伸至精神生产，后引申为人的主体能力的培养和精神修养。其二，在前秦时期，“文化”独立蕴含着“文”与“化”的词源意义。“文”最早见于《易经》中“物相杂，故曰文”，其“文”意为“纹理”；《论语·雍也》所言“质胜文则野，文胜质则史，文质彬彬，然后君子”①，其“文”意为“文采”。关于“化”的意义，《说文解字》提及“化，教行也”②，具有“教习化行”的意义。关于“文”与“化”的并用，最早见于《易经》所载：“观乎天文以察时变，观乎人文以化成天下。”③ 关于“文”与“化”的合称，则最早见于《说苑·指武》，其中所载：“圣人之治天下也，先文德而后武力。凡武之兴，为不服也，文化不改，然后加诛。”④ 在此，“文”的意义由自然万物的条理秩序，延伸为关于人的精神境界、价值意蕴的规律和本质；“化”则具有“文治教化”的意义，由自然的存在方式转变为具有人文色彩的精神存在方式。

其次，基于哲学意义上的“文化”阐释。一方面，以马克思主义理论为分析框架，关于“文化”的概念界定主要有两种划分方式。其一，“文化”在广义层面是人的实践成果与结晶，包括“物质文化也包括精神文化

① 杨伯峻:《论语译注》,北京,中华书局,1980 年,第 61 页。

② 许慎:《说文解字》,北京,九州出版社,2001 年,第 468 页。

③ 《周易·贲卦·彖传》。

④ 向宗鲁:《说苑校正》,北京,中华书局,1987 年,第 380 页。

以及社会的风土人情、习俗、风尚等等一切‘文化’的事物”[①]。广义上的“文化”在外延层面是人在实践过程中所创造的物质财富和精神财富。其二，“文化”在广义层面是人的精神实践过程和结果，“是精神文化或观念形态，仅包括与精神生产直接有关的现象”[②]。狭义上的“文化”在外延层面包括“政治法律、道德、艺术、哲学、宗教等等的思想观念和生产活动产品”[③]。另一方面，在马克思主义经典作家的论著中，“文化”具有多重概念上的使用，诸如“观念”“思想”“文明”“精神生产”“精神生活”“意识形态”等概念皆类同或等同于“文化”。

综上分析，“文化”作为人的精神活动、精神实践的过程和结果，是“人的本质力量的对象化”的成果。该成果是基于狭义的“文化”概念，将“文化”界定为精神层面的人化，即文化是人的精神存在的内容与方式、过程与成果。

（二）关于“人的存在”“人的文化存在”的哲学界定

在相关概念界定的基础上，以“现实的个人”为价值本体，省察“人的存在”和“人的文化存在”的哲学意蕴和本体价值，解析人与文化的本质关联、人与存在的本体意义。

1. 关于“人的存在”的哲学界定

在人的价值论维度，“人的存在”是以“人”为价值本原的存在。正如马克思所言：“被抽象地理解的，自为的，被确定为与人分隔开来的自然界，对人来说也是无。”[④] 在人的本质论维度，“人的存在”是人的本质的实现程度，“存在”以“现实的个人”为价值本体。此种“存在”超越了传统意义上的本体论意蕴，摆脱了认识事物本体的研究范式，以“现实的个人”为存在的合理性、必然性的价值本体和依据。

首先，人的存在是自然存在。人首先是自然的存在物，在自然需要的满足、生命机能的维系过程中，以实体的方式实现自身的物质存在。一方面，“现实的个人”是有生命的实体。生命的维系与延续，是“现实的个人”存在的前提条件。人的现实存在是以有生命的存在为自然前提。马克思恩格斯指出：“人类历史的第一个前提无疑是有生命的个人的存在。”[⑤]

① 李淮春等：《马克思主义哲学全书》，北京，中国人民大学出版社，1996 年，第 703 页。
② 李淮春等：《马克思主义哲学全书》，北京，中国人民大学出版社，1996 年，第 703 页。
③ 李淮春等：《马克思主义哲学全书》，北京，中国人民大学出版社，1996 年，第 703 页。
④ 《马克思恩格斯全集》第 3 卷，北京，人民出版社，2002 年，第 335 页。
⑤ 《马克思恩格斯选集》第 1 卷，北京，人民出版社，2012 年，第 146 页。

现实的个人源于自然，以自然属性为前提规定性，是“一个有生命的、自然的、具备并赋有对象性的即物质的本质力量的存在物”①。另一方面，“现实的个人”是有现实需求的实体。现实需求的生成、满足和再生成，构成了“现实的个人”生命维系与生活延续的现实动力。现实的个人依赖于自然，并具有自然属性的物质需要。由此，“现实的个人”总是基于具体时空维度的物质条件，由自发地依赖自然到自觉地改造自然。在此实践过程中，现实的个人发挥着自主自觉的能动作用，但始终是以物质条件的限定性、自然规律的必然性为根本物质前提。

其次，人的存在是社会存在。人的存在不仅是实体存在，也是关系存在。马克思指出：“在其现实性上，它是一切社会关系的总和。”② 社会关系作为人的群体本质，使人的存在更具社会性的内在规定。其一，现实的个人具有群体性的社会存在。现实的个人以个体的需要实现为前提，以一定的社会关系为关联，结合而成多维层面的社会群体。马克思恩格斯指出：“这里所说的个人……是现实中的个人，也就是说，这些个人是从事活动的，进行物质生产的，因而是在一定的物质的、不受他们任意支配的界限、前提和条件下活动着的。”③ 基于共有的利益基础、共同的利益取向，现实的个人耦合而成具有相对稳定关系的群体，即不同层次的社会共同体。其二，现实的个人具有交往性的关系存在。“现实的个人”具有现实条件的既定性与限定性。在原初意义上，“交往与生产”具有同一关系，在实践过程中由生产实践向社会交往延伸，直至“普遍交往”的世界历史生成。在交往方式的延展过程中，现实的个人耦合生成了社会有机体，使人的社会存在具有多维的层次性与多样性的结构性。其三，现实的个人具有归属性的社会存在。现实的个人与社会关系之间构成了同一存在关系。换言之，现实的个人总是处于一定的社会群体或共同体之中，社会关系也总是由现实的个人关联而成。基于人的社会化发展过程，现实的个人由家庭组织归属，延伸为一定的经济、政治、社会和文化组织归属。由此，现实的个人不断丰富着社会关系的层次性，也不断拓展着社会关系的共有性。

最后，人的存在是精神存在。人是基于自然规律、社会规律和精神规律的限定性，也是基于物质、社会和文化条件的既定性，呈现为自由自觉的主体存在。一方面，人是有目的、能动的存在，在一定的精神文化背景

---

① 《马克思恩格斯文集》第1卷，北京，人民出版社，2009年，第208页。

② 《马克思恩格斯选集》第1卷，北京，人民出版社，2012年，第135页。

③ 《马克思恩格斯选集》第1卷，北京，人民出版社，2012年，第151页。

中，形成具有特定地域特点、民族特性的群体特征，也形成了具有鲜明个体的主体特征。就群体而言，人是具有文化认同、价值通约和实践合力的共同体。正如马克思恩格斯所言："人们的想象、思维、精神交往在这里还是人们物质行动的直接产物。表现在某一民族的政治、法律、道德、宗教、形而上学等的语言中的精神生产也是这样。"[①] 就个体而言，人是具有理性与非理性的双重存在。人以理性的方式认知事物本质，把握事物规律；以非理性的方式，发挥情感的导向、意志的激励、信念的凝聚作用。另一方面，人是具体的文化关系存在。现实的个人构成了人与文化的双向关系。换言之，现实的个人成为文化的实践者，具象化为文化的创造者、承载者和传承者。文化成为现实的个人的塑造者，使个体成为具有鲜明文化特性、既定文化样态的文化存在。

2. 关于"人的文化存在"的哲学界定

"人的文化存在"是基于文化的人本性、生成性和历史性，呈现出人与文化、人与信息、人与时空的关系。基于人之存在的实践性，文化是以文明为成果和结晶，以物质、能量和信息为要素，构成了文化的物质样态、实践样态和信息样态。

首先，就人与文化关系而言，人的文化存在是精神存在。在此意义上，"文化存在"作为"精神存在"，是以人的主体精神为存在方式和确证方式。精神作为人有意识的存在状态，彰显出人的自在存在向自觉存在的升华。就自在存在而言，精神存在是具有情绪化和情感化的自在存在，形成了"喜怒哀乐惧"的情感表达和体验。就自觉存在而言，精神存在是有目的、有意识的存在，具有意志的目标性和自为性，也具有自由的约束性和自律性。在自在向自觉的转化过程中，人由动物性的本能存在升华为具有精神性的文化存在，由原始的动物存在方式转变为具有"发乎情，止乎礼"的文化存在方式。由此，文化具有人之存在的精神属性，由具象化的生存方式内化为抽象的核心价值与人文精神，实现了"有形"向"无形"的抽象化。与此同时，文化具有人之存在的实践属性，形成一定的文化体系或模式后，则作为具有相对独立的精神化客体，外化为塑造人、熏陶人的价值体系、价值规则和价值行为。

其次，就人与信息关系而言，人的文化存在是信息存在。基于信息论界定，信息是消除不确定性的存在，即消息和信号的具体内容和意义。信息的量值与其随机性有关，即预估的可能性越小，信息量就越大。[②] 由此

---

① 《马克思恩格斯文集》第1卷，北京，人民出版社，2009年，第524页。

② 参见夏征农、陈至立主编：《辞海》(第六版缩印本)，上海，上海辞书出版社，2010年，第2122页。

而言，文化是以信息的方式强化了人之存在的确定性和主体性。其一，就确定性而言，文化是基于日用常行的生活实践形成的生活认知、理解和凝练。人作为信息存在，总是由信息的诠释性赋予生活的确定性意义；也总是基于信息的稳定性，以思维经济原则形成了“日用不觉”的生活常识。其二，就主体性而言，人是以信息作为介质，使人与人之间构成了主体间性的主体关系。语言、文字和符号等信息载体，发挥着跨越时空隔阂的交流作用。人作为信息存在，总是在信息的接收、理解和输出过程中使主体间的交流具有可通约性。

最后，就人与时空关系而言，人的文化存在是历史存在，构成了共时态与历时态的双重存在。就历时态而言，人的文化存在是基于实践的生成性，构成了人与文化的双向塑造关系。人创造和传承了文化，使文化成为人之存在的过程表征。换言之，文化是既定性与可变性的统一体，总是以人的存在的历史性变化为人为归因，形成了不同历史阶段的文化样态。与此同时，文化塑造和规定了人，以不同的文化体系或模式限定了人之存在的文化视域，使人总是处于一定文化环境、文化氛围和文化情境中具体的人。就共时态而言，人是寻求可能意义空间的现实存在。理想性意味着人的存在具有发展意义上的多维可能性与现实可塑性。现实性则意味着人的存在具有发展的现有程度和既定条件。在现实既定的历史条件下，人总是依托具体的实践方式、实践能力和实践条件，不仅是以自然为对象化的实践方式，也是以社会与自身为对象化的实践方式，达到有限度的社会交往自由和精神自由，形成了“从心所欲”与“不逾矩”的文化张力。

综上而言，“人的文化存在”究其本质是人的精神存在。具体而言，“人的文化存在”在价值哲学的视域中，以“现实的个人”为价值主体，以全面发展为价值旨归，以自由自觉为价值预设，以精神实践为价值动力，达到个体、群体与类之间的价值主体协调和价值关系和谐。

二、人的文化存在的内容

人的文化存在是以精神实践为存在的基本内容。基于精神实践的心理表征，人的文化存在内容具体细化为“知”“情”“意”“信”等四个方面内容，从不同维度彰显着人之存在的认知理性、情感情绪、意志意愿和信仰信念。

（一）人的文化存在具有“知”的内容

“知”即认知，“指人类客观认识事物，获得知识的活动。包括知觉、记忆、学习、言语、思维和问题解决等过程”[①]。在马克思主义哲学的理论视域中，认知是人在对象化的实践过程中，对客观事物或对象的认知理解。在认知心理学视域中，认知是人对外界信息的心理反应机制，以构建和同化的方式，达到人与外界事物的认知协调及平衡。

1. 认知是以语言和知识为载体

认知以信息的发出、传播、接收为前提，构成了人对信息的理解和加工过程。认知需要以信息为内容，以语言、文化及符号为载体，构成认知过程、内容与载体的有机协同。

首先，认知是以语言为主体思维和主体间交流的中介。语言是语音、语义和语用构成的信息系统。就信息属性而言，语言在语音及文字的传播和交流过程中发挥着消除“不确定性”的作用。尤其是文字的广泛应用，摆脱了语音的空间和时间限制，使信息承载的空间广度和时间跨度大大增加。就文化属性而言，语言是在群体的文化通约过程中形成的具有约定性、沿袭性的信息交流系统。语言的通约性不仅发挥着文化的凝聚作用，也发挥着群体和民族对文化的认同和辨识的作用。换言之，语言的不同通约性是造成文化隔阂的重要因素。就实践属性而言，语言是个体乃至群体之间的实践交往中介，由特定的语音承载着一定的语义，在交互的社会交往中发挥着语用的现实交流效用。由此，语言发挥着主体自身的思维塑造作用，通过语法词汇的程序性，使人的思维能力与语言表达能力具有高度的互动关联性。与此同时，语言发挥着主体间的思维交流和沟通作用，通过语言规则的约定性，使同一语言的主体之间形成认知的理解和沟通的同一意义空间。

其次，认知是以知识为载体，使人成为跨越时空拘囿限定的主体存在。知识是人类在实践活动和认知活动中积累起来的认识成果。人的认知方式呈现出思维经济原则的倾向，即倾向于认知的稳定性、一致性和限定性。就稳定性而言，知识促成人以更为稳定和高效的方式去认知和理解外在事物。就一致性而言，知识之间的逻辑自洽性程度直接决定了人的认知广度、深度和边界。知识作为外在的信息系统，是在实践过程中获得、甄别和凝练而成的有效信息。与此同时，知识作为内在的认知方式，构成了

① 夏征农、陈至立主编:《辞海》(第六版缩印本),上海,上海辞书出版社,2010年,第1567页。

理解与解释的认知图式。就限定性而言，知识的确定性既具有认知的有效性，也产生了对认知方式的限定性框架。知识的确定性是以认知的范式为基础，为人的认知提供了具有指向性的理解框架。在此理解框架中，认知的概念、认知的方法和认知的对象契合为一个认知的统一体。认知统一体的构建正是以知识为框架，以实践的广度与深度为限定，构设了认知的现实领域和潜在空间。

2. 认知是以思维为定式指导

认知要具有必要的心理条件，即基本的心理能力或智力。就此而言，认知以思维为必要和必备条件，在思维的心理活动过程中使人获得了不同层次的认知水平。换言之，认知作为人获得知识的主体精神活动，蕴含着鲜明的思维导向，使人的认知受到价值观影响，呈现出“价值渗透”的思维定式倾向。

首先，认知具有思维的问题导向。“思维是人脑对客观事物的间接的和概括的反映。作为人类所特有的理性认识过程，思维借助于语言这一工具，对客观事物进行由表及里、由此及彼、去粗取精、去伪存真的分析和综合，以求对事物的本质特征和内部规律的揭示。”① 认知是以解决人之存在的问题为根本价值取向，即人之存在的需要问题、发展问题、价值问题。基于人之存在的价值统摄，彰显出认知“为人”的价值属性和旨归。换言之，认知具有思维的导向性，以理解问题、分析问题、解决问题和预测问题为根本的价值导向。其一，认知具有问题的理解导向，关注于理解问题“是什么”的本质规定，从中分析问题的内在属性和本质特点。其二，认知具有问题的分析导向，聚焦于分析问题“为什么”的机制机理，从发生学、逻辑学等维度阐释问题是如何发生的。其三，认知具有问题的解决导向，锚定解决问题“如何处理”的现实路径，解决该问题如何予以应对和解决的具体举措。其四，认知具有问题的预测性，倾向于预测问题“如何走向”的发展趋势，预测该问题进一步发展的态势、方向和特点。

其次，认知具有思维的价值定势。认知具有思维的定势性，以一定的价值观念和思维方式为认知前提，以价值认知理解和解释事实。“所谓思维方式，是指人们在实践的基础上形成的相对稳定的思维方法、思维程序和思维习惯。”② 其一，思维定式具有相对稳定的思维方法，具体包含了认知所运用的逻辑方法和思辨方法。就实证性而言，认知具有逻辑推理的规则性，形成了分析与综合相补充、归纳与演绎相结合的逻辑方法。就思

① 朱永新:《管理心理学》,北京,高等教育出版社,2014 年,第 93 页。

② 朱永新:《管理心理学》,北京,高等教育出版社,2014 年,第 93 页。

辨性而言，认知不仅具有理性的思维方法，也具有感性与悟性的思维方法。由此，思维方法具有对象性的认知方法，在逻辑推演过程中形成具有确定性的认知结构；思维方法具有超越性的认知方法，通过“正反合”的认知方式，达到新的认知图景；思维方法具有反身性的认知方法，通过反躬自问，以镜像的自我认知方式，达到“静观自得”的认知境界。其二，思维定式具有相对稳定的思维程序和思维习惯。思维程序立足理性的思维过程，通过概念界定、分析综合、抽象概括和推理判断等方式，达到确定性的判断和拓展性的结果。思维习惯则是在思维程序的长期运用的过程中，形成的相对稳定的认知程序。思想习惯具有高效性、便捷性和依赖性等多方面特点。就高效性和便捷性而言，思维习惯偏向于“思维经济原则”，以更为高效率的方式，得到更为准确的思维结果。就依赖性而言，思想习惯则往往偏向路径依赖，尤其是对单一思维方法的片面依赖，往往丧失灵活多变的思维方法变通。

3. 认知是人的文化存在的历史凝结和折射

认知作为人的精神实践活动，具有理性的思维方式，呈现出认知的工具性特征。与此同时，认知作为人的文化理解方式，也具有感性和悟性的思维方式，呈现出认知的人文性特征。认知是人处于一定文化体系或文化模式的影响下所进行的认识活动。认知是人、文化与外在事物之间密切关联的心理活动过程。文化是认知的价值背景，为认知设定了有限的价值视域，使人总是基于一定的人文精神、价值理念和道德观念进行认知的认识、理解和归因。人是认知的主体，总是处于一定的文化群体、文化模式和文化情境之中，形成了文化主体的认知通约。外在事物则作为认知的对象，基于一定的文化背景和文化视域，形成了文化主体的认知归因。

首先，认知具有文化主体的通约性。正如马克思所言：“作为类意识，人确证自己的现实的社会生活，并且只是在思维中复现自己的现实存在；反之，类存在则在类意识中确证自己，并且在自己的普遍性中作为思维着的存在物自为地存在着。”① 认知不仅是人认识客观对象的心理活动过程，更是体现在人对自身创造的精神结晶的思考和省察。就文化作为认知对象而言，认知是人接受、理解和诠释文化的精神实践过程。一方面，认知具有价值通约的预设性。认知并非绝然的“价值无涉”，而是基于认知主体对事物的认知解释。犹如“兔子鸭”的格式塔心理学实验，认知对象呈现出的认知结果越模糊，认知对象予以解释的空间越大，可能性越多。由

① 《马克思恩格斯全集》第42卷，北京，人民出版社，1979年，第123页。

此，认知只有在一定的价值预设中，在同样的价值视域中认识和理解问题，才能得到共有的认知结果。另一方面，认知具有价值通约的交往性。认知并非是价值无涉的心理活动过程，必然在共同的文化交往过程中形成共有的价值预设和文化信念。就认知的基本要素而言，无论是认知的中介即语言文字，还是认知的主体和对象，都必然是处于一定文化体系或模式下的存在，深切地楔入了此种文化所蕴含的价值特质。

其次，认知具有文化归因的指向性。“归因是从主观的感受与经验出发，对自己或他人行为原因进行推论的认知过程。即从可能导致行为的多种因素中认定原因并判断其性质。”①

归因是人对自然、社会及精神现象的原因推理和机制解释方式。归因不仅是具有逻辑学意义上的推理判断过程，更是具有文化学、文化哲学意义上的价值认同和判定过程。其一，认知具有文化归因的限定性。认知总是基于一定的实践视域和价值视域去理解和认识问题。换言之，人的实践能力决定了实践对象改造的程度和范围。人的实践能力不仅是生产力的直接表征，也是文化软实力的重要表征。人的文化实践或精神实践能力，直接决定了认知对象的认知程度和范围。在此意义上，文化在很大程度上影响了人的价值选择范围、价值评判标准和价值实践路径，继而限定了文化归因的认知范围。其二，认知具有文化归因的锚定性。文化对人的归因设定了一定的认知图式。在不同的文化认知图式中，同一个认知对象往往被理解为不同的文化图景。不同文化体系之间的文化认知往往具有不可通约性，即跨文化的过程中存在着异质性。对于同一事物的理解直接表现为语言的差异，但从词源学深究关于某事物的原初意义，则蕴含着深刻的文化理解和认知。由此，认知总是基于一定的文化视域，锚定了一定的文化认知方向，在既定的文化视域或文化情境中进行认知归因。

（二）人的文化存在具有“情”的内容

“情”意指情绪、情感。在心理学意义上，就情绪而言，“情”具有“绪”的限定，即人对外界事物的感官接受过程中形成的积极与消极、接收与拒斥等内心体验，具有即时性、源发性的特点。就情感而言，“情”具有“感”的规定，即人对外界事物的直观感受，表现出喜怒哀惧忧等感觉体验，具有直观性、稳定性等特点。正如《诗经·毛诗序》所言：“故变风发乎情，止乎礼义。发乎情，民之性也；止乎礼义，先王之泽也。”②

---

① 夏征农、陈至立主编：《辞海》（第六版缩印本），上海，上海辞书出版社，2010年，第649页。

② 《诗经·毛诗序》。

在文化的作用机制下，“情”不仅意味着朴素、直观的情绪和情感，还彰显出具有一定“人文教化”的价值规定和文化态度。

1. 情感包含着道德感、美感等文化体验感

归其本质，“情感是指人对客观事物是否符合人的需要而产生的态度体验”①。情感是外物满足人自身需要的体验感，具有“发乎情”的本能需要与自然反应。与此同时，情感也是人对自身存在的体验感，具有“止乎礼”的文化熏陶和价值约束。正是在文化的教化与敦化过程中，人的情感由自然流露方式转变为社会化和伦理化的文化表达方式。

首先，情感以道德感为价值评判感。道德是在一定文化体系或模式中，依据一定的价值观念、伦理规范和行为规则，进行价值考量、评判、选择和监督的规范总和。道德感则是人在道德评价、衡量和实践过程中产生的具有明显价值倾向的主体体验。道德感具有鲜明的态度倾向，蕴含着善恶、是非、曲直、良莠等不同层面的判定标准。就发生机制而言，道德感的形成和巩固具有内化与外化的双向路径。其一，就内化路径而言，道德感是由一般意义上的道德理念、道德原则转化为所认同的道德信念、恪守的道德规范。道德感是人在实践过程中，由自然生物规律向人文伦理规则转变的主体体验感。人以“物”的方式自为存在，转变为“人”的方式自觉存在，形成了律己性和律他性的道德感。此种道德感是以“律”为道德约束尺度，由抽象的道德原则泛化为现实的道德情感和具体的道德规范。其二，就外化路径而言，道德感是维系人与人关系的特定文化情感，外化为一定的道德价值尺度。道德感总是基于一定的人文精神、伦理观念而产生的荣辱感，继而形成了利己或利他的价值衡量尺度和价值评判标准。道德作为人与人之间关系维系的规则，必然是以人的社会关系为前提。换言之，“离群索居”之人无从谈起道德，而处于一定社会关系之人则必然是处于一定道德观念、道德规则和道德舆论的约束之中。人必然是以道德感为社会关系维系的主体体验感，对道德观念、道德选择和道德行为予以正面或负面、肯定或否定的评判。

其次，情感以美感为价值愉悦感。美感是人对美的情感体验和感受。美既具有直观具象的审美愉悦感，也具有抽象深刻的审美旨趣。归其根本，美感是人在实践过程中形成的先天与后天并存的情感体验。其一，审美包含先天的情感感受能力。审美包含精神需求满足和实现的情感表达。基于先天因素，审美总是在自然演化的本能需要的基础上，逐渐发展为具

① 朱永新：《管理心理学》，北京，高等教育出版社，2014 年，第 95 页。

有精神诉求的审美表达。在此意义上，美感蕴含着“天人合一”与“天人合德”。在“天人合一”层面，美感是以合规律的方式，使人遵循自然发展规律和自身生物发展规律，达到人与自然规律之间的客观和谐。其二，审美包含“后天”的情感塑造能力。在人的社会化发展过程中，审美逐渐形成了“后天”意义上的个性化和差异化特征。在此意义上，审美是在时代发展的演化过程中，基于地域特点、心理个性、文化修养的差别，形成了具有多样分化的审美价值评判和选择。

2. 情感是人的文化存在的体验和表达方式

情感是人的文化存在的主体感性体验，具有内在体验与外在交流的作用。情感以应然的目标设定与实然的需求实现之间的比较，形成了“肯定与否定”“赞成与反对”“亲近与疏远”等多层次的主体体验。基于不同的主体体验，人以自我感受的方式使抽象的文化精神外化为具体的文化情感，以现实的情感表达激发了人与人之间的情感共鸣。

首先，在个体层面，情感是人的文化沟通方式。在文化的影响、统摄下，情感已经脱离了原初意义上的心理体验，成为具有价值倾向性的文化体验。情感表达是基于倾向性和反馈性，实现了情感表达的目标与结果之间的动态调整。其一，情感具有倾向性。情感在一定的社会文化环境形成中，倾向于一定的价值目标、价值选择和价值规则。在情感倾向的稳定过程中，人形成了持续性的价值体验，以“路径依赖”的方式，以倾向性的价值实践稳固了积极的价值体验。其二，情感具有反馈性。情感在内心体验过程中延展至语言表达、动作表情之中。情感的外化表现是内心体验的重要信息输出，以“镜像”的方式为人际交往提供了重要的反馈信息。由此，隐性的情感外化为具体的言行表达，形成了情感体验、情感表达、情感回应的反馈机制。

其次，在群体层面，情感是人的文化共鸣方式。基于人的群体本质，社会关系是人之存在的本质规定。稳定的情感是构成社会态度的重要因素，促成了社会交往的稳定性和归属性。其一，情感具有关系协调功能，情感在人的实践过程中发生作用，以主体的情感表达影响到个体与他人，引起社会关系或组织关系的动态变化。在此意义上，情感发挥着弥散、暗示的心理作用。在共同的心理情境作用下，高强度的情感往往发挥着主导作用，使群体内部更容易产生心理学意义上的“从众效应”。其二，情感具有社会组织功能，能够产生“情绪能量”。情感正是在个体之间文化交往过程中，形成了具有共有价值认同的共情作用。在共情等多种情感沟通方式中，人际关系形成了共通感和“为我们感”。恩格斯曾指出：“在社会历史领域内进行活动的，是具有意识的、经过思虑或凭激情行动的、追求某种目的的人。”① 可见，情感具有表达的指向性，是人对一定需要和诉求的心理表达。情感也具有非理性，呈现出一定的应激特征。在此意义上，情感要注重正向与负向的性质差别，发挥正向积极的组织协调作用；增强价值实现的控制力，以自我控制的方式达到情感体验与价值实现相统一。

（三）人的文化存在具有“意”的内容

“意”指的是人的意志，是“自觉地确定目的，并根据目的来支配、调节自己的行动，克服困难，实现预定目的的心理过程”②。意志具有目标的指向性，以确定性的目标激发当下性的实践；具有过程的匡正性，基于明确的目标，使人的文化存在以目标导向匡正过程导向，具有解决处理问题的激发能力和克服消极心态的意志能力。

1．意志具有目标激励作用

意志是需求的产生、动机的激发、目标的设定和实现的综合心理过程。需求的产生和实现为激发意志、调节行动、克服困难提供了聚合力量的出发点和落脚点。换言之，需求的产生为意志设定了目标指向，需求的实现与满足程度则决定了意志的正反馈水平，影响到意志的笃定和坚韧程度。

首先，意志具有评估目标的自觉性。意志的自觉性是自觉认知目的意义、自主支配行动、达到预设目标的自知和自为属性。其自觉性主要体现在两个方面，即自觉认知目标与自觉评估目标。其一，意志有助于自觉认知目标的合理性和价值性。意志的自觉性首先关注目标准备过程的合理性，即确立目标必然经历了动机的选择过程：既审视动机自身的合理性，以确定的价值标准衡量价值动机；也审视不同动机之间的自洽性，有效解决不同动机之间的价值冲突，确立具有主导性的价值动机。其二，意志有助于自觉评估目标的可行性和可操作性。目标评估的可行性是目标设定与当下现状之间的差距，以此为依据激发意志的强烈程度。目标评估的可操作性是基于目标的定位，确立意志的定向功能，进行目标的方法和路径选择，以此契合自身的动机选择，也契合外在的价值标准和制度规则。

其次，意志具有目标的锚定性。意志的消长与目标的周期、实现程度呈现出正相关性。其一，意志有助于增强目标的积极动机。目标的周期性越长，所设定的目标越长远，所需要的意志力的坚韧程度就越强。目标的

① 《马克思恩格斯全集》第28卷，北京，人民出版社，2018年，第356页。

② 夏征农、陈至立主编：《辞海》(第六版缩印本)，上海，上海辞书出版社，2010年，第2263页。

实现程度越高，实际结果与预设目标的契合度越高，所激发意志力的动机强度就越高。其二，意志有助于解决目标的衍生问题。目标的实现过程正是人的实践生成过程。实践过程的结果往往大于实践的预设目标，这需要在目标实现过程中不断应对新问题和新情况。尤其是面对新问题时依赖并援用老方法和旧方式，导致了目标实现的瓶颈。这必然需要在目标执行阶段提升意志的耐受力，在创新方式方法过程中提高问题的解决能力。

2. 意志具有发动与抑制的调节作用

意志在目标实现过程中发挥着正反馈或负反馈的协调作用。意志的协调作用以目标为匡正和校准的标杆，以动态反馈的方式实现预定目标与实践过程、实现效果之间的有机匹配。

首先，意志以发动的调节作用实现预定目标所需的价值实践。目标的设定，决定了心理动机的内容和性质。其一，意志促成了目标实现的正向功能。目标的设定必然基于价值理性和工具理性的衡量，判定目标自身的合理性和必要性。目标的实现过程则是基于实践理性的匡正，提升目标实现的实际效用。由此，意志激发了目标的动机属性，使意志呈现出成就性、亲和性、利他性等动机趋向。其二，意志有助于增强目标实现的执行力。意志具有克服目标实现的控制力，克服面对困难的畏难、冲动和懈怠等消极情绪；具有提高目标实现的耐受性，忍受目标实现困难带来的负面体验；具有目标迁延的抑制力，避免因新的动机和新的目的产生干扰预定目标的实现。

其次，就抑制而言，意志抑制与预定目标相悖离或矛盾的价值观念或价值实践。意志以控制自身的目标实现能力，协调自身与他人的目标实现合力，使实践结果与预设目标相契合。其一，意志有助于实现渐进性目标。目标的实现不仅要契合主体的价值意愿，更要顺应并遵循客观规律。基于客观规律的阶段性、渐进性和条件性等特点，目标实现也必然具有一定的周期性、阶次性和具体性。由此，意志有助于激发实现目标的价值定力，在能动地克服困难、坚决地锚定目标的过程中，有阶次、有步骤地实现目标。其二，意志有助于实现长期性目标。目标具有不同的层次分类。就宏大目标和长远目标而言，目标以愿景和使命的形态予以彰显，具有“高山仰止”的宏大愿景，也具有“虽不能至”的困难，更具有“心向往之”的价值期盼。由此，意志为实现愿景和使命目标，在目标实现的价值激励中，不断克服目标实现过程中的困难。与此同时，意志在目标实现的多维路径选择中，既具有目标方向的一贯性，也注重路径选择的多样性和灵活性，为实现长远的预设目标而笃定毅力和韧劲。

3. 意志具有提升受挫与抗挫能力的作用

在心理学意义上，挫折是“由于妨碍达到目标的现实的或想象的阻力而产生的心理状态。表现为不快、不安、失望、愤怒等”①。在目标实现过程中，挫折是目标实现的现实阻力，以及形成的心理压力。意志在化解现实目标阻力、缓解心理压力的过程中，具有提高接受挫折和抗拒挫折的能力。

首先，受挫能力是人在面对挫折时的态度表征和能力表现。受挫能力具体包含认知归因能力和实践解决能力，直接表现为应对挫折的意志状态和定力。其一，意志有助于优化人的受挫认知能力，进行辩证的认知归因。挫折具有客观与主观两个方面的表征。就客观而言，人的目标期望与过程实现、实际结果之间的差距乃至冲突，成为挫折产生的客观归因。挫折的强弱程度往往取决于受阻行为的重要性与达到目标的主观距离。在主观层面，人的目标期望与心理素质、综合能力之间的匹配度不足，使目标实现受挫而产生心理挫败感和失落感。挫折的强弱程度表现为挫折情况下的反应，具体表现为侵犯行为、行为简单化以及脱离困难情境的反思和心理调适。由此，受挫的认知能力主要取决于受挫的反应态度。这要避免以偏执的归因方式，形成过度的心理防御机制；也要综合考量主观能力归因与客观现实归因，形成不偏不倚的心理认知态度。其二，意志有助于优化人的受挫解决能力。受挫在认知归因的过程中，形成了接受挫折的解决方式和能力。受挫能力的强弱在很大程度上表现为接受失败的能力水平。换言之，受挫能力的提升是要学会“善败”，即学会善于失败，善于坦然接受失败，善于在失败中吸取教训，善于在失败后具有振作积极的态度。

其次，抗挫能力是人抗拒挫折所表现出的行为方式和处理能力。抗挫能力具体包含了关于挫折的评价和疏导能力。其一，就评价而言，抗挫能力首先是人对抵御抗挫的综合能力评价，衡量自身面对挫折的能力层次。意志不仅是心理素质的重要组成部分，还是促成实践理性、提升实践能力的心理动因。由此，意志力的磨炼，不仅是意志的韧力与毅力的磨炼，更是面对挫折的实践操作能力和问题解决能力。其二，就疏导而言，抗挫能力是主体面对挫折的心态调整、方法选择和实践落实能力。提升抗挫能力，是保持中等程度的动机强度，具有实现目标的定力和韧劲，积极应对长周期的目标实现过程。与此同时，意志力还要保持实践操作的灵活性和平衡性，达到心理认知、意志与情感的内在协调，也实现实践方法、路径

① 夏征农、陈至立主编:《辞海》(第六版缩印本),上海,上海辞书出版社,2010 年,第 287 页。

与目标的有机协调，达到“执两用中”的适度状态。

（四）人的文化存在具有“信”的内容

“信”指的是信仰、信念，即人对自身存在意义的精神笃信或确信。信仰是“超越于眼前证据的信任态度”①，信念是“对理论的真理性和实践行为的正确性的内在确信”②。在此意义上，“信”呈现出“信仰”的精神笃定性，也彰显出“信念”的意义终极性，为人的存在设定了价值归属的精神空间，也为人的存在锚定了价值诉求的终极目标。

1. 信仰、信念构成了人的根本意义归宿

基于概念界定，信仰是对所信的敬仰态度，是以真挚虔诚的态度笃定信念。信仰具有态度的诚敬之意、目标的仰止之境和内心的笃定之力。在此意义上，信仰构成了人之存在的精神根基，使人的文化存在具有精神的笃定性和意义的归属性。

首先，信仰、信念承载着文化的价值内核。就文化而言，信仰、信念处于文化体系中，具有抽象性和终极性的人文思想。就人而言，信仰、信念是处于人的意义世界最深处、最稳固的价值观念和信条。其一，信仰、信念具有价值观念的凝练性，构成了文化的精髓与奥义。文化的核心价值在于人的文化实践过程中“观乎人文”的精神省察，形成具有高度价值凝练、强力精神笃定的核心精神，发挥着“化成天下”的根本价值功用。其二，信仰、信念以具象的文化样态构成了“化人”的现实功用。尽管信仰、信念的内在精神是抽象、奥涩的，然而在人的文化存在过程中直观体现于具体的文化样式中，渗透于日常生活中，塑造了个体鲜明的人格特征、气质特性和人生态度。

其次，信仰、信念构成了人的文化存在之精神根基。人的文化存在是具有精神归属意义上的存在，信仰、信念则是精神归属的价值根基。其一，信仰、信念是具有终极目标的价值归属，为人的当下存在指明了终极的价值愿景。就此，信仰、信念以精神的归属性为人的当下存在奠定了笃定的精神根基，也为人的当下存在确立了不竭的奋斗目标。其二，信仰、信念具有价值意义的确定性，为人的未然存在确立了发展的定力。信仰、信念潜隐于人的意义世界最深处，以高度的价值自觉激发出“吾往矣”的价值动力，也以深厚的实践自觉呈现出“当下不杂”的价值定力，使人以“积跬步”的价值实践臻于“至千里”的价值愿景。

---

① 冯契:《外国哲学大辞典》,上海,上海辞书出版社,2008年,第53页。

② 冯契:《外国哲学大辞典》,上海,上海辞书出版社,2008年,第31页。

2. 信仰、信念凝结着人的终极价值诉求

信仰、信念作为人的某种精神信条和价值观念，被人予以高度信服和尊重，以此作为实践行为的价值准则。在此意义上，信仰、信念具有高度凝练的价值准则，彰显出精神实践的终极性和渐进性，即总是基于终极的价值目标为价值定向，立足于渐进的价值实践为价值定位。

首先，信仰、信念彰显出人的终极价值愿景。在情感的感召、意志的坚定和行为的坚守下，信仰、信念形成了稳固的精神信条、价值原则和道德准则，以此支配人的行为。在此，信仰、信念为人的文化存在设定了终极的价值愿景。其一，终极价值愿景高度彰显了人对美好生活的向往。信仰、信念是人在社会实践中形成的、具有现实可能性的对未来的向往和追求，是人们人生目标、发展动力和精神支柱的集中体现。终极价值愿景以终极为发展指向，即人的发展程度不断接近这一完满目标，却永远无法绝对达到这一绝然的目标。其二，终极价值愿景高度彰显了人对现实生活的超越性。信仰、信念具有未来的超越性，以价值理性指明了价值愿景的目标和方向。由此，终极价值愿景以人的价值为根本旨归，以实现人的全面发展、人的自由自觉为根本价值指向，不断扬弃并超越人的异化、物的依赖性，达到自由个性的生成。

其次，信仰、信念设定了人的渐进价值路径。信仰、信念为人的文化存在指明了笃定的价值指向，也为人的文化存在设定了渐进的价值目标。其一，信仰、信念具有当下现实性，以现实来匡正理想的可行性。信仰、信念总是基于人之存在的现实性，在实然的现实反思中设定应然的价值目标，以现实生活的实现、发展程度作为应然价值愿景的现实标准。其二，信仰、信念具有社会的关联性。信仰、信念具有社会性与个体性的双重特征。在个体层面，信仰、信念具体呈现为人生的价值理想，为人生规划确立了价值意义的指向性，也以人生愿景的方式勾勒出理想的生活图景。在社会层面，信仰、信念则以价值通约的方式，基于现实生活的反思和考量，以实然的问题意识催生出应然的价值理想，汇集为共有的价值愿景和终极的价值目标。

三、人的文化存在的本质特征

人的文化存在以人为存在主体，以文化为存在样态，以实践为存在方式，彰显出人之自由自觉的精神存在。就此而言，人的文化存在并非纯粹的精神存在，而是以实践的方式，弥合了自然存在、社会存在和精神存在之间的割裂，实现了人之存在的内在融通。

（一）人的文化存在的实践性

归其本质，人的文化存在是精神存在，以精神为文化存在的具体表征和根本内容。溯其本源，实践是精神生成的初始动力，也是精神发展的根本动力。人的文化存在并非“玄之又玄”的神秘存在，而是以实践为根本存在方式，使“现实的个人”处于具体现实的物质条件、社会关系和文化关联之中。在人的文化存在视域中，文化与实践是同一性存在。一方面，文化是实践的改造对象。实践不仅是对客观事物进行改造的生产实践或物质实践，更是对人自身精神世界省察、审视和反思的精神实践。另一方面，文化是实践的确证和成果。文化是人对自身的价值确证，探究“人之为人”的价值根源和尺度时所凝结而成的精神结晶。与此同时，文化是实践结果的主体化确证，使实践不仅从物质和器物层面予以彰显，更是从制度和精神层面予以凝练。由此，实践是人的文化存在的人本动力，也是人的文化存在的本体存在，构成了人、文化和存在的同一生成关系。

1. 实践维系了人的生命存在

实践是“自由自觉的劳动”，“有意识的生命活动”。马克思恩格斯指出：“因此我们首先应当确定一切人类生存的第一个前提，也就是一切历史的第一个前提，这个前提是：人们为了能够‘创造历史’，必须能够生活。”① 实践首先是具有物质性的生产劳动。这既是在发生学意义上构成了人之存在的物质基础，也是在价值维度上构成了文化存在的现实根基。根据实践主体与对象的关系，生产劳动分为物质生产与人的自身生产，即实现个体生命维系的物质生产与实现类和族群延续的人口繁衍。

首先，实践是人自身的生产，即种的繁衍。生命维系在本质上是“通过生育而达到的他人生命的生产”，是以生物繁衍的本能完成代际之间的生命延续。一方面，人自身的生产是人以生物本能的方式，受制并顺应于自然规律。正如马克思所言：“人靠自然界生活。这就是说，自然界是人为了不致死亡而必须与之处于持续不断的交互作用过程的、人的身体。”② 人自身的生产是人以生物基因传递的方式，保持了类的自然属性，也维系了类的族群繁衍和延续。另一方面，实践促成了人的实体存在，实现了人的生命延续。实践也促成了人的关系存在，在生产交往和社会交往过程中

---

① 《马克思恩格斯选集》第1卷，北京，人民出版社，2012年，第158页。

② 《马克思恩格斯选集》第1卷，北京，人民出版社，2012年，第55～56页。

形成了不同层次的社会共同体。“所谓人的肉体生活和精神生活同自然界相联系，不外是说自然界同自身相联系，因为人是自然界的一部分。”[①] 人自身的生产是人以社会和文化的方式受制于社会发展规律。人的繁衍方式不仅呈现出生物本能的自然性质，也具有社会伦理、文化传统等方面的文化属性。

其次，实践是生活资料的生产。实践是以物质成果的方式，确证了人的本质力量。马克思指出：“通过实践创造对象世界，改造无机界，人证明自己是有意识的类存在物。”[②] 一方面，实践使人与自然的物质交换过程中获得了满足生活需要的物质手段和生活资料。马克思指出：“劳动首先是人和自然之间的过程，是人以自身的活动来中介、调整和控制人和自然之间的物质变换的过程。”[③] 另一方面，实践使人对自然改造的过程中达到了自然界中“人”的在场状态。这一过程是人作为实践主体对自然这一实践对象的改造过程。这一过程也是人摆脱异己力量、实现人的自我控制过程。正如马克思所言：“被抽象地孤立地理解的、被固定为与人分离的自然界，对人说来也是无。”[④] 由此，实践是消除人与自然的紧张关系，逐渐摆脱人对自然的盲目依赖关系的活动过程。实践构成了自然史的价值动力，将纯粹的物质自然改造为人化自然；也构成了自然史的价值预设，以人的在场状态观照自然的人本意义和价值。

2. 实践促成了人的社会存在

实践作为人之发展的本质动力，促成了人的自然属性、社会属性和精神属性的内在耦合。换言之，人以实践为存在方式，在实践过程中形成了主体与客体的对象化关系，也构成了主体与主体之间的交往关系。实践促成了社会交往的深化和社会关系的稳固，使人以社会存在的方式，成为处于一定社会关系、归属于一定社会共同体、处于一定社会发展阶段的现实存在。

首先，实践决定了人的社会交往的广度与深度。“现实的个人”总是在实践对象的改造过程中不断拓展存在的现实广度与深度，使实践对象以不同方式纳入人的实践范围之中。其一，实践促成了人的自然存在与社会存在的内在统一。马克思指出：“只有在社会中，自然界才是人自己的人的存在的基础。只有在社会中，人的自然的存在对他说来才是他的人的存

---

① 《马克思恩格斯全集》第 1 卷，北京，人民出版社，1995 年，第 56 页。

② 《马克思恩格斯选集》第 1 卷，北京，人民出版社，2012 年，第 56 页。

③ 《马克思恩格斯选集》第 2 卷，北京，人民出版社，2012 年，第 169 页。

④ 《马克思恩格斯全集》第 42 卷，北京，人民出版社，1979 年，第 178 页。

在，而自然界对他说来才成为人。”[①] 生物学意义上的“人”是进化至今的智人，生理结构、脑容量等生物特征影响了语言、意识、思维的形成与发展。此种进化方式不仅具有生物学意义，更是具备了人之特有的社会组织方式。其二，实践促成了人的实体存在与关系存在的内在统一。马克思恩格斯指出：“‘解放’是一种历史活动，不是思想活动，‘解放’是由历史的关系，是由工业状况、商业状况、农业状况、交往状况促成的。”[②] 实践以人的本质力量对象化的方式，满足了人的自然需要，实现了个体的生命延续、群体的组织维系和类的繁衍。与此同时，实践也是人的生存广度与深度的拓展，促成了自身的解放和全面发展。人的解放是人由本能自发的存在升华为自由自觉的存在。解放的历史进程以客观的生产实践成果为物质前提，以人的实践交往能力为主体动因。在此意义上，基于“人类社会或社会化的人类”予以理解人的本质存在方式，从现实的社会经济关系省察人的实践关系。

其次，实践促成了人的社会关系的生成与稳固。实践在一定社会关系和社会共同体中以自由自觉的方式予以存在。其一，实践促成了人的社会关系形成与稳固。人作为社会存在，必然归属于一定的社会共同体，形成了具有社会归属感、社会安全感和社会信任感的社会存在。反之，脱离了集体和社会的个人必然会丧失自身的本质规定，即由社会意义的个人返祖为自然意义上的动物个体。其二，实践以社会交往的方式促成了人的个体、群体之间的关系契合。现实的个人以实践为动力，创设各种现实条件，使人的独立发展具备现实基础。在社会关系的改造中消解个体与群体、类之间的对立关系，达到人之存在目的与手段的统一关系。在实践的过程中，人的社会存在以构建“真正的共同体”为终极指向。真正的共同体是“在共同占有和共同控制生产资料的基础上联合起来的个人所进行的自由交换”[③]。“真正的共同体”具有高度的价值耦合性，即个体与群体之间的价值具有本质的互补性和协同性。“真正的共同体”消解了个体与群体之间的对立紧张关系，形成了高度的价值耦合和自觉的价值契合。

3. 实践确证了人的精神存在

实践与人的存在具有逻辑的内在统一性，即实践以人的自由自觉活动为本质规定，人以实践为根本存在方式。与此同时，实践与人的存在具有发生学意义上的同一性，即实践作为人特有的存在方式不断确证着人与动

---

① 《马克思恩格斯全集》第 42 卷，北京，人民出版社，1979 年，第 122 页。

② 《马克思恩格斯选集》第 1 卷，北京，人民出版社，2012 年，第 154 页。

③ 《马克思恩格斯全集》第 30 卷，北京，人民出版社，1995 年，第 109 页。

物的分野，人作为实践的主体逐渐深化了“自由自觉”的实践趋向。在此意义上，实践彰显了人的精神属性，基于实践意识和实践能力的提升，不断实现着自由自觉的发展趋向。

首先，实践促成了人由自发向自觉的精神存在方式转变。马克思恩格斯指出：“思想、观念、意识的生产最初是直接与人们的物质活动，与人们的物质交往，与现实生活的语言交织在一起的。人们的想象、思维、精神交往在这里还是人们物质行动的直接产物。表现在某一民族的政治、法律、道德、宗教、形而上学等的语言中的精神生产也是这样。”① 实践的发展与人的全面发展是一体两面的共生存在。换言之，实践是在生产劳动的过程中凝结为一定的生产关系和交往关系。由此，人由自然意义上的群体存在转变为社会意义上的共同体存在。人也由被动的自然限制转变为主动的自我限定。“自由就在于根据对自然界的必然性的认识来支配我们自己和外部自然。”② 现实的个人在认知与改造客体的实践过程中不断自觉限定自由的范围边界，使人的自由存在呈现出实践的本质特性。

其次，实践促成了人以理想性的存在方式予以存在。人的存在是具有应然价值取向且寻求可能意义空间的现实存在。唯物史观不仅肯定了人的精神属性，并且将其作为人与动物区别的本质特征；更是将辩证法思想贯彻到人类历史之中，深刻揭示了人的主观动因与物质动因之间的本质关联。“自由不在于幻想中摆脱自然规律而独立，而在于认识这些规律，从而能够有计划地使自然规律为一定的目的服务。”③ 就此而言，理想性意味着人的存在具有发展意义上的多维可能性和现实可塑性。现实性则意味着人的存在具有发展的现有程度和既定条件。“外部世界对人的影响表现在人的头脑中，反映在人的头脑中，成为感觉、思想、动机、意志，总之，成为‘理想的意图’，并且以这种形态变成‘理想的力量’。”④ 在此意义上，现实的个人不断顺应和遵循必然的规律限定。自由是现实的个人的价值发展趋向，呈现出“应然”的价值规定。与此同时，自由是基于现实的个人的客观存在条件，以遵循“实然”的客观规律为外在限制，达到“应然”的价值取向与“实然”的价值限度的内在融通。由此，理想性为“现实的个人”设定了可行的实践空间，由可能的价值意义转化为可行的实践方式，达到了由“理想的意图”到“理想的力量”的实践转化。

---

① 《马克思恩格斯选集》第1卷，北京，人民出版社，2012年，第151～152页。

② 《马克思恩格斯选集》第3卷，北京，人民出版社，2012年，第492页。

③ 《马克思恩格斯选集》第3卷，北京，人民出版社，2012年，第491页。

④ 《马克思恩格斯选集》第4卷，北京，人民出版社，2012年，第238页。

（二）人的文化存在的主体性

人的文化存在是主体性存在。“人”是“文化存在”的唯一主体；主体性是人的自有特性，是人的文化存在的确证与表征。“主体性作为人的一种特性，相对于为他性、依赖性、被动性、模仿性、简单适应性，它集中地体现为人的为我性、自主性、能动性和创造性。”① 人的主体性正是在于人以自觉的价值理性审视自身存在的合理性，以自觉的实践理性在实践自为中实现自身价值的可塑性。

1. 人的文化存在具有“为我性”

“为我性”是人以自身作为价值考量的出发点和落脚点。“我”具有个体意义上的主体存在，基于自身的现实需要和利益诉求进行价值审视和评判。个体是基于“为我”的生命维系，在物质需要、社会需要和精神需要的递进满足过程中实现了“为我”的生存发展需要。“我”也具有群体意义上的主体存在，基于群体“为我们”的价值省察，具有共同体的价值归属和价值奉献。

首先，“为我性”以需要的生成、实现和满足为存在基础。需要是人之存在的自然属性，也是人之发展的原初动力。马克思恩格斯指出：“因此第一个历史活动就是生产满足这些需要的资料，即生产物质生活本身。”② 需要基于“为我”的生命维系，实现了生命、生存、生活的延展和升华。其一，人的需要具有动态性。需要是人自身内部处于不平衡状态时对内外环境的欲求。“人们为之奋斗的一切，都同他们的利益有关。”③ 需要是人的生命维系和生活发展的内在要求，具有自然属性的既定性。需要具有持续的周期性，其生成、实现和再生成总是遵循着人的自然演化规律。其二，人的需要具有层次性。需要具有自然属性的本能需要，也具有社会属性的归属需要和精神需求的意义需要。需要的层次性实现遵循着类的演化规律由自然属性向社会精神和精神属性升华，遵循着个体与群体的发展规律由基本的生存需要向高层次的发展需要升华。

其次，“为我性”以价值目的与价值手段的统一为实现路径。人是价值主体与客体的双重存在。“为我性”具有价值的主体性与客体性相统一关系。其一，“为我性”是价值主体的价值实现目的。价值主体是价值的生成、实现和评价的主体存在。马克思指出：“人只有为同时代人的完美、

---

① 万光侠、雷骥：《思想政治教育基本规律的人性基础探析》，《思想教育研究》2007年第6期。

② 《马克思恩格斯选集》第1卷，北京，人民出版社，2012年，第158页。

③ 《马克思恩格斯全集》第1卷，北京，人民出版社，1995年，第187页。

为他们的幸福而工作，自己才能达到完美。”① 人作为价值的主体，实现了从满足人的需要到实现人的发展、尊重人的价值升华，也实现了由自我价值向社会价值的价值延伸。其二，“为我性”是价值客体满足价值主体的需要。价值客体是满足价值需要、促成价值实现的客体存在。人基于自身的主体生存发展诉求，具有价值生成、实现和归属的主体性。人作为价值客体，具有“我为性”的价值动力和手段，为自身和他人、社会的价值实现构建现实的价值关联和纽带。

2. 人的文化存在具有“自主性”

人以文化的实践方式进行自觉的自我塑造，以文化的价值维度进行自为的价值规定。在文化的肇始作用下，人的存在方式由自在的本能存在发展为自觉的自主存在，人的存在方式由实然的自然规律限定转变为应然的人文价值规定。由此，人的“自主性”存在是人以自我省察、自我塑造的方式，在渐进生成的过程中予以存在。

首先，“自主性”是人之存在的独立性。人的存在具有价值逻辑和实践生成的独立性。在价值逻辑层面，人具有价值存在的独立性，以人的价值为根本的价值预设。“现实的个人”的在场状态改变了原初意义上的自然史，即纯粹物质演化的历史升华为具有价值主体和价值预设的历史。在实践逻辑层面，人具有实践生成的独立性，以人为根本的实践动力，构成了历史演化发展的主体动力。人以“现实的个人”为存在方式。个体的独立生存能力，以实践的方式，实现自我需要的生成、满足和再生成。马克思指出：“创造这一切、拥有这一切并为这一切而斗争的，不是‘历史’，而正是人，现实的、活生生的人。”② “现实的个人”具有实践的独立性，以生命的内驱力构成了人的独立存在，在个体的原子化耦合过程中凝聚为创造历史、推动历史的实践合力。

其次，“自主性”是人之存在的自觉性。人的存在是以自我观照的方式予以理性反思和省察。在此意义上，人以关系存在的方式，将自我置于人与他者的关系中，以他者的反应和信息作为镜像，予以自我省察。人以感官感知的方式，将生存视域中的对象予以感性认知，以“近取诸身，远取诸物”的方式，以感性思维、类比思维等方式，以外物与自身存在相类比和比附，获得了最为直接的感性认知。人以理性自觉的方式，具有合逻辑性与合规律性的思维方式，形成具有理性的思维规则、推理程序和认知

---

① 《马克思恩格斯全集》第1卷，北京，人民出版社，1995年，第459页。

② 《马克思恩格斯全集》第2卷，北京，人民出版社，1957年，第118页。

方式。与此同时，人也以悟性反思的方式，以及具有合目的性和反身性的思维方式，形成具有自主觉察、觉醒和觉悟能力的自我意识。

3. 人的文化存在具有“自为性”

人以自为的方式予以自觉选择和自觉实践。就自觉选择而言，自为性是人基于客观规律维度所具有的认知和辨识对象本质的能力，也是基于主体价值维度所具有的甄别和选择价值客体的能力。就自觉实践而言，人秉持“合目的性”的价值指向，选择“合规律性”的实践路径。

首先，“自为性”是人之选择的自觉性。人首先以“现实的个人”予以存在，以个体的方式处于一定的社会关系、一定的文化体系之中。马克思指出：“人是一个特殊的个体，并且正是他的特殊性使他成为一个个体，成为一个现实的、单个的社会存在物，同样地他也是总体、观念的总体、被思考和被感知的社会的主体的自为存在，正如他在现实中既作为社会存在的直观和现实享受而存在，又作为人的生命表现的总体而存在一样。”① “现实的个人”基于“合目的性”的自觉考量，在工具理性与价值理性的综合考量中，综合权衡利益要求、精神追求和价值诉求，进而自为地选择人生路径。

其次，“自为性”是人之实践的自觉性。基于人的历史条件限定性，历史规律的现实作用呈现出具体性、差异性和时代性的特征。基于人的实践合力性，历史规律以历史合力的方式，呈现出作用机制的确定性、必然性和客观性。马克思指出：“我的观点是把经济的社会形态的发展理解为一种自然史的过程。”② 基于唯物史观原理，现实的个人处于一定社会发展的客观阶段，受制于社会发展规律的必然限定。换言之，现实的个人自觉自为的存在方式，是在客观规律的限定下的有限自由。马克思指出：“它还是既不能跳过也不能用法令取消自然的发展阶段。”③ 由此，人以客观规律的限定性为前提，予以“合规律性”的自觉实践。人是以历史的“剧中人”为存在前提，总是基于历史发展规律的限定，在规律的作用范围和既定的历史视域中发挥着“剧作者”的能动作用。

（三）人的文化存在的生成性

生成性构成了人之存在的内驱动力，构成了人之存在的价值稳定性与过程不确定性的内在统一。生成性正是人以“生生不息”的存在方式，动

① 《马克思恩格斯全集》第 42 卷，北京，人民出版社，1979 年，第 123 页。

② 《马克思恩格斯文集》第 5 卷，北京，人民出版社，2009 年，第 10 页。

③ 《马克思恩格斯文集》第 5 卷，北京，人民出版社，2009 年，第 10 页。

态地构成“人之为人”的存在维度。

1. 人的文化存在具有可塑性

可塑性是人之存在的可变性，以应然价值目标为指向，进行实然的价值实践。可塑性呈现出可能性和塑造性，以“有意识的存在”考量多样性的意义空间，以“能动的存在”实现个性和能力的自由生成。

首先，可塑性是人之存在的意义可能性。人的存在是由自发的存在向自觉的存在转向过程中，由封闭式的本能存在转变为开放性的意义存在。在原初意义上，人作为自发的存在，盲目的存在方式受制于规律的限定。基于实践意识和能力的深化，人作为自觉的存在，在规律的必然限定范围内，逐步拓展遵循规律、运用规律的自由空间。由此，人的存在立足现实的条件性，激发潜在的可能性。人作为文化存在，总是基于一定的现实条件的限定，在既定的文化视域中省察自身的意义存在。与此同时，人具有自我超越的潜能，既受制于现实社会文化条件的限定，也能动地改造现实条件和关系。在现实既定性条件的改造过程中，人不断创设出多种可能的意义选择，使自身摆脱了“宿命式”的被动存在，呈现出能够自我发展和改变的意义空间。

其次，可塑性是人之存在的能力塑造性。基于自然进化规律，动物的生命进化具有遗传与变异的双重作用。然而无论是遗传保持了动物基因的稳定性，还是变异促成了动物基因的多变性，动物都是以本能的方式被动地适应自然环境。人以动态生成的存在方式，确证着自身的存在本质。正如马克思所说：“人以一种全面的方式，就是说，作为一个完整的人，占有自己的全面的本质。人对世界的任何一种人的关系——视觉、听觉、嗅觉、味觉、触觉、思维、直观、情感、愿望、活动、爱，——总之，他的个体的一切器官，正像在形式上直接是社会的器官的那些器官一样，是通过自己的对象性关系，即通过自己同对象的关系而对对象的占有。”① 人的可塑性还表现在人对外在环境的主动适应性。人对环境的适应和调节，以实践自觉的方式，将人的自然生存能力拓展为社会交往和归属能力，凝聚为改造自然和社会的实践合力；以文化自觉的方式，通过文化的“后天”学习和塑造能力，不断实现着人的自我塑造、潜能激发和思维拓展。

2. 人的文化存在具有开放性

在物理学意义上，“开放性”是人与外界的有机联系，即人与环境进行物质、能量和信息的交换。与物理学意义相比，哲学意义中的“开放

① 《马克思恩格斯文集》第1卷，北京，人民出版社，2009年，第189页。

性”是人之存在的过程性、可变性和未然性。

首先，人的“开放性”表征为人之本质的生成性。换言之，“开放性”对人而言，是具有过程的非完成状态。自然界的动物，以预定的方式，在整个生命周期中完全遵循着本能存在方式，被动受制于自然规律。人则以实践为过程性存在。人作为实践主体，在对实践对象的改造过程中、在对实践中介的创造和使用中获得了具有自由自觉的意识和能力。人作为价值主体，以全面发展为价值趋向，在自我的价值定向和定位的过程中激发内在的价值生成动力。由此，“开放性”意味着人总处于未完成的本质生成状态，以现实的条件性为客观前提，不断寻求潜在的现实可能性和终极的价值指向性。

其次，人作为自由个性的存在，其本质是不断自我解放的存在。人的开放性源自实践生成性，源自实践范围、对象和能力的拓展。现实的个人处于不断自我解放的过程。现实的个人要逐渐消解人的异化问题，实现独立性的发展过程。在此意义上，人的自我解放是存在条件上的解放，不断改变既定的经济社会条件，拓展生存的自由空间。“权利决不能超出社会的经济结构以及由经济结构制约的社会的文化发展。”① 人的自我解放是存在关系的解放，以期构建“真正的共同体”。“真正的共同体”是“代替那存在着阶级和阶级对立的资产阶级旧社会的，将是这样一个联合体，在那里，每个人的自由发展是一切人的自由发展的条件”②。由此，人的开放性是在自由个性的生成过程中深化价值交往和实践过程，不断构建具有利益协调、关系协同和价值趋同的共同体。

3. 人的文化存在具有历史性

人的文化存在是人创造文化、文化塑造人的过程性存在。人与文化之间构建为价值意义上的相互关系和实践意义上的相互生成关系。人赋予文化以人本向度，文化是以人作为精神实践的动力和成果。文化也赋予人以历史向度，人总是在文化的传承、积淀和限定中成为具有一定文化发展向度的存在。

首先，历史性具有单向度的时间发展趋向。历史性决定了人是当下的存在，以现实的具体条件为客观限定。历史性也决定了人是在过去—现实—未来的时间演进过程中，以过去为既定的现实条件，以未来为潜在的现实条件。就时间的物理属性而言，历史具有时间的流逝性，呈现为自然意义的进化史。人的存在在时间的流逝中遵循着自然演化的规律。个体在生

---

① 《马克思恩格斯选集》第 3 卷，北京，人民出版社，2012 年，第 364 页。

② 《马克思恩格斯选集》第 4 卷，北京，人民出版社，2012 年，第 647 页。

命周期的推演过程中经历了生命的整体发展过程。类则是在代际的延续过程中经历了种的代际繁衍。就时间的人本属性而言，历史具有人的实践的过程性。马克思指出："我的观点是把经济的社会形态的发展理解为一种自然史的过程。"① 历史具有实践的过程性，呈现为社会维度的进化史。在此意义上，历史是以人的发展进程为本质确证，即人的本质生成构成了历史的发展阶段，人的本质生成过程正是确证历史发展程度的人本维度的过程。由此，历史的时间向度是生物学意义上自然演化过程，更是人本意义上的实践生成过程。

其次，历史性具有人本价值的意义向度。文化是人之应然诉求的精神折射，也是人之价值规定的精神结晶。"作为由人所创造的人，作为一种具体现象的人，是历史的，但是，作为自我创造者的人的创造核心是永恒的。在这个意义上，人类的'本性'确实存在，但人们不能根据内容而只能根据先与所有内容的人的构造规律来想象这个本性；人们不能把这个本性想象成一个结果，而只能把它想象成一个产生出结果的过程。"② 就此而言，人的价值生成过程与人的历史生成过程具有同一性，并表征为三个层面：其一，在自然层面的生物进化过程；其二，在社会层面的社会形态和结构演化发展过程；其三，在精神层面的文化样态传承发展过程。历史赋予了人之发展的意义向度。文化作为精神实践的结晶，为人的发展设定了文化理解、诠释和实践的空间，使人以意义的确定性直面自身发展的可能性、多样性和不确定性，使人成为具有确定的发展指向、笃定的发展目标、坚定的发展路径的文化存在。

四、人的文化存在的表征方式

人的文化存在方式是人之存在的具体实现方式和确证方式。基于人的存在的类本质、群体本质和个体本质，人的文化存在具体分为类、群体和个体的文化存在方式。

（一）类的文化存在方式

人的类本质是人作为一般形态意义上的本质规定。人的类本质并非是单个人的所有集合体，而是对"现实的个人"共有本质的内在规定。在此

① 《马克思恩格斯文集》第5卷，北京，人民出版社，2009年，第10页。

② 〔德〕米夏埃尔·兰德曼：《哲学人类学》，张乐天译，上海，上海译文出版社，1988年，第227页。

意义上，人的类本质以“自由自觉的活动”为根本规定，以实践为根本存在方式。基于类本质的内在规定，类的文化存在方式以自由自觉的存在为本质规定，也以自由自觉的存在为应然价值指向，实现了人的现实性与超越性、既定性与潜在性的有机统一。

1. 类的文化存在方式分为自在与自觉的文化存在方式

文化存在方式是人的本质生成方式。基于类的存在的发展过程，类的存在经历了“人的依赖关系”“物的依赖关系”“自由个性”等三个阶段。在这三阶段中，类的存在方式包含了两类异质性的存在过程：一类是自在的文化存在，另一类是自觉的文化存在。

首先，自在的文化存在方式具有保守性、重复性、传承性、受动性等特性。自在的文化存在方式，受制于文化肇始的客观现实条件。地理地域、天文气候、环境物候等因素，在文化的初始状态中发挥着重要的影响，甚至是决定作用。在文化肇始之初，生产力发展水平低下，文化具有天然性或自然性的特点，折射出人的实践方式的原初性，也反映人的实践能力的原始性。就存在主体而言，文化具有零散性和朴素性，使人具有朴素的文化意识，以“观乎天文”的方式，在生产实践过程中“以察时变”，认识事物的规律性和有序性。就形态特征而言，文化具有简单化、常识化、非系统化特征。文化基于人的生存视域，在维系生命延续的过程中不断积累生产生活的认知常识，使人的自然存在被赋予了文化属性。由此，自在的文化存在在历史演进过程中往往呈现为“日用不觉”的存在特质，以各种文化习俗习惯和人情风物为表征。

其次，自觉的文化存在具有开放性、创新性、自觉性、主动性等特性。人的文化存在是以“超越”为目的的存在，由科学、艺术、哲学、宗教等要素构成。文化在其核心理念和人文精神层面，折射出人之存在的价值愿景。基于人的发展程度和社会进步程度，文化具有深厚的价值底蕴和深刻的价值反思，以不同的文化要素和文化样态反映出人的终极价值愿景和发展指向。就存在主体而言，人的文化存在具有群体性特点。文化的发展传承过程是文化对人的精神塑造过程，也是人对文化的理解与认同、传承与创新过程。文化赋予了群体以共同的文化认知、理解和实践，使群体成为共有核心价值的文化共同体。就形态特征而言，人的文化存在具有理论化、系统化特征。文化对人的塑造贯穿于人之存在的整个过程，在人的社会化发展过程中渗入文化属性，也融入人之存在的各个层面，在文化心理特征、文化价值理念和文化行为实践方面塑造了人的整体。

2. 就历时态而言，类的文化存在经历了由自在向自由的存在方式的转变

对人而言，自在的文化存在具有初始意义的“先在性”。此种“先在性”决定了人之存在的条件既定性，即人总是处于客观确定的物质条件中予以生存与发展。此种“先在性”也决定了人之存在的规律限定性，即人总是受制于自然规律的限制，处于必然规律所限定的实践范围之中。

首先，人的类本质的确证过程是自由个性的生成过程。在此过程中，人的文化存在与实践构成了同一性存在。换言之，人的文化存在以自由自觉的彰显程度为表征，为实践意识和能力的提升奠定了人的心智基础。实践则是以实践意识和能力的提升为关键，增强了人改造外物的对象化意识，也拓展了人的实践范围，优化了实践工具，整合了实践关系。由此，自由个性的生成过程是人确证人的文化存在、彰显人的实践能力的双向过程。在此过程中，人的文化存在经历了“人的依赖关系（起初完全是自然发生的）”“以物的依赖性为基础的人的独立性”“建立在个人全面发展和他们共同的、社会的生产能力成为从属于他们的社会财富这一基础上的自由个性”的发展阶段。① 在这三个渐进发展而阶次质变的过程中，人的文化存在正是经历了从人与人的依从关系，发展到人对物的依赖关系、人的片面发展状态，再到人的自由存在、全面发展状态。

其次，人的类本质的实现过程是文明的发展过程。文化的发展是以文明的形态予以呈现。文明是“社会进步，有文化的状态”②。在此意义上，文明是文化的整体彰显，以类本质的整体呈现方式，彰显为器物层、制度层、精神层的文化发展程度。文明也以社会发展程度为表征，整体彰显出人的发展程度。文化的发展过程是人的本质力量得以确证的过程，也是人不断实现自由自觉的过程。在此，类的文化存在形态经历了自发、自在至自为的发展历程，经历了原始文明、农业文明、工业文明至信息文明。

3. 就共时态而言，类的文化存在是自在与自觉方式的交织存在

自在的文化存在与自觉的文化存在是以不同维度对类的本质的共同规定，自在的文化存在是以实然的现实维度规定了人的自然属性和始源特质，自觉的文化存在则是以应然的价值维度规定了人的社会关联与精神特质。

首先，人的自然属性构成了自在存在的物质前提。人的自然属性决定了人是人之自由的客观前提和人本框架。换言之，人源于自然、发展于自

① 参见《马克思恩格斯文集》第8卷，北京，人民出版社，2009年，第52页。

② 夏征农、陈至立主编：《辞海》(第六版缩印本)，上海，上海辞书出版社，2010年，第1977页。

然的客观实际决定了人对自身的超越并非摒弃或无视人的自然属性，而是在积极扬弃中实现对自在的自觉价值省察和自主实践超越。马克思指出："形成这种外在化和这种外在化的扬弃之真正意义的异化的过程，乃是自在和自为的对立、意识和自我意识的对立、对象和主体的对立，也就是在思想本身之内，抽象思维和感性的实在或实在的感性的对立。"① 可见，自在存在向自觉存在的发展过程中，人不可避免地沦入了"异化"的过程之中，使"自在和自为""意识和自我意识""对象和主体"处于对立和疏离的紧张关系之中。与此同时，人以实践为主体动力，在主体关系维度消解个体、群体与类之间的对立紧张关系，在主体发展维度促成自然属性、社会关系与精神特质的内在和谐。

其次，人的社会属性与精神属性构成了自觉存在的价值前提。人的自然属性、社会属性与精神属性的统一和整体的构建，预示着人的文化存在既有自在的方式，也有自觉的方式。"作为人的本质力量之对象的对象，绝非自在的自然存在物，而是作为意识内在的对象（即作为自觉的类生活的对象）而被给与的。"② 可见，人的文化存在既蕴含着自然存在、社会存在和精神存在的三维存在属性，也实现着对三维存在属性的融通和超越。人的文化存在是基于人性和谐的现实价值维度，不断趋近于全面发展和自由个性生成的应然价值趋向。

（二）群体的文化存在方式

就组织形态而言，人总是以群体的形式予以存在。基于人的社会属性，人所处于的群体呈现出共同体的组织样态。共同体是以社会为本质规定，以地缘、血缘、文化样态、社会业态等维度为联结点，形成并维系着不同层面的群体形态。

1. 文化模式是民族等群体文化存在稳固程度的确证标识

文化模式是人与文化之间双向契合的文化样态。在文化层面，文化模式是在核心价值理念、人文精神、道德规范的层层外显和递进中构成的文化体系稳定样态或样式。在人的层面，文化模式在人对文化的创造过程中，将文化赋予了地域环境属性、历史时代特征，使文化成为人的实践力量的对象化形态。由此，文化模式既是人对文化的塑造过程，使文化成为具有标识性的可视样态；也是文化对人的塑造过程，使人聚合为具有高度

① 马克思：《黑格尔辩证法和哲学一般的批判》，北京，人民出版社，1955年，第12页。

② 吴晓明、王德峰：《马克思的哲学革命及其当代意义——存在论新境域的开启》，北京，人民出版社，2005年，第125页。

价值认同和趋同的文化共同体。

首先，文化模式是个体之间的价值认同和趋同过程。在个体的文化存在过程中，个体的自我意识得以觉醒和张扬，促进了个体之间的文化认同和心理趋同，在联想、暗示、模仿等心理作用下，不断延续、传承文化，形成了以文化为标识和纽带的民族共同体。由此，文化模式是以个体之间的价值认同为前提。在群体交往和实践过程中所形成的价值观念为群体所共同接受和认可，由价值观念衍生的道德规范和规则也为文化共同体所遵从。在共有的价值愿景感召下，共有的价值观念升华为笃定的价值信念，以超越理性的方式共同信守和践行。

其次，文化模式是集体文化意识和集体无意识的文化载体。模式是共同认可和接受的标准化样式，文化模式则是民族、社会等文化群体共同接受、恪守和传承的文化样态。文化模式承载着民族的集体文化意识，是由自然环境的地缘因素、群体聚居的血缘因素升华至精神血脉一系相传的文化因素。由此，文化模式在核心价值理念和人文精神层面守护着民族共有的精神家园，在道德规范和人伦价值层面维系着民族共同的行为准则。与此同时，文化模式也承载着民族心理的集体无意识，在民族文化流变过程中塑造的民族性格和气质构成了民族的显著文化标识，在民族文化习俗、人情风物的传承过程中将民族的价值理念融入进来，形成了“自然而然”的集体无意识。

2. 文化模式是群体文化存在的主导性样式

文化作为人的存在方式具有多个维度的具体样态，既有主流与非主流之分，也有显性与隐性之差异。文化模式则处于主导地位，是为群体所广泛接受的文化样态。文化模式既具有精神属性的内在规定，形成了具有系统化结构的稳定样态；也具有主体属性的人本规定，塑造了具有特定文化心理、文化思维和文化行为的共同体。

首先，文化模式是显性与隐性共存的文化样态。文化模式具有显性的文化特征和形态，彰显为可观察、可表征的器物层、制度层和行为层。文化模式外显于人的行为活动、社会实践和社会发展，具有“格式塔”样式的心理图式。显性意义具有影响力的广泛性，在共时态层面影响到社会各个层面和群体，在历时态层面实现了代际的传承延续。显性意义也具有认同力的渗透性，以鲜明的文化价值标识、共有的文化衡量尺度塑造了人的理性文化意识，以“日用常行”的文化实践形成了“日用不觉”的文化心理。文化模式也具有隐性的文化内核。文化模式以隐性的方式，以更为深层次的价值观念、人文精神等精神层发挥着更为久远和深沉的积淀作用。

由此，具有显性优势的文化模式在时间维度中实现了文化内核的价值固守，历经社会发展、国家演进而历久弥新；在空间维度中将文化的核心价值理念渗透到社会共同体的各个层面，实现了在文化层面的社会整合和凝聚。

其次，文化模式具有逻辑自洽性和现实适应性的文化样态。文化模式在形成发展的过程中，尤其是在成熟阶段显现出自组织的系统样态。就系统性而言，文化模式是由各个文化要素以及子系统构成的宏观文化体系。在文化要素层面，文化模式基于人的认知、行为与规则之间的自洽性，凝聚为精神文化、器物文化和制度文化。就自组织性而言，文化模式是在文化要素与子系统的相互作用下，自发形成了内在的文化驱动力，在文化动态发展和平衡过程中不断维系着文化体系的系统性、复杂性和有序性。

3. 文化模式的演化构成群体文化存在的历时态方式

文化模式的演化既是文化形态的演化，也是群体文化存在方式的演化。文化模式的演化过程作为人的主观体验的过程，是人的生态家园感、文化认同感、政治认同感、社会归属感、自我成就感不断感受和改变的过程。就文化模式的演化过程而言，在发生学意义上分为四个阶段：

一是文化模式的产生。在此阶段形成了价值观念、生活习俗、礼乐文化、艺术形式与风格、审美标准等整体性的文化系统，构成了相应的器物文化、制度文化、精神文化等子系统。

二是文化模式的成型。在此阶段，某种具体的文化模式占据主导，价值观念成为核心价值，文化形态成为显性文化；同时，主流意识形态以文化的体制机制为保障，得以形成和稳固。

三是文化模式的反常和危机。这种反常、失范和危机体现在两个方面：一个方面是价值观念与行为方式、生活方式之间的冲突、脱节甚至对立，出现了价值观的紊乱、行为方式的失范；另一个方面是价值观念之间的冲突、对立，具体表现为所出现的一系列心理危机、社会反常、价值失范等方面。

四是文化模式的重塑。此种重塑表现为两种演化方向和两种主体态度。在两种文化演化方向中，一种是文化模式在文化危机中进行自我调整与整合，化解了文化危机；另一种是文化模式在文化危机中无法化解冲突，自我调整能力失效，形成了新的主导性文化模式。在此，文化群体面对文化模式具有两种迥异的主体态度：一种是主动的文化应对，以反思与批判的思维审视文化；另一种是被动的文化反应，以僵化的思维固守文化。

由此，人与文化皆具有内在的矛盾和张力。文化模式面临着两个变量因素，即人之存在发展的变量因素，以及文化内生发展与文化间交流融合的变量因素。就人的存在而言，人的需要处于生成、实现、生成的动态过程中，使人的需求无限性与现实需求供给有限性构成了内在的矛盾关系。就文化而言，文化总是处于“守”与“变”的关系张力中，在“守”的作用下使文化模式具有内稳态结构，在“变”的作用下使文化模式纳入了时代要素、外来文化元素。

（三）个体的文化存在方式

就个体而言，人的文化存在以“现实的个人”为基点，具有实体维度上的原子化存在，也具有关系维度上的群体存在，以及价值维度上的意义存在。由此，“现实的个人”以个人为具体现实的存在样态，直观表征着“现实的个人”的精神存在，彰显出文化人格的精神特质。

1. 文化人格是个体的文化心理结构体系

在特定文化体系影响下，文化人格是人的各种心理特性所构成的相对稳定的组织机构，具体包含着人格的倾向性和心理特征。人格的倾向性是人对现实存在的认知态度，表现为人对价值观念、思维方式、行为方式的取向和选择。人格的心理特征则是人的多种心理特点的有机组合，具体表现为人的能力、气质和性格。

首先，能力是人完成某种活动所具备的心理条件。归其本质，能力是人的认知和实践所具备的心理条件的总和，在认知和实践过程中有效进行活动的稳定心理特征的有机结合。按照人的文化存在所关涉的领域，能力可分为文化认知能力、文化理解能力和文化交往能力。其中，文化认知能力是个体对文化的知识学习和接受能力，文化理解能力是个体对文化的精神省察和价值反思能力，文化交往能力是个体进行主体间文化交流和跨文化交流以及文化协调和沟通能力。

其次，气质是心理活动表现在强度、速度、稳定性、灵活性等方面的心理特征。气质作为心理活动的动力特征，具有稳定性和可塑性。根据人的心理活动过程的强度、平衡性和灵活性的差别，气质类型可分为胆汁质、多血质、黏液质和抑郁质等四类。气质类型具有稳定性，是由神经过程的特点决定的，主要受先天遗传因素的影响。由此，气质具有先天的差异，为人的认知、情感、意志和行为等多方面特征奠定了先天因素。气质也具有后天的塑造，在文化模式的渗透、文化情境的感染中逐渐融入了文化特质。

再次，性格是人对现实的稳定态度和稳固化的行为方式。性格包含着心理内化的态度因素和心理外化的行为因素。态度作为性格的重要组成和外显方式，其形成过程经历了依从、认同和内化等发展阶段，进而转化为稳定的性格特征。依从阶段是在人格的形成之初，个体屈从于社会压力，往往按照社会规范或社会期待在行为层面被动地与他人具有一致的表现。认同阶段是人格和文化态度的形成阶段。内化阶段是人格的稳固阶段，个体主动接受他人的价值观念。在人格形成和塑造的各个阶段，人的认知、情感和行为所发挥的作用是不同的。在人格形成之初，行为要素发挥着主导作用；在人格形成过程中，情感等非理性因素发挥着重要作用；在人格的稳固阶段，理性的认知因素具有主导作用。

2. 文化人格的形成过程是文化渗透影响个体的“人化”与“化人”的心理发生过程

文化人格的形成过程是人与文化的双向塑造过程。人创造着文化，使自然具有了人的本质力量的对象化，也使人自身的本质力量以文化的方式得以确证。文化塑造着人，发挥着文化人格塑造、文化气质养成、文化行为匡正的作用。

首先，文化人格的形成过程是“人化”的过程，同时也是自我意识客体化的彰显过程。归其本质，“人化”作为人的本质力量的对象化，以实践为动力，以实践成果为对象化表征，将自然楔入了人的属性，融入了文化的因素。“人化”将人的本质属性通过对象化的方式予以彰显。换言之，人的自然属性决定了基本生理需要是维系生命延续的物质前提。“人化”则是自然需要的实现和满足的具体方式，将饮食、起居等基本需要赋予了更高层次的价值意义。由此，“人化”是人的实践过程，也是人的本质还原过程，满足了人的自然属性，使人的物质性得以延续；同时，它确证了人的精神属性，使人的自觉能动性以实践活动的方式予以表征。

其次，文化人格的形成过程是“化人”的过程，同时也是自我意识主体化的彰显过程。“化人”以“化”的方式，实现“人”的预定发展目标。在“化”的层面，“化人”以文化渗透、熏陶和教导的方式，实现文化共同体的塑造和构建。“真正的共同体”作为“现实的个人”的应然存在状态，是个体、群体与类之间内在统一和关系自洽的联合体。在“人”的层面，“化人”具有实现文化共同体内部个体与整体的文化同一性功用。正如马克思所言：“那个离开了个人就会引起他反抗的共同体才是人的真正的共同体，是人的实质。”① 个体在文化交往过程中，在保持独立性、自主性和个性的前提下，促成人的自由个性生成，构建具有高度价值取向的共同体。

3. 文化人格是文化对个性和自我意识的塑造

文化人格是由文化所塑造的态度、理智、情感和意志等人格特征。文化人格是人的文化心理和文化价值观的本质反映，构成了文化对人的塑造以及人对文化省察的双向关系。

首先，个性是个体文化人格的心理表征。在个体的文化存在过程中，个体形成了区别于他者的整体的、有意义的心理认知体系。个性是个人在实践方式、生活方式和思维方式中表现出的差异性。个性倾向性包括思维与行为两个方面。在思维层面，个性以生理素质为基础，具有特定的动机、兴趣和理想。在行为层面，个性在一定世界观的指导下，具有特定的实践方式和生活方式。需要、动机、兴趣和性格等主观因素构成了个人的基本个性。个体作为文化存在的现实主体，必然凸显个性化特征，彰显文化自觉意识，在个体与他人、个体与社会的交往中，成为具有自主思考能力、自我选择能力、独立行为能力的人。

其次，文化人格是文化对自我意识的塑造。文化人格是具有交互主体性的存在样式。在实然与应然的双重维度下，“自我”以文化主体意识去感知、思考自身的存在状态和价值；以对象意识从他人的态度反应和社会交往中衡量自身的社会价值和自我价值，找准自身在社会中的关系定位。在实然维度，“自我”是处于现实状态中的主体，包括物质自我、心理自我、社会自我等层面。其中，物质自我是个体对生理状态下的自身的认知；心理自我是个体对自身心理状态，自身的人生信念、价值观念、人格气质等方面的认知；社会自我是个体对在社会关系中所具有的社会身份以及社会角色的认知。在应然维度，“自我”是处于理想状态和价值诉求中的主体，包括理想自我和反思自我。其中，“理想自我”是个体追问“我应该是谁”，反思理想自我与现实自我的差距，明确人生的努力方向；“反思自我”是个体根据他人和社会对自身的评价，在社会反馈中调整个人的思维和行为方式，以契合“理想自我”和“社会自我”的要求。

① 《马克思恩格斯全集》第1卷，北京，人民出版社，1956年，第487页。

第三章　价值观教育的文化存在论基础

就学理基础而言，人的文化存在较之于价值观教育，具有学理逻辑和文化意蕴上的前提性和基础性，奠定了价值观教育的应然内容。就现实基础而言，人的文化存在以价值观教育为现实的表征方式和实践方式，构建了价值观教育的现实文化主体、载体、资源和路径的文化耦合体。

一、价值观教育价值取向的文化存在论基础

价值作为关系范畴，是主体的需要与客体的属性之间的契合和实现的程度。基于人的文化存在的主体与客体、内容与形式、目的与手段、过程与结果的多维关系，价值观教育的价值具有多重维度划分。就价值主体而言，人是价值定向和实现的主体，价值观教育的本真价值在于发展人的潜能，由潜在价值向现实价值转变。就满足需要的性质而言，文化作为满足人需要的方式，价值观教育的本真价值在于满足人的精神文化需求。就价值作用效果而言，价值观教育的功用在于使人的思想塑造契合思想形成发展规律，使人的思想意识、价值观念符合社会主流价值体系。就价值功能特性而言，人的文化存在是目的性存在与工具性存在的统一体。价值观教育具有工具性价值与目的性价值，工具性价值在于价值观教育将个体培养塑造为满足社会需求、促进社会发展的人，目的性价值在于将教育契合人的终极价值目标，实现人的全面发展和社会全面进步。

（一）人的文化存在奠定价值观教育的个体价值

人的文化存在作为主体性存在，具有为我性、生成性等特征。人的文化存在是基于个体、群体和类的多重本质维度予以存在的。就人的文化存在的现实和逻辑基点而言，人的文化存在首先以“现实的个人”为存在的现实前提和逻辑基点。就此而言，现实中的个体是审视人的文化存在的现

实切入点，也是价值观教育予以生成、发展和实现的现实对象和价值主体。

1. 价值观教育具有满足个体精神需要的价值

人的文化存在具有“为我性”，即个体从自身的需要出发，以自身的价值需求和价值实现程度作为价值选择和评判的主体尺度。基于“为我性”特征，价值观教育应正视并承认个体价值需要的现实性、合理性和必要性，以价值自觉的方式促成个体的价值实现。

首先，价值观教育具有匡正需求意识的价值。人的文化存在以对象化意识审视人与外物的基本关系。基于外在对象对主体需求的客观满足程度，人赋予了客体以主观的价值认知和理解。在对象化意识的催进下，人的文化存在以实践的方式，在本质力量的对象化过程中满足着主体的现实需要，形成了具有主观价值色彩的需求意识。与此同时，人的文化存在以反身性意识审视人与人的双向关系。基于主体的主观意识，人的文化存在以个体的方式，通过对他人的认知、理解，深化对自身的价值省察和反思，探究自身价值存在和价值诉求的合理性。“人的存在是在欲望的驱动中，在意义与价值的观念统摄中予以感受人生。欲望是处于波浪式的变化之中，是维系人之人的‘生存的需要’。如果这一需要未被满足，人则将经历绝望或死亡；否则，欲望具有破坏性作用，消解人或世界存在的意义，将自我或世界引入毁灭之境。”① 由此，价值观教育立足应然的价值视角，引导人形成合理的需求意识。所谓合理的需求意识是正确理解并处理好物质需求与精神追求、眼前需要与长远需要、现实需要与理想需要等多个方面的关系，在人的精神世界中合理构建出自然需要、社会需要和精神需要的三维架构。反之，合理的需求意识不是将需要的实现与自我欲望的满足画等号，片面认为实现人的需要就是单纯追求自然本能需求。换言之，审视需求意识的合理性要辨识需要的客观现实性，以是否促成人的全面发展为主体价值尺度；辨识需要的主体关联性，以是否存在自身价值实现与他人价值实现之间的对立矛盾关系为现实关系尺度。需要意识的价值匡正是以主流价值观为衡量尺度，促成个体的需求意识与群体、社会的公共需求意识相契合。

其次，价值观教育具有满足个体合理精神需要的价值。“受教育者的为我性构成了他们自身对思想政治品德内在需要之基础。”② 价值观教育

---

① Alexander, T. M., 2010:“Eros and Spirit: Toward a Humanistic Philosophy of Culture”, *The Pluralist*, Vol.5, No.2, pp.18-44.

② 万光侠、雷骥:《思想政治教育基本规律的人性基础探析》,《思想教育研究》2007年第6期。

基于人的文化存在的“为我性”，立足人的实际生存状态，应然满足合理的文化需要。一方面，价值观教育应基于文化需求的动态发展规律，从人的生存的底线保障出发，满足人的生存和安全需要，引导人合理认知社会发展现状，提升社会安全感；满足人的尊重和归属的需要，引导人适度处理人际交往关系，以理性的方式获得社会尊重和认同，在积极的情感体验中提升社会公平感和社会支持感；满足人的价值实现需求，引导个体形成对自身价值的正向评价，适度调节个人实现自我价值与社会价值的关系，为人的文化存在赋予终极的价值归宿、精神动力和理想信念。另一方面，价值观教育在满足人的文化精神需要的途径上，价值认知深化、价值冲突化解、价值态度稳固和价值实践拓展等过程是层层递进的。在价值认知层面，价值观教育以应然的价值维度深化人的价值认知方式，以此审视和匡正人的实然存在方式。在价值选择层面，价值观教育以价值权变和价值衡量的方式，解决“双重趋避型”“双趋型”等多种价值冲突，以此达到理性的价值选择和价值规避。在价值实践层面，价值观教育将稳定的价值认知转化为具体的价值践行，使价值认知、价值情感和价值信念在实践过程中予以稳固和协调。

2. 价值观教育具有实现个体精神世界内在协调的价值

价值观教育是以人的文化存在为价值预设的逻辑起点，也是以人的文化存在为价值实现的实践旨归。具体而言，价值观教育以“人”为教育的主体和对象，首先肯定了人的主体作用，也承认了人之存在的精神主体性、过程生成性和本质可塑性。价值观教育也以“人”作为教育的最终价值目的，以人的本质确证、价值实现和人性和谐为价值旨归，以人的全面发展程度为根本的价值评判标准。

首先，价值观教育具有塑造思想品德素质和人文素养的价值。一方面，人的价值观体现了思想意识、道德行为、政治态度、法纪素养等方面的意识和能力。思想品德素质主要包括四个方面：思想素质（由思想认识、思想情感和思想方式等要素构成）、政治素质（由政治信念、政治观点、政治立场等要素构成）、法律素质（形成懂法、守法的规则意识和行为）、道德素质（通过道德认知、道德选择、道德评价等方式形成明判是非、趋善避恶的心理品质和行为）。另一方面，人文素养是人应具备的人文社会科学知识，形成的文化底蕴、艺术修养、审美情趣。就个体而言，人文素质是一个人的文化素质和精神品格。在此，价值观教育应注重思想政治素质与人文素质的塑造和协调，发挥文化育人的功用。这不仅仅是指狭义上的知识结构和认知体系的完善，更是指人的生存能力、思想修养的提升。在此，价值观教育应立足人的现实生活境遇，引导人发现和体验生活的真谛，反思和评价自我存在的价值，以生活世界为教育场域，在生活内求与外求的双向探求中提升思想修养和文化内涵。

其次，价值观教育具有协调道德认知、情感表达和行为规范的价值。具体而言，价值观教育以价值协调的方式，实现个体“知情意信行”的内在协调和统一以及价值主体之间的价值通约。其一，在教育过程层面，价值观教育是外在的价值标准与内在的价值思维的互动、契合和建构的过程。就教育实践的发生过程而言，价值观教育是有组织、有计划的价值观内化和灌输的过程。这一过程之中既有显性的、有明确目的和步骤的价值灌输过程，使教育对象以理性的价值认知方式理解、接受和肯定主流价值观；也有隐性的价值潜移和渗透过程，在环境的情境感染作用、主体之间的从众效应的多重作用下，降低教育对象的心理阻抗程度，提升价值观的隐性渗透能力。其二，在教育主体层面，价值观教育要达到个体的价值理性与非理性的内在和谐。人的文化存在决定了人的存在具有文化属性和精神特征。这既包含了具有鲜明理性特征的文化认知，也包含了具有感性特征的文化情感以及具有悟性特征的文化意志和文化信念。就此而言，价值观教育要基于理性与非理性因素的价值融通，避免理性思维与感性、悟性思维之间的抵牾和失衡；基于现实利益与价值选择的内在平衡，达到利益考量与价值考量的适度平衡点。

（二）人的文化存在奠定价值观教育的社会价值

人的文化存在以“现实的个人”为价值主体，构成了价值实体存在；以社会关系为价值关联，构成了价值关系存在。在教育主体层面，价值观教育是实现个体、群体与社会之间的价值认同，构筑广泛的价值共识、共通的价值思维和共有的价值共识。价值观教育不仅以个体为对象的思想引导和价值引领教育，更是以个体、群体与社会之间的主体关联过程，着重发挥社会协调与规范、社会导向和疏导等多方面的价值功用。

1. 价值观教育具有社会协调和规范价值

价值观教育以价值观为教育内容，发挥教育的认知、理解和实践功能。在认知层面，价值观教育是对价值观的深化理解，使受教育者形成对价值观的共同认知，形成高度的价值共识。在实践层面，价值观教育是对价值观的深化践行，使受教育者形成恪守价值规则、自觉价值实践的内驱力和自律力，以此达到认知协同、关系协调和交往协作的教育功用。

首先，价值观教育具有社会关系的协调价值。人的文化存在是处于一定社会关系、归属于一定社会共同体、限定于一定社会交往的关系存在。基于此，人的文化存在是处于社会关系中的精神存在，以价值观作为社会关系的文化凝练和表达，作为社会关系的精神协调纽带。价值观教育正是发挥主流价值观的主导作用，承载着社会协调价值，巩固并提升社会关系的群体性、合作性、归属性。其一，基于社会关系的群体性。人总是归属于具体、特定的社会群体。价值观教育具有对群体的教育管理功能，引导个体强化身份认同感，发挥群体内部成员之间的感染、渗透教育作用。其二，基于社会关系的合作性。社会群体围绕共有的目标，形成统一的思想认知和行为规范，具备相互配合的物质手段。价值观教育通过组织发动、精神感召和管理约束，实现人以及群体之间的思想契合、行为调和、资源整合的作用。其三，基于社会关系的归属性。人总是处于一定社会关系中，从属于特定的社会群体，分担着相应的社会角色和责任。价值观教育具有凝聚形成共有群体意识的作用，引导个体明确职责分工和角色定位，通过价值观念的引领、组织规范的约束以及成员之间的活动影响，提升了群体的组织化、规范化程度。

其次，价值观教育具有社会行为的规范价值。人的文化存在以社会化发展为关系基础，促成了精神意义上的社会交往，摆脱了纯粹自然意义上的本能存在方式。人的文化存在以关系存在为联结纽带，使人的本质得以全面实现，构成了自然属性与精神属性的内在弥合。人的文化存在作为关系存在，也使人的价值具有主体间的关系依赖性，即人的价值实现总是以他人作为价值实现的中介和价值衡量的重要尺度。就此而言，价值观教育是实现人的社会化发展的重要实践方式，也是实现人的全面发展的价值实现方式。其一，价值观教育促成了社会交往方式的他律性。价值观教育是人的价值实现目标、价值选择权衡、价值实现方式和价值评判尺度的系统化教育。在此意义上，价值观教育以主体间的价值关系为前提，使个体具有群体的价值参照和社会的价值坐标。价值观教育以心理共情的方式，使个体具有对他者的同理心，以感同身受的方式考量自身与他者之间的价值关系。与此同时，价值观教育也以关系约束的方式，使个体处于社会关系的制约和限定之中，受到他人和群体的价值评价、价值期许和价值认可。其二，价值观教育构成了社会交往方式的自律性。价值观教育以价值关系为前提，促成了人与人之间的价值边界和空间。价值观教育将主体间的价值关系内化为个体的价值理性，使个体的价值考量与群体、社会的价值合力之间具有一致性和通约性，避免以个体的工具理性促成群体的非理性。由此，价值观教育以共有的价值衡量尺度促成个体之间的价值自律，实现个体之间的价值中和。

2. 价值观教育具有社会导向和疏导价值

价值观教育以主流价值观为教育的核心内容，实现主流价值观的内化与外化的教育实践。就内化而言，价值观教育将主流价值观转化为受教育者的价值认知、情感、意志和信念，在价值主体之间营造出具有整体性的社会心理，发挥着主流价值观对社会心理的疏导引导作用。就外化而言，价值观教育将主流价值观转化为受教育者的价值规则、价值评判尺度和价值行为，发挥着主流价值观对社会思潮和社会行为的匡正和导向作用。

首先，价值观教育具有社会心态的导向价值。“社会是共识、共感、共同建造的，在社会心理层面就表现为‘我们感’的获得。社会心态让我们意识到自己是这个社会的成员，我们应该参与到自己的社会中。”① 可见，社会心态是社会之中大多数人的普遍态度，具有鲜明的价值倾向性、价值多样性和价值多变性。社会心态还是社会群体中逐渐弥散并缺乏价值自觉的深刻省察，具有集体无意识、心理暗示、思维定式的特点，发挥着心理“从众效应”。在此意义上，社会心态匡正和引导直接关涉社会群体对于价值观的态度，由内在的价值观念外化为现实利益考量、选择和权衡。由此，价值观教育要在价值导向过程中规避社会心态所包含的不良价值倾向，强化价值观的正面导向和塑型。一方面，价值观教育要发挥教育对价值观的匡正作用。在此，价值观教育以价值自觉匡正集体无意识，增强社会群体对社会问题的价值省察能力；以正面思维消解负面情绪，强化积极正向的思维定式；以价值情怀匡正低层次的消费心态，避免陷入片面追求“物欲”的利益考量。另一方面，价值观教育要发挥教育对价值观的引导功能。价值引导要强化价值教育的问题导向，深刻辨析社会心态所关注的焦点问题，塑造大众的辩证思维、底线思维和实践思维。具体而言，价值观教育要注重辩证地看待社会问题，引导大众以历史意识、系统思维审视社会发展中的问题症结；要注重构建价值原则的底线，鲜明塑造“有所为，有所不为”的价值划界。

其次，价值观教育具有社会心理的疏导价值。人的文化存在构成了人所存在的意义场域。“意义”作为人之存在的价值目标和价值依据，不是由客观实体决定的，而是人的文化体验和生存经验所赋予的。在社会共同体中，人的文化体验感既有趋同性，也有差异性。在此，价值观教育立足于人之存在的意义场域，基于生存体验感的心理层面，发挥社会疏导的价

① 王俊秀、杨宜音:《中国社会心态研究报告(2017)》,北京,社会科学文献出版社,2017 年,第 1 页。

值，引导社会大众凝聚社会认同感，激励正向情绪，达成社会共识。一方面，当前社会群体更加分化，引发了相应的利益、价值观念和身份认同感等方面的冲突。不同阶层的社会安全感、社会信任感、社会公平感和社会支持感差异较大。在此，价值观教育应加强关于社会公平等方面的教育，提升社会各阶层的身份认同感，以社会公平意识淡化阶层意识，引导人以自由的方式学会理性选择和认知；引导社会大众在面对负面事件的压力和影响下习得适当的情绪减压和疏导方式，避免出现集体非理性的行为和极端化的群体心理倾向。另一方面，社会群体的价值诉求呈现出分化多样的特点。在现代化社会的转型和建设过程中，价值选择更具多样性，价值视域更具多维度，价值行为更具差异化。基于此，价值观教育要正视社会心理问题出现的源头性和过程性，要疏导大众以更为积极正向的建设意识，共同合力化解社会发展中出现的伴随问题；要辨明大众的情绪引爆点，疏导大众化解心理的积郁，提升社会心理的耐受阈值。

二、价值观教育基本规律的文化存在论基础

人的文化存在以“现实的个人”为存在的现实前提，具有实体存在的本质属性；以“社会关系的总和”为存在的现实关联，具有关系存在的本质特征。基于此，人的文化存在必然遵循着“现实的个人”的实体发展规律，不是改变人的自然发展规律，而是以顺应外在的物质规律为前提，达到有限度的生存自由。人的文化存在也必然遵循着社会关系的形成发展规律，处于一定社会条件和社会关系之中，形成了个体、群体与类之间的关系制约。与此同时，人的文化存在也是以“自由自觉”为存在的主体特征，形成了具有自觉、自主、自为的精神特质。人的文化存在作为精神存在，精神作用规律构成了人的文化存在的基本规律。

在此，人的文化存在基于自然存在和社会存在的限定下，呈现出现实性与超越性相统一的精神存在，遵循着精神作用规律的生成发展机制。基于人的文化存在具体包含了心理、思维和精神等多维内容，精神作用规律包含着心理发展规律、思维发展规律和精神发展规律等。精神作用规律统摄了人的思想形成发展的基本规律。思想形成发展规律蕴含着心理发展规律、思维发展规律、品德内化与外化规律等三个具体方面。这三个方面的作用规律提升了价值观教育的广度、深度，并贯穿于教育的全过程。就其广度而言，价值观教育作用于教育的全场域，遍及微观与宏观场域；就其

深度而言，价值观教育体现着教育的本质、必然的联系，即满足人的精神需要，实现人的主体价值，促进社会的进步发展；就其过程而言，价值观教育贯穿于教育的全过程，即教育的筹划、实施、强化和评估等过程。

（一）价值观教育遵循人的心理发展规律

心理发展规律是个体、群体和类的心理生成发展的作用规律。在类的层面，心理发展规律是人类在漫长演化过程中形成的具有人类学意义上“智人”的心理特征和心理倾向。在群体的层面，心理发展规律是在一定社会发展阶段、社会形态之中，不同社会群体、民族形成具有稳固性的群体心理特征，具体表征为民族心理、社会心态。在个体层面，心理发展规律则是人在社会化发展过程中，基于类的心理特质、群体的社会心理影响和熏陶，形成共性的心理特征和个性的心理特点。

1. 价值观教育遵循着心理发展的阶段性和连续性规律

在人的发展层面，价值观教育是构建人的意义世界、完善人的价值心理的教育过程。基于人的心理过程和特征，价值观教育要遵循心理发展的阶段性和连续性，立足于人的心理发展阶段，有针对、有侧重地进行价值观塑造；立足于人的心理发展过程，实现价值观念、价值规则和价值行为的有机衔接。

首先，基于心理发展的阶段性，价值观教育应找准每个阶段的教育侧重点。人的文化存在以“现实的个人”为逻辑起点，价值观教育也以“现实的个人”为教育的切入点，首先关注个体的教育过程和心理发展过程。参照发展心理学的基本理论，人的心理发展划分为不同的阶段，即婴儿、幼儿、童年、青少年、中年和老年等阶段。在不同的年龄阶段，心理活动的主导方式存在差别。例如，婴儿阶段无法运用语言表达，心理活动主要靠感知和运动认知外界；幼儿阶段开始运用语言和符号表达，逐渐具有抽象的理解和概括能力，心理活动仍处于表象化层次；童年阶段在形象认知的基础上，逐渐具有逻辑运算能力；青少年阶段逐渐摆脱了形象认知方式，能够以抽象逻辑的方式进行推理；成年阶段则以思维塑型的方式，能够运用抽象、思辨的方式理解问题。基于此，价值观教育要按照每个阶段的心理特点，予以分段分层教育。在儿童阶段，价值观教育采用直观化、情境化的教育内容，侧重实施情感教育和养成教育。在青少年阶段，价值观教育以形象化内容为主导，辅助以抽象化内容，侧重实施认知教育和实践教育。在成年阶段，价值观教育采用理论化和抽象化内容，侧重实施文化教育，充分发挥教育内容的“人文化成”功用。

其次，基于心理发展的连续性，价值观教育应注重教育的有机衔接。每个阶段的心理发展具有与其他阶段不同的典型特征，但各个过程之间具有紧密的衔接，呈现出发展的连续性。前一发展阶段是后一阶段的前提和累积，前一阶段的心理认知与后一阶段的心理认知具有协调性，终而被后一阶段的心理认知所包含并融合。由此，价值观教育应注重内容上的衔接性，引导人形成积极和正向的个性品质，避免因教育内容上的脱节而导致消极和负面的性格特征的养成。价值观教育在幼儿和儿童阶段要注重教育的情境性，在特定场景中，通过角色扮演和体验等方式，增强教育的直观性，培养基本的道德观念和准则。在青少年阶段，要注重教育的形象性，在具体事物的直观认知中逐渐培养逻辑思维水平，激发正向的个人和社会情感，加强人格塑造。在青年以后的阶段，要注重教育的抽象性，进行系统化的逻辑思维训练，完善价值观教育知识体系，实现认知、情感与行为的统一和协调。

2. 价值观教育遵循着心理发展的方向性和不平衡性规律

价值观教育基于心理发展的过程性，具有各阶段的差异性和各阶段的衔接性，使教育既遵循心理发展的客观规律，也契合教育的预设目标。由此，价值观教育顺应个体心理的发展规律，基于思维认知的发展阶段和特点，有阶次地将教育内容、教育方式和教育对象有机结合，形成积极正向的价值情感、认知和信念。

首先，基于心理发展的方向性，价值观教育要注重教育顺次。心理发展具有方向性，遵循一定的方向和顺序，各个阶段的心理发展排序是既定的，无法超越或颠倒。发展阶段一旦发生倒错，则必然引起相应的心理问题或障碍。由此，价值观教育要与人的发展阶段相契合，利用每个阶段人格塑造的关键期，找准每个发展阶段的教育侧重点，避免教育顺序的倒错。例如，在道德认知和评判方面，价值观教育应注重培养人的自我评价能力，从依从他人的评价到学会独立自我评价，从依从外部行为表现的评价到关注思想品质的评价，从主观情绪性评价到客观性评价。在道德行为方面，注重自我控制能力的培养，按照心理发生的显性到隐性的顺序，首先引导人控制和管理自身的行为，依次学会情绪控制和管理，学会认知活动的控制，能够按照所遇见问题的难易作出适当反应，合理控制各种欲求。在循序渐进的道德认知和评价中，人才能完成合理的社会化进程、习得亲社会行为，从而对他人和社会具有积极的认知和行为倾向。反之，在道德认知和评判方面的教育顺序倒错，将导致人的反社会行为，形成偏执型和攻击型人格，易于导致教育可塑性和实效性的降低。

其次，基于心理发展的不平衡性，价值观教育要注重找准教育的关键节点。心理发展具有不平衡性，在不同的年龄阶段，其发展速率是不同的。在各个心理发展阶段关于心理塑造的程度和速度存在着差别。幼儿期和青春期是心理发展的加速阶段，童年期是平稳发展阶段，成人期是缓慢发展变化阶段，老年期是衰老下降阶段。心理发展的不平衡是人的自然、社会和精神因素相互作用的结果。人不仅具有本能和生物因素等自然属性，更具有社会因素和文化因素等内在特性。在不同发展阶段，人的自然需要与社会要求之间出现不平衡，导致个体与社会之间的关系冲突、个体内在心理失调，从而引发人的心理困惑和问题。由此，价值观教育应把握心理发展的不平衡特点，引导人正确处理个体、群体与社会的关系，通过自身的心理认知和社会经验化解不同阶段的心理危机，尤其是在幼儿期、童年期和青春期等心理塑造的敏感期。幼儿期作为第一加速发展阶段，幼儿从对父母的全面依赖向一定程度的自主发展，具有自我发展、自主尝试接触和感知外界事物的自我意识。在此阶段，价值观教育侧重于亲子关系的良性发展，注重社会认知的培养，促进自我概念的形成，促进良好的同伴关系的形成，满足儿童爱和归属以及尊重的需要。青春期作为第二加速发展阶段，心理的不成熟与生理的迅速成熟构成了身心发展的不平衡，渴望被他人和同伴接纳和理解，追求独立自主的人格，但当自主性受到忽视时，则易于激起人格的反抗。在此阶段，价值观教育侧重于自我概念的完善，树立“成长必然伴随着挫折”的理性心态，确立正确的情感表达和疏导方式，侧重进行性教育和人格教育，尊重独立自主的个性要求，引导其正确接纳自身的变化，理性对待、处理好自身成长中遭遇的挫折。

（二）价值观教育遵循人的思维发展规律

思维是思维主体认识、反映思维客体的稳定化的主观认识活动。“世界和思维规律是思维的唯一内容。”① 伴随着人类思维深度和广度的扩展，思维作为人的认识活动和方式，体现着世界观、方法论和认识论的高度统一。人的文化存在是人适应社会生存而凝结成的精神存在，“而人们的存在就是他们的现实生活过程”②。现实生活作为人之存在的源头活水，在人的自然进化、社会化进程中构成了人的思维意识形成和发展的动力。

1. 价值观教育遵循着思维的内在统一性规律

价值观教育将价值观内容与价值思维方式有机结合，使价值理念以更

---

① 《马克思恩格斯全集》第20卷，北京，人民出版社，1971年，第662页。

② 《马克思恩格斯选集》第1卷，北京，人民出版社，2012年，第152页。

为理性的方式予以认知和理解，使价值认知更契合价值观原则。在此意义上，价值观教育的过程是价值观思维的塑造过程，也是价值观思维方式的塑造过程。

首先，思维能概括出事物的本质属性，揭示事物的内在规律，实现时间与空间、历史与逻辑的内在统一。思维的概括功能使认识主体从偶然中发现必然，从横向与纵向角度揭示事物的本质。在横向角度，思维在地域空间的转换中以具体事物的特性揭示事物的类本质；在纵向角度，思维在时间的推移中通过事物的历史演变过程发现事物的本质特征，从具体中揭示抽象本质，反映了人类主观认识发展的历程。价值思维则是以价值为认知和省察的对象，审视价值目标的合理性，选择价值路径的优化性，考量价值实现的实效性。基于价值思维的内在特征，价值观教育要遵循思维的形成发展规律，关注价值目标的设定、价值路径的选择、价值实现的评判。在价值目标层面，价值观教育既要关注目标设定的现实基础和发展愿景，也要关注目标设定的个体倾向、群体诉求和社会愿景，引导个体实现自身的价值取向与社会的价值原则、价值目标相契合。在价值路径层面，价值观教育要考量价值实现手段的合理性，引导个体辩证地审视价值目标与价值手段的统一性，考量价值手段的合理性和有效性。

其次，思维的各要素紧密联系，使思维方式构成了稳固的系统结构。思维方式分为内在系统与外在系统。内在系统是思维方式的组成要素有机结合，以概念、判断、推理为手段，以动机、情感和意志为思维动力，进而构成的有序系统。外在系统是思维主体与客体、主体与主体之间，在中介的作用下，以内在尺度理解客体，整合主体之间的关系，进而构成的中介系统。由此，价值思维既关注价值主体思维方式的发生机制，也关注价值主体间思维方式的融通契合。在内在系统层面，价值观教育要引导个体形成具有自洽性的价值思维方式，形成价值认知、情感、意志和信念的内在统一性。在外在系统层面，价值观教育要引导个体之间形成具有融通性的价值思维方式，强化价值认知的合理、价值选择的有序性和价值评判的统一性，形成具有“一以贯之”“心同此理”的价值思维方式。

2. 价值观教育遵循着思维的限定性和选择性规律

价值观教育是塑造稳定的价值态度、理性的价值认知方式的教育实践。价值观教育的基础是深化人对价值观的认知理解。价值观的理解需要以思维为中介，即以思维作为人对事物的概括反映，深化了人对事物的本质、规律和秩序认知。思维以价值观为匡正原则，使实然的事实判断具有了应然的价值导向。

首先，思维限定了认识的范围和对象，决定着人对外界信息的选择和组织，从繁杂的认识材料中选择相关的认识对象。马克思恩格斯指出："思想、观念、意识的生产最初是直接与人们的物质活动、与人们的物质交往、与现实生活的语言交织在一起的。人们的想象、思维、精神交往在这里还是人们物质行动的直接产物。表现在某一民族的政治、法律、道德、宗教、形而上学等的语言中的精神生产也是这样。"① 在此意义上，人的思维形成发展过程是人的物质生产、社会交往、精神实践的延伸发展过程。现实的物质生产条件、社会交往程度限定了人的思维视域，也决定了思维的广度和深度。由此，价值观教育基于思维的历史视域，彰显教育的时代特征，彰显价值观的时代精神。与此同时，价值观教育基于思维的文化视域，彰显教育的文化属性，加强价值观的文化底蕴彰显和文化传承创新。

其次，思维限定了人对认识对象的解释和理解方式。思维以特定的方式对认识对象进行解释，赋予认识对象以一定的性质、意义和价值。思维的解释功能贯穿认识的全过程，解释的过程是认识主体对认识对象的同化、适应和构建的过程。价值思维则是价值主体对价值观的认知理解过程，基于自身的生存视域考量价值观的"为我性"和合理性。由此，价值观教育要肯定价值思维的解释功能，以价值理解的方式审视价值观的合理性，以价值诠释的方式将价值观转化为具体的价值目标、价值原则和价值路径。与此同时，价值观教育也要肯定价值思维的适应功能，将价值观融入内在的价值思维之中。价值观与价值思维相契合时，价值观教育要巩固教育对象的价值思维，使价值态度更为稳定和巩固。价值观与价值思维相抵牾时，价值观教育则是将价值思维进行认知协调，以建构的方式使价值思维适应价值观要求，达到内在的价值认知平衡。

3. 价值观教育遵循着思维发展的方向性规律

价值观教育是在价值认知和实践教育的基础上，塑造受教育者稳定的价值思维方法、思维习惯和思维过程，使受教育者具有积极稳健的心智模式。价值观的思维方式有助于提升价值认知的广度、深度和速度，使受教育者能够理性地进行价值认知、价值选择和价值判断。

首先，思维发展具有"合规律"的指向性。人对客观事物内在本质的认识，是从感性具体出发，通过分析而达到抽象规定，再通过综合而由抽象规定达到思维具体的过程，即"具体—抽象—具体"的否定之否定过

① 《马克思恩格斯选集》第1卷，北京，人民出版社，2012年，第151～152页。

程。感性具体是理性思维的起点，抽象规定是对感性具体的否定，但它又包含着对自身的否定，是向思维具体的接近。思维具体是对感性具体和抽象规定双重否定基础上的辩证统一。正是随着这种辩证思维运动的反复和前进，人们对事物的感性认识前进到理性认识，从片面的、孤立的、初级的本质认识前进到全面的、统一的、更高一级的本质认识，最终形成比较完整的、系统的概念和理论体系。在此意义上，价值思维是契合人的思维规律，对价值的认知和省察经历了"具体—抽象—具体"的发展过程。价值观教育正是契合价值思维的发展规律，将外在的客体发展规律内化为主观认知规律，契合思维认知的形式逻辑和规则逻辑。价值观教育基于逻辑规则和规律的客观性，运用矛盾律、排中律、同一律等逻辑规律，深化至价值观教育的核心理念中，细化至价值观教育的案例内容之中。

其次，思维生成发展具有"合目的"的阶段性。思维的生成发展过程恰恰是人之本质的生成和确证过程，契合了自由自觉的发展指向。在此意义上，思维发展以认知自觉的方式，使人的存在由自在转变为自觉、自为、自主的存在。基于人的思维发展的方向性，人的道德认知也经历了类似的发展阶段。瑞士心理学家皮亚杰提出，儿童的道德认知依次经历三个阶段：一是前道德判断阶段，儿童不能进行道德判断，只直接接受行为结果；二是他律道德判断阶段，儿童以他律的方式，受外在价值标准支配，以行为的后果作为道德判定依据；三是自律道德判断，儿童以自律的方式，受自身主观价值标准支配，以行为的动机作为道德判定依据。基于此，价值思维正是经历了道德观念、价值观念的认知转变，由无意识的自在存在转变为有意识的自觉存在，由外在的他律存在转变为内在的自律存在。价值观教育要顺应人之存在的目的指向性，强化价值观教育的自觉认知，引导受教育者理清价值观发展的历史脉络和内在逻辑。价值观教育也要顺应价值思维发展的阶段性和层次性，强化价值观教育的自律、自省的意识和能力，引导受教育者将价值观的自觉认知拓展为自主践行。

（三）价值观教育遵循人的品德形成塑造规律

人的文化存在作为关系存在，既以思想品德、道德作为存在的表征方式，也以其作为存在的维系方式。品德是"人们在一定社会一定阶级的思想体系指导下，按照一定的言行规范行动时，集中体现在个体身上的相对稳定的心理特点、思想倾向和行为习惯的总和"①。价值观教育作为改造

① 陈万柏、张耀灿：《思想政治教育学原理》，北京，高等教育出版社，2007 年，第 92 页。

精神世界的实践活动，如何塑造契合主流价值观的思想品德是教育的重要内容。品德的形成和塑造是在价值观教育的影响下，以更为自觉的教育实践方式和更为系统的教育组织方式，促成了价值观内化为品德、品德外化为价值践行的双向路径。

1. 价值观教育遵循着品德的内化规律

价值观教育以“人”为根本的教育旨归，以人的全面发展为落脚点，实现自我价值与社会价值的融通契合。价值观教育作为“人”的教育，关注价值观理念、原则和规范的内化，实现品德塑造和提升。

首先，价值观教育要激发品德内化的内驱力。内化是“内”与“化”的双向作用机制。就“内”而言，内化是社会共同体所认同的价值观念融入个体的价值认知，形成稳定的价值诉求、价值原则和价值取向。正如马克思恩格斯所说：“这种自我意识的本质不是人，而是观念，因为观念的现实存在就是自我意识。”① 价值观的内化正是由对象化意识转化为自我意识的过程。此种过程是主体精神诉求的生成和满足过程。价值主体基于自身的生存需要、发展诉求，审视、认知、选择和践行价值观的过程，形成了具有“为我”属性的品德倾向。该过程也是社会共同体对个体的同化过程。价值主体之间以价值观为联结纽带，以道德观念、道德规则为匡正手段，促成了价值主体之间的内在自律意识，形成了具有“为我们”诉求的品德观念。

其次，价值观教育要激发品德内化的转化力。品德内化是价值主体对价值观念的认知、理解、接受的过程，将共有的价值观转化为自身的价值信念的过程。就“化”而言，内化以社会共同体同化个体为外压，以个体生存发展的诉求为内压，形成了品德形成和转化的合力。此种转化力充分发挥了品德塑造的过程融入、结构融合、隐性渗透等作用。一是以“融化”的方式。价值观教育的内容有机融入受教育者的认知系统。受教育者总是基于自身的认知结构，以教育需求为基础，去选择并同化教育内容，使教育内容纳入并整合至受教育者的认知结构之中。二是以“转化”的方式。价值观教育的知识转化为文化，价值观教育不是外在于受教育者的知识体系，而是成为受教育者所认同、践行的价值规范和行为准则，将外在的教育内容转化为内在的自律要求。三是以“默化”的方式。个体置于社会环境之中，在从众的社会压力下，受到他人的心理暗示影响，不自觉地模仿他人的品德言行。受教育者在环境氛围的感染和社会群体的影响下，

① 《马克思恩格斯文集》第1卷，北京，人民出版社，2009年，第340页。

逐渐接受教育内容和要求。

2. 价值观教育遵循着品德的外化规律

品德的外化规律作为品德的外在转化规律，是品德的价值践行、价值表征的基本规律。“德”具有“得”的价值诉求。就此而言，品德具有“为人”的根本价值诉求，以人的存在发展程度为价值衡量尺度。品德具有“人为”的根本价值动力，以人的品德实践、价值践行为价值评判内容。

首先，价值观教育要将品德的认知和情感外化。外化是品德的隐性存在转化为显性存在的过程。品德具有“行不言之教”的价值隐性作用，具有思想的隐秘性、思维的内潜性。品德具有“人之为人”的价值显性作用，将内在的道德观念、价值理念以价值实践的方式予以外在彰显和转化。在此意义上，品德的认知外化，是价值认知转化为价值行为的过程，发挥“言传”的价值表达功能与“身教”的价值示范功能；品德的情感外化，是将价值观的情感认同转化为价值观的“共情”的过程，以共同的价值观念转化为感同身受的价值体验，以“共情”的方式实现价值认同的情感共鸣。

其次，价值观教育要注重品德的行为塑造和养成。外化是品德的“知行合一”过程，由价值认知转化为价值践行，由价值思维定式的塑造转化为价值行为习惯的养成。由此，外化是品德的“一以贯之”过程，实现价值观认知情感、价值观的言语表达与价值观的行为规范之间的价值契合。一是以“化言”的方式。在外化过程中，规范自身言语方式，以合乎道德规范和社会利益的标准进行沟通交流；同时，对他人的言行举止予以评判，在众人的群体评判中形成具有一定价值取向的社会舆论，从而实现社会主流价值体系和道德规范的主导和匡正。二是以“化行”的方式。在外化过程中，人有意识地按照所认同的价值标准和道德规范进行社会交往和实践，促进个体的社会化发展程度，从而使个体成为能够适应社会存在、遵循社会规范的人。三是以“化人”的方式。在长期的行为实践中，道德行为得以固化为行为习惯，由有意识的自觉恪守转化为无意识的习惯行为，在身体力行中价值观念和道德规范得以融入日常生活，最终形成稳定的行为习惯。由此，价值观教育在“化言”和“化行”中最终实现了“化人”，使人成为思想自由、道德自律、个性自觉和行为自立的文化人。

三、价值观教育环境的文化存在论基础

环境是“一般指围绕人类生存和发展的各种外部条件和要素的总体”①。文化环境是人与文化共生存在的外部条件。人依托外部环境，创造了具有不同地域特色、自然特点的文化样态。文化则通过对环境的影响、对人的塑造，创设了具有群体特点、民族特色的文化场域。人以个体、群体和类的方式予以存在，文化环境作为人之存在的场域，也由此划分为宏观环境与微观环境。

（一）人的文化存在营造价值观教育的宏观文化环境

宏观文化环境具有文化与人的双重规定。在文化层面，宏观文化环境是主流文化所营造的文化场域，具有鲜明的价值主导性。在人的层面，宏观文化环境是社会共同体所营造的文化场域，具有整体性、公共性等特点。由此，宏观文化环境具体包括“政治生活状况、文化生活氛围、政治规范、法律规范、道德规范和思想政治教育等社会意识形态因素”②。

1. 宏观文化环境营造价值观教育的显性环境

宏观文化环境由器物层、制度层和精神层等多维文化样态所构建。就实体形态而言，相应的文化标识、场所、资源等要素构成了具有鲜明价值导向的环境场域。就文化氛围而言，社会心理、社会心态和社会情绪以整体作用的方式，营造出具有弥散性、包绕性和渗透性的价值氛围和文化情境。

首先，宏观文化环境的空间是整体性的文化场域。在文化层面，宏观文化环境是由社会主流文化所引导和营造的文化场域，同时受到非主流文化和亚文化的影响。在环境结构的整体性层面，宏观文化环境呈现出“内稳态”的整体结构，在主流文化的匡正和影响下，形成了具有稳定范式特点的环境场域。由此，宏观文化环境在器物层的物质设施、制度层的规则机制、精神层的价值观念等层面，达到了整体性的内在契合和逻辑自洽。在环境变化的整体性层面，宏观文化环境呈现出渐进变化的整体发展。基于主流文化与非主流文化之间的关系动态发展，宏观文化环境具有整体意义上的结构化变迁。基于经济社会发展，在社会结构的转型过程中，非主流文化和亚文化在流变过程中具有转化为主流文化的潜在性和现实性，逐

---

① 夏征农、陈至立主编：《辞海》（第六版缩印本），上海，上海辞书出版社，2010 年，第 782 页。

② 陈万柏、张耀灿：《思想政治教育学原理》，北京，高等教育出版社，2007 年，第 97 页。

渐重塑宏观文化环境。由此，价值观教育基于宏观文化环境的系统化教育，将主流价值观融入贯穿文化环境的整体层面，实现价值观教育和文化环境之间的整体契合。

其次，宏观文化环境的主体是文化共同体或社会群体。在人的存在层面，宏观文化环境是人的文化存在的精神折射，使人不仅成为具有自知自觉的主体存在，也使人成为以环境为参照的“镜像”存在。换言之，宏观文化环境不仅是外在条件意义上的场域，更是主体关系意义上的场域。他人构成了自我的环境条件，自身也为他人创设了环境条件。在文化环境中，人不仅受制于客观物质的条件制约，也受制于人与人的关系制约。由此，宏观文化环境是由文化共同体所营造而成的整体氛围，蕴含着共同体所认可接受的主流文化，呈现为共同体所创设的整体文化情境。与此同时，宏观文化环境是由文化共同体的交往关系决定的。文化共同体的行为方式、交往方式直接决定了文化环境的秩序性、稳定性程度。基于此，价值观教育不仅融入整体文化环境之中，也渗透到文化共同体的价值践行之中，将精神层面的环境营造与行为层面的环境创设有机融合。

再次，宏观文化环境的氛围以主流价值观为主导。在环境的场域层面，文化环境不仅是物质层面上的文化设施和文化资源，也是精神层面上的文化情境、文化氛围。由此，宏观文化环境作为实体场域，以主流价值观为内在精神支撑，构建出具有鲜明精神标识的公共文化场域。宏观文化环境作为关系场域，以主流价值观为精神引导，发挥着精神导向、价值引导和行为匡正的作用。宏观文化环境作为情境场域，以主流价值观为文化导向，营造出具有弥散性、感染性的文化情境。基于此，价值观教育以环境改造、氛围营造、情境创造的方式，将主流价值观融入宏观文化场域之中，发挥着环境育人与文化育人的协同作用。

2. 宏观文化环境营造价值观教育的开放性环境

宏观文化环境作为文化系统的整体场域，发挥着人与环境、人与人之间的信息交流功能。在信息、物质和能量的交换过程中，宏观文化环境呈现出文化系统开放性和生成性的环境特性。

首先，宏观文化环境是动态发展的文化场域。这为价值观教育的动态发展提供了开放性场域。基于实践的根本存在方式，人的文化存在处于“生生不息”的实践过程之中。基于实践对人的本质规定，人的文化存在是具有精神生成性、实践生成性的开放存在。由此，在人与文化的双向作用下，宏观文化环境构成了既定性与生成性的双重存在。宏观文化环境不仅是文化发展的场域表征，也是人的自由自觉发展的场域确证。就既定性而言，宏观文化环境处于既定的文化样态或文化模式之中，具有文化发展的继承性和延续性。就生成性而言，宏观文化环境处于动态的文化演化过程之中，具有文化发展的渐变性和过程性。基于宏观文化环境的动态生成性，价值观教育既要秉持“顺势而为”的教育发展趋向，保持确定性的价值导向，以匡正各种不良价值倾向和行为；也要保持不确定性的价值实践路径，顺应宏观文化环境的变化而顺势予以创新和创造。与此同时，价值观教育以“乘势而上”的教育发展动力，实现教育的“时”与“势”的有机统一，善于顺应宏观文化环境的发展时机，以更为自觉自为的文化合力推动历史发展的大势。

其次，宏观文化环境是多维度的文化场域。这为价值观教育提供了多样性空间。人的全面发展和自由个性生成为人的文化存在设定了终极价值目标。人的全面发展意指人的文化存在与自然存在、社会存在之间的协同发展，不断实现自然属性、社会属性和精神属性的内在契合，达到人性和谐的发展程度。自由个性的生成则意指人的文化存在具有更为自由的选择权利、更为个性化的生存空间。“人的文化存在表征为一系列选择行为。选择的文化意味不在于人的选择是什么，而在于如何选择。选择不是一个事实问题，而是一个价值问题。事实不仅构成选择的对象。对选择的判断只是为价值判断做一种准备。因此，选择的尺度归根到底来自人的价值理想和价值预设。选择的失范，意味着价值的迷失和价值坐标的消解。选择的危机，说到底就是价值的危机、人的文化存在本身的危机。”① 在此意义上，人的文化存在是在宏观文化环境中规避价值选择的失范、价值定位的坐标错位。人的全面发展要依托宏观文化环境的创设，在更为宽松包容的文化环境中，使人获得更多的发展空间。人的自由个性生成则依托更为开放的宏观文化环境，为人的自由发展创设更为广阔的发展平台，保持中和与稳定的开放环境，使人获得更为宽容的发展流动机制。

（二）人的文化存在营造价值观教育的微观文化情境

情境是“一个人在进行活动时所处的社会环境，是人们社会行为产生的具体条件”②。文化情境是个体在具体精神实践过程中所处的具体文化条件和具体场域。

1. 微观文化情境营造价值观教育的隐性场域

微观文化情境具有微观的场域特性与情境的文化属性之间的有机契合

---

① 何中华:《当代中国文化的难题及其出路》,《天津社会科学》1996 年第 4 期。

② 夏征农、陈至立主编:《辞海》(第六版缩印本),上海,上海辞书出版社,2010 年,第 1520 页。

性。就场域属性而言，微观文化情境具有细微和隐性的场域特点。就文化属性而言，微观文化情境具有隐性渗透和直观体验的心理表征。

首先，微观文化情境构成了具体生存场域。微观文化情境是人之存在的现实具体环境。就现实性而言，微观文化情境是指人处于具体的文化场域之中，在具体的社会交往关系中构成了局域性的现实生活环境。就具体性而言，微观文化情境是指人处于具有既定性、限定性的社会关系之中，形成具有现实情感体验、具体精神存在的文化场域。由此，微观文化情境具有“潜移默化”的隐性影响。在具体的文化场域中，人的文化存在得以现实确证。在具体的社会交往关系中，人的文化存在在细微的文化情境中予以规定。微观环境塑造了人的现实关系，使人的本质在微观环境中予以彰显。人的现实存在创设了微观环境，使人的本质投射到微观文化情境中。与此同时，微观文化情境具有“润物无声”的渗透作用。文化情境具有现实的感染力，使人处于具体的情境之中，形成强烈的心理暗示、有力的价值感召、包绕的价值渗透。文化情境也具有隐性的影响力，在日常生活的微观场域中形成无意识的惯性思维，实现了文化的价值塑造和行为养成。

其次，微观文化情境构成了具体教育情境。微观文化情境营造的文化氛围，弱化了价值目的性，强化了价值渗透性。在此意义上，微观文化情境以价值渗透的方式，达到了“润物无声”的教育熏陶功效。在价值渗透的过程中，微观文化环境营造了具体价值氛围，以强烈的心理暗示，形成了共有的价值从众心理。在文化熏陶的过程中，微观文化情境以文化氛围的感染力达到了“以文化人”的现实功用，使人以“不觉”的价值暗示达到“自觉”的价值践行。在文化渗透过程中，微观文化情境以文化的氛围营造促成了习惯养成，以不具有显性的教育目的达到隐性的教育功效。由此，价值观教育基于文化环境的微观性，在具体的文化场域中发挥教育的渗透能力；基于文化环境的情境性，在微观的文化视界中彰显教育的宏观育人功效。

2. 微观文化情境营造价值观教育的限定性场域

情境作为人们社会行为产生的具体条件，暗含着情境的实体性、关联性和暗含性。[①] 基于情境与文化的内在关联，微观文化情境处于具体的文化场域之中，蕴含着情境的生活性、具体性和层次性。

首先，微观文化情境限定了价值观教育的作用范围。微观情境具有直

---

① 参见夏征农、陈至立主编:《辞海》(第六版缩印本),上海,上海辞书出版社,2010 年,第 1520 页。

观性，并具有特定的功能范围。基于直观性的内在规定，微观文化情境是构成宏观文化环境的原子化要素，也是聚合宏观文化环境的原子化场域。其直观性具有两个层面的表征：一是在实体层面，情境是由具体的现实场域构成的，具有各种文化资源、文化设施的配备；二是在主体层面，情境是人的社会交往、社会关系所具体营造的氛围，能够予以具体感知、感触和感受。价值观教育处于微观文化情境之中，要善于运用情境的实体特点，在家庭、学校、公共场所等具体化、原子化场域中营造特定的文化氛围，使价值观的抽象理念、一般原则予以情景化和具象化。与此同时，价值观教育要善于发挥情境的主体特点，将主流价值观以氛围营造的方式渗透到具体场所之中。在宏观文化环境中，价值观教育与受教育者往往存在一定的文化距离，具有理念的抽象性与生活的具体性、规则的一般性与情境的多样性之间的文化隔阂。在微观文化情境中，价值观教育正是弥合此种文化距离，由置于身外的价值观宣传转化为身处其境的价值观体验，发挥情境对价值观具象化诠释与直观化体验的功用。

其次，微观文化情境设定了价值观教育的具体方法。情境具有关联性和暗含性的本质特点，为价值观教育的具体实践设定了具体场域。就关联性而言，文化情境是具体场所与文化之间的勾连，即以场所为具体载体，将隐性的文化意蕴予以具象化。就暗含性而言，文化情境总是以一定的文化样态为内在支撑，营造具有价值导向、诉求指向的文化氛围。基于情境的关联性，价值观教育要注重教育的诠释性。价值观教育依托具体情境，将抽象化的价值观念诠释还原为具象化的文化情境。价值观的基本理念要融入情境的具体场所，将高度凝练意义上的价值理念关联到具体场所之中，将基本的价值原则转化为具体的情境文化，细化为企业文化、校规校训、家风家训等价值观的文化诠释。基于情境的暗含性，价值观教育要注重教育的针对性。在微观文化情境下，要依托具体情境中的诉求导向，善于把握现实问题的关注点、热点和焦点，将解决现实问题的困惑与价值观问题的疑惑相结合，以“落实”的方式融入具体问题的引导、现实诉求的解决之中。

第四章　价值观教育的文化属性及其功能

在哲学一般意义上，“属性”是属于事物本质方面的特性。在实体层面，属性是事物的本性，即事物存在的内在规定性。在关系层面，属性是对象的质性与对象间的关系，即不同属性的对象分别形成不同的类，基于特有属性与共有属性划定不同的对象的类特征和范围。① 文化属性则是文化的本质规定性，即文化之为文化的内在规定。文化属性内化为人的主体存在性，外化为人的存在实体性。在内化与外化的双向作用下，文化属性确证了人的本质规定。在实体层面，文化属性是人之存在的精神性，是由人在精神实践过程中创造的成果。文化属性构成了人之文化存在的对象性，在精神实践过程中表征为人的物质存在、规则存在和精神存在，由此可划分为器物层、制度层、精神层等方面的文化属性。在关系层面，文化属性是人之存在的多维关系属性，即人与文化之间的本质属性，由此可划分为文化的主体属性（彰显出了人的自由自觉的本质属性）以及文化的客体属性（彰显了人的本质力量的对象性）。

“功能”是指有特定结构的事物或系统，在内部和外部的联系和关系中表现出来的特性和能力。② 功能是以结构为依托，在要素关联中形成的特定作用。结构是功能的要素基础，即不同的要素以不同方式耦合为一定的关系，进而呈现出组织化、有序化的系统架构。基于此，文化功能是在一定的文化模式中，基于文化体系的内在要素相互作用以及人与文化之间的互动关联，所具有的特定指向性的属性和能力。文化功能必然是依托既定的文化结构和文化样态，呈现一定的文化作用和文化机制。一方面，文化属性是文化功能的本质规定和价值前提。文化属性构成了文化功能的价值合理性、结构系统性和过程生成性前提。基于人的文化存在既定性和锚定性，文化属性呈现为价值的指向性。基于人的文化存在系统性和耦合性，文化属性呈现出结构的整体性。基于人的文化存在人本性和实践性，

---

① 参见夏征农、陈至立主编:《辞海》(第六版缩印本),上海,上海辞书出版社,2010 年,第 1741 页。

② 参见夏征农、陈至立主编:《辞海》(第六版缩印本),上海,上海辞书出版社,2010 年,第 599 页。

文化属性呈现出过程的生成性。另一方面，文化功能是文化属性的具体表征和作用方式。文化功能基于文化属性的本质规定，发挥着“为人”的价值作用机制。文化功能基于“以文化人”的本质功用，发挥着文化的导向传播、选择协调以及传承创新的作用。

基于文化属性与文化功能的内在关联，价值观教育以文化实践的方式构成了人的文化存在的现实表征。基于文化属性，价值观教育以“为人”为根本价值指向，以“人”的价值实现为教育的本质属性规定。基于文化功能，价值观教育则以“为人”的价值实现动力，发挥着文化对人的精神塑造、人对文化的传承创新等双向功能。由此，在文化属性层面，价值观教育的文化属性是价值观所蕴含的文化性质彰显出来的教育与文化之间的内在关联。基于价值观教育的文化属性，价值观教育的文化功能是文化在价值观教育中所具有的功用，具体发挥着文化的导向传播、选择协调以及传承创新的价值功用。

一、价值观教育的文化指向性与导向传播功能

“指向”意味着指明方向，是基于应然的目标而设定的方向。指向性蕴含着实然与应然的双重维度。在实然层面，指向是实然的定位，即基于存在的现实定位，锚定现实的存在境遇。在应然层面，指向是应然的定标，即基于预设的价值取向，设定应然的价值目标。由此，指向构成了定位与定标之间的定向，即立足现实的定位，锚定预设的定标，趋近动态的定向过程。就此而言，定向过程是动态的实践生成过程，既是应然目标的实现过程，由实然的定位到应然的定标的实现过程；也是潜在价值的实现过程，由应然的可能性转化为实然的实存性。

基于此，文化指向性是指文化在价值定位的前提下，在价值定标的实现过程中所具有的属性。价值观教育作为文化的具体样式，承载着文化指向的属性，发挥着文化指向的应然功能与实然功用。基于文化指向的价值定位，价值观教育具有文化导向功能，为价值观的凝练、凝聚锚定了既有的价值取向，发挥着文化导向的传导、引导功能。基于文化指向的实现过程，价值观教育具有文化传播功能，为价值观的共识、共建设定了多样的价值中介和手段，发挥着文化传播的辐射、影响功能。

（一）价值观教育的文化指向性

文化指向性以文化所蕴含的核心价值理念锚定文化的价值愿景，设定

文化的价值实现路径。文化指向性也指基于实然的价值定位和价值实践，在文化的生成、发展和传播过程中所具有的合规律性。价值观教育以价值观为根本的价值遵循，以思想政治教育规律为根本的实践遵循，呈现出既定性和锚定性的文化指向。

1. 价值观教育具有合目的性的文化指向

价值观教育是基于“应然”的价值指向与“实然”的现实存在境遇，以“合目的性”的方式，确立超越性的价值目标，满足人的现实精神需求。“思想政治教育合目的性体现在促进人的思想政治素质和道德品质素质的发展以及人格的完善的主体性的提升上。”① 在此意义上，价值观教育蕴含着“化人”的文化指向。一方面，“化人”是以“人”为根本的“合目的”旨归，以思想政治素质、道德品质素质、心理素质为基本教育内容。另一方面，“化人”以“化”为根本的“合目的”手段，以“内化”和“外化”为基本教育方式。

首先，价值观教育具有“应然”的为人指向。“为人”意味着，价值观教育是以人为根本的价值旨归，为实现人的价值、确证人的本质、促成人的发展而实施的教育实践。价值观教育以人的自我存在为基点，在自我意识的觉醒、自我价值的实现过程中确证自我存在的价值。一方面，价值观教育基于“为我性”的价值基点，遵循“为人”的价值匡正维度。马克思指出，现实的个人是“一个有生命的、自然的、具备并赋有对象性的即物质的本质力量的存在物”②。人总是以个体为生活基点，在个体的身心体验中，基于自身的感受和判断，实现自我认知和适应社会。“文化对于人的欲望而言，发挥着维系精神协调的作用。欲望使意义和价值观所营造的境遇发生起伏变化；文化则是以符号、故事、习俗等方式，稳固了人的精神世界，满足了人的存在需求，创造了人之存在的居所（Oikos）。”③ 这意味着价值观教育以“应然”的价值维度，基于人的文化存在的“为我性”，立足于具体的生存境遇，从人的现实需要出发，将解决人的现实世界问题与精神世界问题有机结合起来。价值观教育“就要针对人们的为我特性，满足人的合理的物质和精神的需要，尤其是为现实的个人提供精神归宿、精神支柱、精神动力、精神提升等多方面的内容。只有这样，价值

---

① 张耀灿等:《现代思想政治教育学》,北京,人民出版社,2006年,第166页。

② 《马克思恩格斯文集》第1卷,北京,人民出版社,2009年,第208页。

③ Alexander, T. M., 2010:“Eros and Spirit:Toward a Humanistic Philosophy of Culture”, *The Pluralist*, Vol.5, No.2, pp.18-44.

观教育才能获得自己存在的合理性和必要性”①。另一方面，价值观教育要基于“为我性”的价值诉求，遵循“为人”的价值实践维度。价值观教育作为所处时代的具体文化存在样式，发挥着“守”与“变”的辩证关系。在“守”的层面，价值观教育以核心价值理念为内在规定；在“变”的层面，价值观教育要充分汲取“时”“势”“事”等现实因素。由此，价值观教育要辩证地考量教育要素的常量与变量的关系，进而确立教育的具体目标指向。面对“时移世易”的境遇变迁，人的文化存在随之发生了深刻、全面的转变。价值观教育必然因时而变，完成教育范式的内在转换和更新，教育的理念、内容、方式、途径与人的文化存在境遇有机契合，进而凸显教育的“实然”文化指向，发挥价值观教育的现实教育功能，实现个体的现实思想需求与社会整体发展需求的内在协调。

其次，价值观教育具有“应然”的化人指向。“应然”是“应是其所是”的价值样态，具有先在的价值预设，构成了不证自明的价值前提；具有鲜明的价值指向，构成了“人之为人”的价值定位。价值观教育立足于“应然”的价值维度，锚定了应然的价值定位，确定了实然的价值路径。由此，价值观教育在“应然”的价值指向与“实然”的价值实践之间形成了内化与外化的价值关联。一方面，价值观教育是以内化的方式促成“人性和谐”的价值实现方式。价值内化是以鲜明的自我意识在反躬自问中实现价值内求，以精神自由的方式摆脱外在的条件限定和关系约束，达到“无待”的精神自由。价值内化也是以鲜明的内省意识，在自我观照的价值审视中探究自身存在的价值意义。另一方面，价值观是以外化的方式促成“人之为人”的价值实践方式。价值外化是以外求的实现方式，以“万物皆备于我”的价值心态，将人的潜能转化为现实的实践能力。由此，价值外化是将外物作为价值实现的中介，以价值实践的方式实现人的本质力量对象化。在此，价值观教育以内求的方式提升价值自觉能力，在价值审视、省察和内视过程中提升自我完善和发展的内驱力。价值观教育以外求的方式提升价值自为能力，在多样化的价值选择中达到利益考量与理想情怀的价值融通，在多样化的价值实践中达到自我价值与社会价值的价值契合。

2. 价值观教育具有合规律性的文化指向

人的文化存在是指人以文化为存在样式，它构成了人与文化之间的本质关联。人的文化存在以人与文化为双重存在主体，必然以人的发展规

---

① 万光侠、雷骥：《思想政治教育基本规律的人性基础探析》，《思想教育研究》2007年第6期。

律、文化的发展规律为最基本的规律遵循，也以人的发展旨归、文化的发展愿景为最基本的价值遵循。由此，价值观教育既以人的文化存在为价值观的本质规定，也以人的文化存在为价值观的本质内容，遵循人的发展规律、文化的生成规律，使价值观教育内化为人的教育，外显为文化的教育。

首先，价值观教育对于文化主体的关系协调具有合规律性的文化指向。价值观教育以价值观为教育内容，达到教育受众对价值观的理解、认同和践行，由价值理解的共识到价值通约的形成，再到价值实践的合力凝聚。一方面，价值观教育以价值通约性为前提，实现价值主体间的关系协调和行为协同。由此，价值观教育基于人的发展规律，确立教育的价值指向。价值观教育在价值协同过程中、在价值共识的聚合过程中实现价值通约。在价值协同层面，价值观教育要肯定价值主体的差异性，基于个性特点、利益诉求、目标定位的差异性，尊重个体的价值定位、价值选择、价值取向和价值行为的多样性，达到"和而不同"的价值契合。在价值共识层面，价值观教育要强化价值主体的同一性，基于类的本质规定，将人的全面发展作为根本的价值旨归，达到"人之为人"的共同价值尺度。在价值通约层面，价值观教育要整合价值主体的差异性和同一性，形成"因别生和"的价值共生状态；实现多维度主体的价值通约，实现个体的需求实现、群体的关系和谐与类的自由自觉之间的价值契合。另一方面，价值观教育要以价值主客体的双重性为前提，协调人的主体与客体、手段与目的之间的辩证关系。价值观教育具有价值主体性与客体性的双重性，即人作为价值主体，具有价值实践的主体性和价值归属的主体性；人作为价值客体，具有价值实践的手段性和价值归属的工具性。就此而言，人作为现实的个体存在，必然受制于客观规律，同时又具有主体性和能动性。人首先受制于自然规律和社会规律，基于自然存在的本能限制、社会存在的关系限制，呈现为客体化的现实存在。正如恩格斯所言："而人来源于动物界这一事实已经决定人永远不能完全摆脱兽性。"[①] 在主体与客体、自由与限定的张力下，人作为历史的"剧中人"和"剧作人"，既是历史的主体，又是历史的客体，在自觉主动与消极被动的交替中完成了社会化的过程。由此，价值观教育应引导人辩证地理解自由与限定的关系，基于人之存在的必然规律，探求人之存在的确定性、合理性和价值性，确证自身的存在意义；在必然的限定中寻求自由的存在空间，应对现实、开放的存在境

① 《马克思恩格斯文集》第9卷，北京，人民出版社，2009年，第106页。

遇，臻于人的精神世界与生存境遇的协调统一。

其次，价值观教育对于构建人与文化之间的关系具有合规律性的文化指向。在人的存在维度，价值观是人之存在的价值衡量尺度，是由现实生活决定的价值匡正维度。正如马克思恩格斯指出的："不是意识决定生活，而是生活决定意识。前一种考察方法从意识出发，把意识看做是有生命的个人。后一种符合现实生活的考察方法则从现实的、有生命的个人本身出发，把意识仅仅看做是他们的意识。"① 价值观教育作为"人"的教育，以人作为根本的价值衡量尺度，以人的发展程度、人的本质实现程度、人的价值实现程度作为价值衡量标准。与此同时，价值观教育作为"文化"的教育，以人文为价值规定，以文化对人的精神塑造为价值功用，促成了人与文化之间的实践关联。一方面，价值观教育凸显文化的人文意蕴。"人文"在原初的辞源学意义上，意指人之存在的"纹路""纹理"。人文以自然意义上的规律和秩序，比附主体意义上的规则和伦理。人文意蕴是将文化的外在规则、理论内化为人的内生存在方式。由此，价值观教育要彰显人之存在的自觉程度，将原初意义的人文存在升华为自由自觉层面的人文价值。价值观教育正是以合规律的方式，遵循着人的存在发展的客观规律，以人文价值熏陶、人文精神塑造、人文关怀引导等方式，促成人文对人的价值引导和匡正。基于此，价值观教育是"人文化成"的教育方式，基于人文的价值意蕴和内容，达到价值习惯养成、价值共识达成、价值秩序塑成的价值功用。另一方面，价值观教育应凸显文化的化人价值，提升人的主体自育能力。"化人"是文化对人的本质的确证和实现。基于人的群体本质，人作为社会关系的总和，必然是以社会化为根本的化人内容，使人成为处于一定社会关系之中、具有社会交往和适应能力、归属于一定社会共同体的群体存在。由此，价值观教育是基于共同价值观的教育，达到他律向自律的内化，彰显"育人自育"的价值属性。"育人"与"自育"之间形成了相互确证和相互契合的关系。"育人"是"自育"的教育中介和手段，以有组织、有目的的育人方式，促成个体的价值认知塑形和价值情感稳定。"自育"则是"育人"的内归因和内驱力，个体具有自我发展、自我完善的潜在能力。在"育人"的价值引导中，使自我发展潜能转化为有效的价值方法、价值路径和价值素养，达到自主发展、自为实践的价值养成功效。

---

① 《马克思恩格斯选集》第1卷，北京，人民出版社，2012年，第152～153页。

（二）价值观教育的文化导向传播功能

文化属性是以文化的价值规定性，统摄并决定了文化的功能作用性。具体而言，文化指向性从文化的本质属性层面规定了价值观教育的文化合理性和必然性。文化指向性决定了价值观教育的文化内核，即以何种价值取向衡量价值选择，以何种价值标准评判价值行为，以何种价值定位审视价值愿景。基于文化指向性，价值观教育必然要发挥文化的导向传播能力，即以文化的价值取向决定文化的教育导向，以文化的价值选择匡定文化的教育传播。由此，价值观教育在价值实践层面发挥着文化传播和文化导向功能，文化传播是文化的拓展和渗透的作用功能，文化导向是文化价值的凝练和文化合力的凝聚作用。二者作为共时态的存在过程，在拓展与内敛、传播与导向的相互作用下，价值观教育的价值理念和文化功能予以彰显。

1. 价值观教育的文化导向功能

“导向”意指“引导的方向”，具有既定性、动态性、过程性等多维属性。就既定性而言，“导向”以固有的方向为引领，设定具有确定性的目标；就动态性而言，“导向”基于现实定位，不断动态调整目标设定和实现手段；就过程性而言，“导向”在实践过程中具有目标实现的阶次性和渐进性。基于“导向”的本质厘定，价值观教育在文化导向过程中，蕴含着教育目标的确定性、教育过程的规范性和教育主体的凝聚性，发挥着文化凝聚、内敛和规范的功能。

首先，价值观教育导向功能具有目的确定性。导向是具有确定目标的导向。基于马克思主义人学视域，价值观教育是“属人”的价值实践方式。就“属人”的价值目标而言，价值观教育是以价值观的内化与外化为教育的本真目的，以人的价值观塑造和养成为教育的人本目的。就“属人”的价值路径而言，价值观教育具有显性灌输与隐性渗透的双重路径，构建全过程、全方位的价值影响路径。就“属人”的价值旨归而言，价值观教育是实现人的价值目的与价值手段、价值主体与价值客体、个人价值与社会价值的有机统一。其一，就人的存在状态而言，根据类、群体和个体的差别，价值观教育的目标分为社会发展目标、群体发展目标和个体发展目标。其二，就教育内容而言，价值观教育基于教育内容的层次化和多样化，具体细化为思想教育目的、政治教育目的、法律教育目的、道德教育目的。其三，就教育实施阶段而言，价值观教育的目标可分为远期目标、中期目标和近期目标。由此，价值观教育具有内在逻辑统一的目标导向，具有人本的价值指向、教育的价值内容、阶次化的价值路径。基于人的发展指向、教育的过程指向、路径的实践指向，价值观教育发挥着多维目标的聚合作用，发挥着具有确定目标指向的导向功能。

其次，价值观教育导向功能具有主体凝聚性。导向是价值主体在价值实践过程中形成的价值共识，在共有价值目标的感召下凝聚价值实践合力。在价值理解、价值通约和价值践行中，价值观教育在价值主体层面彰显为人的主体凝聚，在价值观念或文化层面表征为政治思想、法律思想、道德伦理等方面内容。价值主体与价值内容之间形成了相互确证、互为诠释的价值凝聚机制。价值观的凝聚发挥着价值观与人的双向聚合作用。在价值观的凝聚作用方面，价值观教育对于价值观内核的精神凝聚、观念的价值凝练发挥着重要作用。在人的凝聚作用方面，价值观教育凸显出个体对社会的认同和归属作用，实现了核心价值体系的认同和主导，构建出共有精神家园，形成了强大的价值凝聚力。由此，价值观教育的凝聚力是发挥价值观对价值主体的联结和纽带作用，在价值引导的过程中达成了“为我们”的价值归属，在价值通约过程中形成了强烈共鸣的价值通感。

再次，价值观教育导向功能具有过程规范性。导向是具有认同共有价值规范的导向。价值观在价值主体实现价值目标的过程中发挥着规则的匡正作用和反馈作用，使价值主体以动态调整的方式不断趋近价值目标。价值观教育注重发挥“同心之理”与“同理之心”的融通功能。就“同心之理”而言，价值观教育注重个体价值观之间的通约性，形成具有高度价值共识的价值体系。就“同理之心”而言，价值观教育注重由共同的文化体系内化为共通的文化心理和价值观念。共有的文化体系是人的文化存在方式和过程，以共同的文化形态为基础，以共同的理想信念为动力，以共同的价值标准、道德规范为尺度。基于此，价值观教育的导向功能体现在三个方面：其一，发挥价值导向作用。价值观教育形成共有的价值规范和道德规范，对个体起到价值引导和道德规范的作用，使社会承载共有的理想信念，接受共有的善恶、是非、美丑的判定标准。其二，发挥人格导向作用。价值观教育通过人格的魅力和吸引力，树立可亲、可敬、可信、可学的典型示范，提升教育的感召力和示范力。其三，发挥行为导向作用。价值观教育通过价值行为的规范和匡正，规避了价值行为的失范，发挥着积极正向的“从众效应”。

2. 价值观教育的文化传播功能

价值观教育是价值观外化为文化样态、内化为文化心理的实践过程。在内化与外化的过程中，价值观教育充分彰显出文化的指向性。具体而言，基于文化指向的价值主体性，价值观教育主体具有教育者与被教育者的双重主体性。基于文化指向的价值契合性，价值观教育内容具有教育理念、教育资源和教育实践的系统融合性。基于文化指向的价值实践性，价值观教育方式具有现实载体与虚拟载体的整体融加性。由此，价值观教育基于文化的价值指向性，发挥文化传播的辐射力、影响力和渗透力，在传播主体、传播内容和传播方式等三个层面发挥着不可替代的文化传播功能。

首先，在传播主体层面，文化传播是文化主体数量增多、文化影响辐射范围拓展的过程。在传播学意义上，传播是人与人之间通过符号传递信息、观念、态度、情感，以此实现信息共享和互换的过程。① 究其本质，传播是主体之间的信息交流过程，在传者与受者之间构成了信息主体互动性、共享性和交换性等多维功能。在此意义上，价值观教育以价值观为传播内容，在教育者与受教育者之间的双向主体作用中构成了二者的互动交流过程。其一，在具体的教育情境中，价值观教育形成了明确的"教"与"学"的双向关系，教育者以主导的方式进行思想教育内容的传播，受教育者以能动的方式在接受思想教育内容的过程中形成了共识和认同。其二，在宏观的社会环境中，价值观教育通过显性的教育方式，模糊了"教"与"学"的具体关系，发挥国家、政府层面的教育主导作用，通过核心价值观念的引导，使社会大众的思想言行符合社会规范要求。与此同时，价值观教育通过隐性的教育方式，在社会群体内部以及群体之间的日常交往中发挥着"言传身教"的影响和渗透作用。

其次，在传播内容层面，文化传播是文化的价值理念、精神信念的渗透和拓展过程。传播是以信息为内容的传递过程。真正有效的信息意味着"消除不确定性"，即以确定性、精确性消除不确定性、模糊性。文化传播正是将文化的核心价值融入文化的各个场域，发挥着价值意义的确定和价值选择的匡定等功能。基于此，价值观教育必然是价值观进行传播传导的教育过程。其一，在教育的宏观内容层面，价值观教育是政治文化、伦理文化、价值文化等内容的传播过程。价值观教育必然以系统教育的方式，实现主流价值的全过程传播，将社会主流的价值理念、思想观念和道德规范的传播渗透至社会各个领域和群体。其二，在教育的具体内容层面，价值观教育也是文化传播的现实化和具体化过程，将抽象的价值理念转化为具体的价值表达方式。价值观教育将一般意义上的价值原则与现实情境中

① 参见夏征农、陈至立主编:《辞海》(第六版缩印本),上海,上海辞书出版社,2010年,第259页。

的价值选择相结合，从具体的价值情境中作出合乎价值规则、合乎价值理性考量的价值选择。价值观教育也将一般意义上的价值方法与现实情境相结合，既要持守价值观的内在确定性，还要注重价值观践行的场域多样性，实现原则性与灵活性的有机结合。

再次，在传播方式层面，文化传播是文化的具体样式和载体的丰富和发展过程。传播是以符号为介质，以各种物质载体为媒介，进行信息传递的过程。文化传播以文化符号为介质，即以文字作为抽象表达符号，促成了传者与受者之间的跨时间、跨空间的信息交流。文化传播也以具体的图像、标识和器物等作为视觉传达符号，以更为显性直观的方式进行文化价值的传播和渗透。价值观教育利用各类传播媒介，以全息化的教育载体，发挥全方位的教育功效。其一，基于传播媒介的双向性与即时性的结合，价值观教育构成了双向信息沟通、互动情感交流、共同感染影响的文化传播过程。价值观教育在价值传播过程中营造具有鲜明价值导向、共有价值标准的价值情境，使教育者与受教育者具有价值观念的通约性和共识性。其二，基于传播媒介的现实性与虚拟性的结合，价值观教育通过双向的沟通、交流、联络和聚集方式，发挥着网上即时互动联络与网下现实交往之间的互动作用。价值观教育拓展教育内容传播的双向渠道，不断弥合人的现实存在与虚拟存在之间的情境割裂，实现了“线上”交流与“线下”交流的深度融通。

二、价值观教育的文化整体性与选择协调功能

在哲学一般意义上，整体是构成事物的诸要素组成的统一体，整体性则是事物构成的要素耦合性、结构稳定性和功能确定性。可见，整体性是事物整体与部分之间的要素耦合，也是事物结构与功能之间的关联契合。文化整体性正是文化要素之间的内在耦合，基于文化主体、文化资源、文化载体和文化环境之间的系统化耦合，发挥着文化的要素耦合、结构稳定性和功能适应等多维作用。基于结构与功能的内在关联，文化的整体性结构是文化选择协调功能的内在根据，文化的选择协调功能是文化整体性的作用表现。基于文化的整体性，文化呈现出“内稳态”的作用机制，形成了文化主体与文化资源之间的双向选择，构成了文化主体、文化资源、文化载体和文化环境的整体协调。

（一）价值观教育的文化整体性

文化是具有系统化存在的精神成果，使人的整体性存在与文化的整体性存在构成了高度的关系耦合和价值契合。文化的整体性是由人之存在的整体性决定的。文化的整体性也以本质力量对象化方式确证了人之存在的整体性。文化的整体性是指在文化样态和文化主体层面具有整体性的本质属性。就文化样态而言，文化作为人之存在的精神成果，具有结构的稳定性、要素的耦合性。就文化主体而言，文化作为人之存在的精神过程，使人成为自然存在、社会存在和精神存在等多维存在主体，形成了文化体系中各个要素之间的关联方式和组织形式。

1. 价值观教育具有文化内容的整体性

文化是具有整体性的精神成果，深度契合于人的本质、人的价值和人的存在。基于人之存在的整体性，文化呈现出核心思想理念、人文精神、道德规范等多维内容，构成了由隐性到显性、思想到行为层层递进的内容体系。由此，价值观教育基于深层次的价值内核，构成了价值理念、价值规则和价值实践的整体性内容。

首先，价值观教育具有教育内容各要素之间的关联性。基于实然维度，人的文化存在是实践性和历史性存在；基于应然维度，人的文化存在是意义性和自洽性存在。

一方面，价值观教育基于人的文化存在的实然性，构建多维的教育内容。基于实然维度，人的文化存在在自然存在和社会存在的基础上，形成了具有实践性和历史性的精神存在。基于人之存在的历史性，人的文化存在必然是基于具体的现实条件之中；基于人之存在的实践性，人的文化存在必然是处于不断的自我生成和可塑过程之中。人的文化存在具有多个维度的整体性，是个体性与社会性、共性与个性以及知、情、意、信、行等诸多层面的统一。价值观作为人的文化存在的具体样式，是基于人的文化存在的整体性内容。价值观教育处于主体存在与文化存在的内在关联之中。就主体存在而言，价值观教育以精神存在的方式，实现了价值观的理性认知与感性体验、悟性体认的有机统一。就文化存在层面，价值观教育基于精神文化的人文性，彰显其中的核心价值理念，弘扬人文精神，践行道德观念和规范。

另一方面，价值观教育基于人的文化存在的应然性，构建互补协调的教育内容。基于应然维度，人的文化存在是整体意义上的存在，追求人性的和谐统一，也追求意义世界的内在统一。与此同时，人的文化存在是具有逻辑自洽性的存在，追求价值理念与规则之间的自洽统一，也追求价值选择与价值情境之间的自洽统一。由此，价值观的内容设计是“根据一定的社会要求，针对教育对象的思想实际，经教育者选择设计后有目的、有步骤地输送给教育对象的带有价值引导性的思想政治信息”①。由此，价值观教育的内容设置注重具体教育要素的联系和协同作用。教育内容设置注重逻辑上的内在一致性，具体教育要素之间所蕴含的价值理念具有相容性和自洽性，避免具体内容之间的抵触和矛盾，实现教育内容之间的互补和协调，构建具有整体性的教育内容。

其次，价值观教育具有教育理论内容与现实境遇之间的整体协调性。人的文化存在是以文化作为人之存在的过程确证，也是以文化作为人之存在的本质过程。就人的存在过程而言，人的文化存在正是以“我思故我在”的主体省察方式，通过人对自我存在的反身性省察，达到了对存在过程的自我观照。就人的存在本质而言，人的文化存在以具体现实的存在条件为前提，使人成为具有现实限定、历史既定和开放生成的主体存在。正如马克思恩格斯所言：“以一定的方式进行生产活动的一定的个人，发生一定的社会关系和政治关系。经验的观察在任何情况下都应当根据经验来揭示社会结构和政治结构同生产的联系，而不应当带有任何神秘和思辨的色彩。社会结构和国家总是从一定的个人的生活过程中产生的。”② 文化模式的整体性作用，提升了个体的文化适应性，使之产生了归属感、安全感和认同感；提升了群体的文化适应性，促进群体精神凝聚、群体关系协调和群体合力的发挥。可见，文化整体性的重要方面是文化的精神内核与人的现实境遇之间的双向互动和生成，即文化是对人的现实存在的映射和凝结，人的现实存在是人对文化的理解、解释与实践的统一过程。由此，价值观教育所具有的文化整体性，是教育的理论内容与现实境遇之间的内在协调。一方面，教育内容注重理论逻辑的完备性与现实境遇中非完备性、多样性之间的差异，以及教育理论的精确性与现实境遇的模糊性、易变性之间的张力。另一方面，教育内容不仅注重理想化的语境分析，还要与实际的生存状态和过程相协调，实现现实的生活状态与抽象的教育原则之间的必要诠释和互动，指导人去解决现实生活中的思想困惑和现实问题，提升教育内容对现实生活的话语权和指导力。

2. 价值观教育具有文化实现路径的整体性

人的文化存在具有价值主体的整体性和价值实现路径的整体性。就主

---

① 陈万柏:《思想政治教育学原理》,北京,中国人民大学出版社,2013 年,第 129 页。

② 《马克思恩格斯选集》第 1 卷,北京,人民出版社,2012 年,第 151 页。

体而言，人作为文化主体，是自然属性、社会属性和精神属性的整体存在。就实现路径而言，人的文化存在发挥着文化理解与实践、文化传承与创新等多维主体作用。价值观教育作为人的文化存在的实践方式，具有价值观的认知与践行、价值观的传承与创新等多维功能。由此，价值观教育基于文化的视域限定，发挥着文化对价值观的理解与诠释作用；基于人的社会角色限定，决定了人在价值实践中的角色定位和角色发挥。

首先，价值观教育引导人转换和整合多维的文化视域。人的文化存在是处于一定文化基点、在一定的文化视域中的存在。就文化基点而言，人总是处于一定的文化模式之中，以一定的文化认知图式去理解和解释人的存在问题。换言之，不同的文化视域在很大程度上决定了人的文化认知图景，也影响到人的价值认知和实践方式。在此意义上，价值观教育内容拓展要注重多维度文化视角的转换。文化视域以人的文化存在为现实基点，使“现实的个人”总是基于一定的文化体系之中，承载着既定的文化传统，使人成为具有文化“先见”的主体存在。“现实的个人”既无法摆脱文化视域的限定，也无法任意切换不同文化视域。由此，价值观教育正是在文化视域的限定中，注重引导人调整理解文化的思维方式，立足于“格式塔”转换的方式理解文化。“格式塔”是人基于先在的文化经验所形成的整体认知和思维方式。社会心理学实验证明，面对同样的一幅图案，人基于不同的理解方式和认知方式，所看到的画面或者是兔子，或者是鸭子。同一个人无法将这幅图案合二为一，不会看到“兔子鸭”。在不同文化范式中，人看待同一个现象或问题，但得出的文化理解和论断是截然不同的。教育者与受教育者处于不同的教育视角，承担着不同的教育责任，对教育的理解和认知必然存在着差别。此种差别意味着，价值观注重充分发挥其文化解释功能，在不同层面规避人的认知和归因偏差，形成正向的认知方式和归因方式。与此同时，价值观教育要注重协调教育者与受教育者之间的文化视角，引导双方以换位思考的方式，对于教育过程中出现的问题进行有机协调，即实现教育者、受教育者与教育背景之间的整体协同变化。

其次，价值观教育引导人理解和整合多维的文化角色。在社会学意义上，角色是人在社会交往过程中所发挥的社会主体功能、承担的社会责任和义务。在文化学意义上，角色则是在文化塑造意义上呈现为文化传统的衍承者和文化发展的创新者。面对文化的历时态发展，文化角色必然面临着如何认知、接受和传承文化传统的价值选择。面对文化的共时态发展，文化角色也会面临着如何对比、鉴别和甄选本土文化与外来文化的价值冲突。由此，文化角色必然会面临自身内在的角色冲突。在此，角色冲突是指“占有一定地位的个体与不相符的角色期待发生冲突的情境，也就是个体不能执行对角色提出的要求就会引起冲突的情境”①。文化角色的冲突是由个体内在的价值观念的冲突引起的。在文化角色整合过程中，人是文化的实践者。文化角色的整合过程是基于自身对文化角色的理解，个体进行文化角色的扮演、冲突和冲突化解的过程。在文化模式的影响和联结中，形成了具有结构分层、定位分化和价值多样的社会体系。具体而言，“社会是一个由各种各样的相互联系的位置或地位组成的网络，其中个体在这个系统中扮演各自的角色。对于每一种、每一群、每一类地位，都能区分出各种不同的有关如何承担义务的期望。因此，社会组织最终是由各种不同地位和期望的网络组成的”②。基于人是文化的认知者和实践者，文化角色是人在特定文化背景中的文化行为模式，文化角色实现过程则是人的文化存在的具体过程表现。人的自我意识的形成和自我形象的塑造是文化角色践行的前提。人作为文化存在，首先是以文化传承的方式存在的。在一定的文化模式的渗透、影响中，人成为具有文化归属和社会归属的存在。基于人的文化存在方式，价值观教育的要旨在于解决人的思想与行为、社会发展要求与思想道德水平之间的关系和矛盾，促进人的思想观念形成，匡正引导人的行为选择的实践过程，促成人的认知、领悟和实践角色的有机整合；以文化角色的实现为内容予以拓展，注重完善人对文化角色的践行，引导人在具体、多样的社会生活中不断体悟、实践多维化的社会角色和文化角色。

（二）价值观教育的文化选择协调功能

文化作为整体性存在，具有文化结构的整体性和文化作用机制的整体性。基于文化结构的整体性，文化具有整体耦合的功能，其整体结构促成各要素之间形成了耦合机制，使文化体系的整体功能大于各个要素的功能之和。基于文化的整体性，价值观教育在内容设置和实现路径上具有整体性特征。基于文化作用机制的整体性，文化发挥着整体优化的功能，在要素关系协调过程中实现了功能的内部优化与外在适应。由此，价值观教育是文化认知和实践的具体实现样态，也是文化功能发挥的具体实现方式。

---

① 全国13所高等院校《社会心理学》编写组编：《社会心理学》，天津，南开大学出版社，2003年，第79页。

② 〔美〕乔纳森·特纳：《社会学理论的结构》，邱泽奇、张茂元等译，杭州，浙江人民出版社，1987年，第431页。

基于文化的整体性特质，价值观教育要注重文化选择和协调功能的发挥，在二者的综合作用下，构建出系统化的价值观教育，发挥着文化育人的功效。

1. 价值观教育的文化选择功能

选择具有“挑选”之意。基于人之存在的主体性，“选择”具有必然性与可能性的双重维度。就必然性而言，人的选择具有社会制约性和客观条件性。就可能性而言，意味着人具有自觉性、目的性、自主性、能动性和社会性。由此，文化选择是文化主体对文化内容、样式的辨识、甄别和汲取。文化选择具有特定的逻辑预设和现实前提。其一，有能力去选择，人作为文化主体要具备选择的意识和能力；其二，要有条件去选择，文化内容和形态具有多样化，使人具有选择的空间；其三，要有确定的标准去评价选择，文化选择具有现实标准和价值标准，引导人合理评判选择，调节选择的过程和结果。基于此，价值观教育作为人的文化存在方式，要充分发挥文化选择功能，就要提升人的主体性，引导人学会理性选择、自觉决断；提升文化内容的多样性，在丰富多样的文化成果的应用和传承中实现人的社会化和个性化发展；提升价值评判的包容性，引导人以多角度、多情境思考问题，理解他人的认知选择，包容他人的行为方式。基于文化选择的逻辑预设和现实前提，价值观教育的文化选择功能具有三个层面的特性。

首先，价值观教育的文化选择具有动态性。文化选择是基于文化主体的多样性、文化内容的差异性、文化情境的具体性等多维因素，进行文化的甄别、选择、吸收和融合。就文化主体而言，文化选择总是基于文化主体的利益考量和价值考量，彰显出个体存在的“为我性”，也显现出群体存在和社会存在的“为我们感”。就文化内容而言，文化选择是文化主体面对多样的文化内容，进行甄别与选取的过程。基于此，面对复杂多样的社会文化，价值观教育要注重文化选择的价值理性，彰显价值践行的实践智慧。在社会思潮更为多元、多变的境遇中，人往往面临着“少则得，多则惑”的文化心态。如何实现价值选择的最优化、价值获得的最大化，这一问题使人感到困惑和焦虑。“布里丹效应”正是以哲学隐喻的方式，揭示了工具理性无法实现人的价值选择最优化。由此，价值观教育要基于价值理性的彰显，使人的价值考量更具人本色彩，使价值选择更具人文精神，使人的存在规避陷入物化存在的窠臼。

其次，价值观教育的文化选择具有适应性。文化选择以人的现实存在为依据，使文化系统具备自我适应的功能，契合现实条件和环境。文化选择具有时间的流变性、空间的转换性以及主体的生成性。换言之，文化选择面临着多重的变量因素，必然呈现出“守”与“变”的关系张力，顺应人的社会化发展规律，增强人的文化适应力。由此，价值观教育的根本功能是实现人的全面发展，这一功能实现的首要前提是引导人具备适应社会的能力。为此，价值观教育要发挥文化适应的功能，立足于社会现实状况，以“接地气”的方式，有针对性地选择文化内容，坚持先进文化的发展方向，符合社会发展要求；立足于人需求的阶次性，立足于生存需要和安全需要，在教育中引导人成为具有安全感、独立生存能力的人；立足于尊重的需要、爱的需要和自我实现的需要，引导人成为具有认同感和归属感的社会人。在此基础上，价值观教育进行文化选择，发挥社会意识促进社会存在的功能，实现教育体系的内容与形式相适应，教育体系与社会现实相适应。

最后，价值观教育的文化选择具有整合性。文化选择以文化要素之间的有机融通为关键，使文化样态构成了有机整体。文化作为人之存在的具体方式，必然楔入了人之存在的现实性和生成性。其一，基于时间维度，文化选择面临着历史的流变与当下的选择。价值观教育进行文化选择，要注重时间维度的整合，立足于历史、当下和未来的时间维度。既要立足于历史的传承，使文化精髓得以延续；又要立足于现实的状况，使教育内容和形式适应社会现实；也要立足于社会发展的走向，使教育具备前瞻性，培养适应社会未来发展的人。其二，基于空间维度，文化选择面临着“内在”与“外在”的辨识和甄别。外在压力意味着，外在的客观条件限定和人际关系限制构成了价值实现过程的外在限制。内在压力意味着，内在的主体能力和素质构成了价值实现过程的主体因素。由此，价值观教育要注重培养文化选择的实践理性。文化选择是进行理性的合理划界，以积极稳健的方式增强内控力，运用实践理性优化自身的发展境遇；以豁达包容的方式增强外控力，在积极作为的过程中塑造更为淡然的心态、稳重的心智和实践的智慧。

2. 价值观教育的文化协调功能

“协调”意指和谐一致，具有逻辑意义上的关系相容性、一致性和无矛盾性，也具有系统意义上的结构耦合与功能调和。由此，文化协调是文化主体对文化系统内部关系的调节，以及文化主体间关系的调节。文化协调功能的发挥具有一定的前提预设：其一，文化主体之间的关系是具有一定张力的关系，需要在人与人之间进行关系调整；其二，人的文化存在是动态平衡的过程，需要在人与文化之间进行功能调和；其三，文化体系与具体文化样式之间是系统与要素的关系，需要在具体文化样式之间进行结构调理。

首先，价值观教育的文化协调具有系统性。在系统结构层面，文化协调是在文化各要素之间的关系耦合中使各要素的功能发生密切关联，进而呈现出文化整体功能的优化。价值观教育具有人与文化的双重结构。人创设了价值观教育的内容和要素，文化则构成了价值观教育的基本内容和资源。其一，在文化层面，价值观教育以各种文化要素为教育资源，以主流价值观为教育主线，围绕人的思想意识、政治立场、道德观念、法治意识等方面，进行价值观的引领和规范。由此，价值观教育体系分为若干子系统，如思想教育、政治教育、道德教育、法制教育等子系统。教育体系基于世界观、人生观和价值观的塑造，以此作为核心的元认知思维，逐渐拓展到道德认知与规则、法治思维与行为等层面，实现了由思维认知到行为塑造的层层递进。其二，在人的存在层面，价值观教育是教育主体、受体与介体、环体的统一体。其中，人是价值观教育的主体要素，具体分为教育的实施者与接受者。教育内容和形式是价值观教育的文化要素，具体表现为教育的基本内容以及教育的载体形式。社会环境是价值观教育的环境要素，具体表现为教育的宏观社会环境、中观公共环境和微观具体情境。由此，价值观教育系统呈现出整体与要素之间的辩证关系。在各种载体的价值承载过程中，在各层次环境的氛围营造过程中，教育主体与受体构成了双向主体的协同关系。

其次，价值观教育的文化协调具有动态性。在动态作用层面，文化协调是文化主体与文化样态之间的生成作用，形成了人与文化之间的相互塑造与相互诠释的双重作用，呈现出“六经注我，我注六经”般的文化图景。就此而言，价值观教育具有价值观教育主体与价值观内容之间的双重协调功能，发挥着关系调整、功能调和、结构优化的作用。尤其是在关系调整方面，价值观教育要优化人与文化的共生关系，即人成为文化的创设者和传承者，文化成为人之存在的价值规定和精神支撑。价值观教育塑造人的文化自觉，以更为辩证的理性、更为稳健的心智、更为包容的心态去审视、理解和弘扬主流价值观。价值观教育也要深掘文化的人本意蕴，文化的传承与创新并非一味为了传承或为了创新，其价值衡量的尺度在于人的价值实现和全面发展。就此而言，价值观教育要匡定文化的价值导向，即文化的传承是为了延续人的文化基因，使人以更为广阔的历史视野去审视传统文化的重要性、合理性和当下性；为了契合人的存在方式，文化的创新使文化具有时代性地表达人的价值诉求，折射人的价值愿景，促成人的价值实现。

最后，价值观教育的文化协调具有优化性。在静态逻辑层面，文化协调是文化要素之间的关系和谐，构成了价值意义上的自洽性和一致性。价值观教育具有一定的文化架构，构成了内核到外延的整体结构。其一，在内核层面是以价值理念为内核，民族思想观念、价值观念、理想信念的综合体。在此意义上，价值观教育是以文化的底层思维为基点，将人塑造为具有一定文化心智的主体。其二，在中度层面是以政治观念、伦理道德、制度规范、风俗传统为主体，将核心价值观念延展为具有可操作性、可实践性的价值规则。其三，在外展层面是以教育实践活动为外显，形成了由理念至规范、由精神至行为、由抽象至具体的文化架构。基于内核、中观和外延的文化结构，价值观教育具有系统化的内在关联方式和组织形式。价值观教育的结构是教育功能的内在根据，教育功能是价值观教育在特定的环境中所表现出来的作用与功能。价值观教育功能的发挥与调节必然以适应人的文化存在为依据，通过结构的调节，优化教育内容，创新教育方式；通过环境的优化，发挥环境育人的功用，以精神信念的力量、道德约束的力量、舆论监督的力量，发挥教育的正面导向和引领功能。

三、价值观教育的文化生成性与传承创新功能

“生成”在字面意义上具有“变易”和“生来就有”之意。[①] 在哲学一般意义上，“生成”是反映事物发生、变化和消灭的哲学范畴。基于生成的本质规定，文化生成性是指文化具有未完成意义，在时间的流变中实现了跨历史的融合与发展，在空间的延展中实现了跨地域的融合与发展。由此，在现实性与超越性的张力作用下，文化生成性促成了文化的传承与创新功能的实现。

（一）价值观教育的文化生成性

文化的生成性源自人的文化存在的现实性与超越性的互动融通。马克思恩格斯指出：“这里所说的个人……是现实中的个人，也就是说，这些个人是从事活动的，进行物质生产的，因而是在一定的物质的、不受他们任意支配的界限、前提和条件下活动着的。”[②] 现实性与超越性构成了人

① 参见夏征农、陈至立主编:《辞海》(第六版缩印本),上海,上海辞书出版社,2010年,第1674页。

② 《马克思恩格斯选集》第1卷,北京,人民出版社,2012年,第151页。

的文化存在的“两端”，即在历史的流变中实现了文化基因的传承，在未来的指向中实现了文化基因的变化，促成了人的文化存在的生成性动力。价值观教育作为人的文化存在的具体样式，具有文化生成性与可塑性。基于人的文化存在的现实性与超越性，价值观教育的文化生成性具体表征为文化的历史性与开放性。

1. 价值观教育承载着文化的延承性

文化作为可传之“统”，在历史流变中不断传承，形成相应的文化模式或体系。人的文化存在作为现实性存在，总是处于一定的文化场域之中，在一定的文化体系或模式的影响中承载着一定文化观念、价值理念的有意义的存在。基于人的历史性，价值观教育是处于一定生产力发展阶段、处在一定社会关系之中、沉浸于一定的文化模式和样态之中的教育实践。基于文化的历史性，价值观教育则是在文化主体的代际延续、文化资源的传统传承、文化环境的更替发展过程中构建出具有文化传统性的教育实践。

首先，价值观教育具有文化的延续性。文化是作为既定性的精神成果，为人所创造后呈现出客体化的精神存在。就此而言，文化一旦延续形成传统，则外化为具有客体介质的精神存在，使文化成为外化于人之存在的精神成果。文化与人之间构成了双重主体，人是以实践为根本动力，创造与传承了文化；文化是以“化人”为动力，实现对人的精神塑造和价值渗透。由此，价值观教育具有时间维度，凸显了文化传统中“传”的属性，形成了渐进延续的教育传统。“传统是历史发展继承性的表现”，“是历史延传下来的思想、文化、道德、风俗、艺术、制度以及行为方式等。对人们的社会行为有无形的影响和控制作用”。[①] 文化传统实现了在历史的延续中文化模式保持相对稳定，文化共同体具有内在的凝聚力和向心力。此种延续性不是类似于DNA基因的完全复制，而是“神聚形变”的延续过程，既实现了文化的核心精神的传承和保持，也实现了与所处时代境遇的契合和整合。一方面，价值观教育基于文化传统之“传”的功能，使文化脉络具有内在的延续性。文化传统是对文化传承的具体样态表现。基于文化的核心思想观念、文化规则规范、文化器物遗迹等层面，文化传统的传承具有多维度的价值内涵和价值表征。就此而言，价值观教育将文化传统最深刻、最本质的核心价值观念附着于系统化的价值规则规范之中，具象化为器物形态，使隐性的价值观外化为显性的教育内容、载体和

① 夏征农、陈至立主编：《辞海》(第六版缩印本)，上海，上海辞书出版社，2010年，第260页。

路径。另一方面，价值观教育基于时代之“变”的维度，彰显“顺时而变”的主动性以及“因时而变”的规律性。价值观教育应然凸显出文化传统的时代发展，基于时代之“变”的时间维度，以文化之“变”的创新动力，提升文化的时代转化与发展的生命力，臻于文化之“守”的本真价值。在传承过程中，价值观教育以其坚实之精神内核，不断吸收外来文化，不断丰富自身，却未动摇其文化根基和文化特质。

其次，价值观教育具有文化的过程性。文化传统具有“统”的功能，使文化具有高度的价值认同性，成为维系民族血脉、促成社会凝聚的文化纽带。价值观教育应然凸显文化传统的历史底蕴，蕴含民族精神的核心，在文化发展过程中具有文化基因的稳定性，在文化脉络延续过程中具有文化标识的共识性。由此，价值观教育在文化发展过程中彰显文化主体价值认同的凝聚性，使价值观自身具有高度的价值通约，并使价值观主体聚合更具广度的价值认同。与此同时，价值观教育具有本质规定的价值内核和逻辑基点，凸显了文化传统中“统”的属性，即在文化价值和精神观念的统领中实现人的思想道德认知、评价、选择与行为方式的趋同和统一。价值观教育呈现出鲜明的过程性，既实现了文化的内化到外化的过程，也实现了思想道德的认知到实践的过程。一方面，就内化到外化的过程而言，价值观教育具有文化的化人特性，基于相应的教育内容和文化价值观念而形成特定的文化心理，即在一定文化模式、文化传统的辐射影响下，人所具有的思维方式以及形成的心理特质和个性品质。在此，文化心理是在一定文化传统的影响下人的主观体验和心理活动过程。这一过程是人的文化存在超越了纯粹的自然存在内容的过程，使人的自然属性中渗透着社会文化因素，在劳动实践、语言、思维、社会关系等方面凸显出人的文化意蕴和精神需求。另一方面，就认知到实践的过程而言，价值观教育是基于一定的文化价值观念，引导人对思想品德形成合理的认知归因，再到合理的行为选择与实践。在文化背景的影响下，个体的行为结果具有不同性质的归因。文化归因具有很强的情境性，文化环境和场域处于动态演变过程之中，对以往发生的事件作为背景予以理解。价值观教育引导人把握归因的特性，既注重稳定性原因和可控性原因，也要把握易变性原因和不可控原因。在归因的综合考虑与平衡中，个体以更为理性的方式认知自我，将个人的自身优势与外部环境有机结合，避免以无助、被动的方式消极面对生活，而是以积极、正向的态度应对个人成长中的困境。

2. 价值观教育彰显着文化的开放性

文化的开放性根植于人之存在的开放性。人之存在以实践为根本存在方式。基于实践的物质性，人的存在以劳动的方式进行物质实践活动，通过对物质对象的改造实现人的本质力量的对象化。马克思指出："通过实践创造对象世界，改造无机界，人证明自己是有意识的类存在物。"① 基于实践的主体性，人的存在是自由自觉的活动，通过主体需要的满足、主体力量的确证、主体价值的实现，促成人的全面发展。基于人之需要的生成性、人之发展的无止性，人成为未完成意义上的生成性存在。在人的存在内容的丰富、存在方式的表征和存在过程的彰显中，人的本质不断得以生成与确证。

首先，价值观教育具有文化逻辑的开放性。在逻辑意义上，人的存在构成了因果相继的文化存在。人的存在具有既定的逻辑原因与前提。马克思指出："人的存在是有机生命所经历的前一个过程的结果。只是在这个过程的一定阶段上，人才成为人。但是一旦人已经存在，人，作为人类历史的经常前提，也是人类历史的经常的产物和结果，而人只有作为自己本身的产物和结果才成为前提。"② 价值观教育作为人的文化存在的具体样式，必然是基于人的实践过程和实践结果，构成了代际相继的文化传承和价值延续。与此同时，人的存在也具有生成的逻辑结果，在文化的历史流变中构成了不断生成和延续的存在路径。"人的认识不是直线（也就是说，不是沿着直线进行的），而是无限地近似于一串圆圈、近似于螺旋的曲线。"③ 价值观教育不是圆周式的封闭、静态的逻辑理路，而是遵循螺旋上升式的逻辑理路。归于根本，圆周式的逻辑理路是基于"人是机械化、工具化存在"的逻辑预设。在此语境中，人以必然性的方式存在，人的意志完全服从于因果必然性；人的命运是预先注定的，人无力改变自身的命运。螺旋上升式的逻辑理路则是基于"人是自由自觉的存在"的逻辑基点。在此语境中，人的文化存在作为超越性存在以自由自觉的方式存在，在自我确证和否定中实现自我超越和选择，以有限的生命探究无限的人生意义和终极目标；在自我反思和察省中确证了自我存在的生成逻辑。由此，价值观教育基于人之存在的开放性，反思人之存在的价值、本质和实现路径。价值观教育的内在逻辑具有本体论意义上的生成性。此种生成性已经超越了认识论和知识论层面上关于教育内容、方法和路径的完善和发展。这意味着价值观教育不仅是培养人、发展人的手段，更是人予以自我确证、自由发展的内在价值诉求。

---

① 《马克思恩格斯选集》第 1 卷，北京，人民出版社，2012 年，第 56 页。

② 《马克思恩格斯全集》第 35 卷，北京，人民出版社，2013 年，第 350～351 页。

③ 《列宁选集》第 2 卷，北京，人民出版社，1995 年，第 560 页。

其次，价值观教育具有文化境遇的开放性。基于唯物史观的基本原理，社会存在决定社会意识。基于社会存在的物质性、历史性和实践性，社会意识必然深刻反映出社会存在的本质属性。正如马克思指出的："意识在任何时候都只能是被意识到了的存在，而人们的存在就是他们的现实生活过程。如果在全部意识形态中，人们和他们的关系就像在照相机中一样是倒立成像的，那么这种现象也是从人们生活的历史过程中产生的，正如物体在视网膜上的倒影是直接从人们生活的生理过程中产生的一样。"① 可见，价值观教育决然不是"真空"存在，教育环境被现实生活所包绕，根植于社会文化环境之中；教育内容被现实生活所影响，形成了教育与社会文化环境的互动。在此，价值观教育呈现了开放性的文化境遇。一方面，价值观教育作为一个教育系统，是教育者、受教育者与现实环境之间进行信息交流的动态系统。教育者与受教育者作为双向的文化主体，难免在价值观念、个性特征、思维方式、行为方式等方面存在着差别。文化主体往往基于先在的文化体系，以"先入为主"的文化经验对教育内容进行文化诠释，把自身置入他者的文化视域中，以对话的形式，实现文化的融合与文化主体的视域融合，使不同的文化主体获得了新的文化视域，在文化传承之中实现文化的创新。另一方面，价值观教育以教育信息为中介，实现了价值观教育与文化境遇之间的动态呼应，既稳固教育的根本目标和核心价值，对现实生活境遇予以价值引导和问题疏导；又丰富教育内容、创新教育方法和完善教育路径，使其契合文化境遇的变化，进而使价值观教育充分发挥"一"与"多"的辩证关系，在多样化的价值选择中促成一元化的核心价值主导，在多重化的教育完善与创新中促成了一元化的文化认同。

（二）价值观教育的文化传承和创新功能

文化的生成性意味着，文化作为人的存在方式，基于人的实践过程而不断演化发展，基于人的本质规定而具有内稳态的存在样态。具体而言，人的类本质决定了文化的自由自觉属性，人的群体本质决定了文化的地域性、民族性特质，人的个体本质决定了文化具有个性、需求性特点。由此，人的本质决定了文化的内在规定性，即文化作为人的存在方式必然是在人的生成存在过程中，既具有传承功能，以文化的内聚力、渗透力确证着人之存在的本质规定；也具有创新功能，以文化的融合力、适应力实现

---

① 《马克思恩格斯全集》第26卷，北京，人民出版社，1979年，第545页。

了人之存在的生成过程，构建出人与文化之间生生不息的价值途径。基于此，价值观教育作为“属人”的教育实践，实现了教育者、受教育者的创新精神和能力的培养塑造；也作为“化人”的文化实践所具有的文化传承和创新功能，实现了价值观教育的内容、形式和载体的创新。

1. 价值观教育的文化传承功能

在人类学意义上，传承意味着“传递继承”，是代际之间的基因传递与继承，保持了种的稳定性和延续性。文化传承是人以“以文化人”的方式，实现了对自然存在的超越。人的代际延续不再仅是生物基因的遗传，而是在文化的延续中保存了文化基因，使人以文化的方式辨识个体以及群体的差别，以期寻求自我认同和群体认同。

首先，价值观教育的文化传承功能具有延续性。人的存在发展与文化的演进具有必然的内在关联。文化的演化不仅具有客体意义上的合规律发展，基于人类社会发展规律和现实客观条件的限定；还具有主体意义上的合目的发展，基于人的自由自觉的本质属性，呈现出个体文化气质、群体文化心理、社会文化心态等多维表征。苏联心理学家维果斯基提出文化—历史发展理论，认为人的心理机能分为低级心理机能和高级心理机能。低级心理机能受个体的生物因素制约，高级心理机能受社会文化—历史因素制约。在环境、教育等因素的影响下，低级心理机能转化为高级心理机能。社会文化经验作为间接经验，在工具等中介作用下，形成符号、语言等精神生产工具。社会文化具有两个层面：一是外在的文化或人际关系层面；二是内在的个人心理的层面。社会文化通过语言等中介，内化为人的心理，形成新的意识系统。社会文化历史是社会心理发展的源泉，在语言等中介作用下，人的心理架构发生质变，由外在的社会文化活动转变为内在的心理结构。基于此，价值观教育的文化传承功能具有延续性，具体表现在两个方面：一是价值观教育的传承，其传承的主导内容是价值观教育的核心理念，也是价值观教育的文化精髓；二是人的精神价值和心理人格的传承，在群体的整体作用下，实现了代际之间的精神传承、群体内部的文化认同。

其次，价值观教育的文化传承具有趋同性。社会之所以能够形成、发展和稳固，正是由于内在的趋同性。在社会群体发展之初，地缘趋同和血缘趋同起到了重要的作用。但随着群体规模的拓展，由部落到氏族，再发展到社会，文化的趋同与认同起着越来越重要的作用。正如马克思恩格斯所言：“人们的想象、思维、精神交往在这里还是人们物质行动的直接产物。表现在某一民族的政治、法律、道德、宗教、形而上学等的语言中的精神生产也是这样。”① 共有的文化模式，实现了社会内部的统一性和协调性。在文化传承中，价值观教育的核心价值理念得以延续，教育者与受教育者的文化认同得以实现。文化传承确保了文化共同体的形成，使共同体内部形成共同的价值认同、情感认同和理想归宿。在文化传承中，价值观教育的实践方式得以延续，教育者与受教育者的文化人格趋于相似。性格作为在特定文化状态下的生存样态，它的形成和发展受物质文化、制度文化和精神文化的影响和制约。性格在其实质上是一种文化人格，是人的文化存在方式的表征。群体在接受价值观教育过程中，通过对特定文化的内化及个体社会化后所形成的稳定的心理结构和行为方式，表现为气质性格、个性特征、价值观念、思维方式等方面。在此，价值观教育通过文化传承形成了社会群体内部一致的文化心理特征，具有相似或趋同的思维倾向、心理结构，正所谓“人同此心，心同此理”。在价值观教育的外化中，社会群体在共同的生活情境中和融通中形成“同理之心”，在共同的认知心理结构中理解“同心之理”，形成了理性认知、情感体验和人格塑造的内在统一。

最后，价值观教育的文化传承具有渐变性。文化传承以时间渐进和空间延展的方式，实现了共时态的文化影响和地域拓展，也实现了历时态的代际延续。就过程而言，文化传承是代际之间的文化延续。由于历史的流变和社会的发展，文化传承必然面临着历史距离，导致了文化传承中部分信息的佚失；面临着代际差异，每代之间对文化的选择、理解存在差异，导致了文化传承中具体样式的改变。由此，价值观教育在文化传承中不是完全的内容与形式上的复制，而是类似于生物基因的延续过程，是遗传与变异的结合，既传承了教育思想的精髓，也发生了教育内容与形式的变化。就空间而言，文化传承是群体内部以及群体之间的文化拓展与推衍。在文化传承的空间拓展中，价值观教育具有双向过程，一方面是个体到群体的演进过程，由具体上升至普遍，由实践交往拓展到精神信念，实现了全过程、全方位的文化升华与凝练；另一方面是群体到个体的演进过程，由群体共有的教育理念、思想和内容对受教育者进行文化影响和塑造，使个体由粗朴、零散的精神意识升华、凝练和完善为系统、自觉的精神反思，实现受教育者的身份认同、文化认同和行为认同。

2. 价值观教育的文化创新功能

“创新”意指“抛开旧的，创造新的”②。创新具有两个层面的价值意

---

① 《马克思恩格斯文集》第1卷，北京，人民出版社，2009年，第524页。

② 夏征农、陈至立主编：《辞海》(第六版缩印本)，上海，上海辞书出版社，2010年，第263页。

蕴：就内容而言，创新是新与旧之间的取与舍的关系；就过程而言，创新是如何以留存与舍弃的方式面对旧的观念、方法和内容，如何以创造与开创的方式运用新的理念、路径和内容。就此而言，文化创新则是对文化存在方式的自我超越，在文化的选择、吸收和整合的过程中，以吐故纳新的方式，在新旧融合、同异并存的过程中，实现了文化的创新以及人的自我超越。价值观教育既有文化传承功能，实现了人的文化存在的稳定延续；也具有文化创新功能，实现了人的文化存在的动态发展。

首先，价值观教育的文化创新功能以文化传承为前提。文化创新作为发散式思维活动，是打破惯性和僵化思维的文化实践。在此，文化创新具有文化的既定性与限定性。其一，就既定性而言，文化创新不是否定一切既有文化传统，而是在传统的视域限定下进行文化突破。因此，价值观教育所发挥的文化创新功能正是基于文化传统的凝聚。价值观教育不是文化的僵死保留和拘泥保守，而是在传统的传承中予以创新。此种创新必然是基于既定的传统价值观，在价值观的渐变发展过程中实现价值观的既往性与当下性的渐进融合。此种创新决定了价值观教育是以文化传承为前提予以文化创造与改造，避免处于文化的真空之中，也避免使价值观陷入历史虚无主义的误区与拘囿。其二，就限定性而言，文化创新并非漫无目的之创新，而是具有现实的问题限定和条件限定。换言之，文化创新是“穷则变，变则通”的文化创造与更迭过程，是以文化反思、省察和创造等方式回应时代之问题，探究时代之症结。可见，价值观教育引导人以文化自觉的方式自觉理解文化传统的本质，把握文化创新的意义。在传承与创新的张力作用之中，价值观教育自身也彰显出底蕴的传承与时代的创新，在价值反思、价值辨识和价值践行过程中以期解决所处时代的当下问题。

其次，价值观教育的文化创新功能以文化交流与碰撞为动力。价值观教育是人的实践活动的表征与确证，是人在实践交往、文化交流中形成的精神成果，其过程促进了文化的交流与碰撞。基于人之存在的个体、群体和类的多重维度，价值观呈现个体的差异性、群体的层次性和类的共同性。在此意义上，价值观作为文化的价值凝练和价值表达，必然基于民族、地域和时代等时空变量因素，呈现出价值观的差异性，甚至是冲突性。与此同时，价值观深刻渗透于人的交往方式和过程之中。在跨文化交往日益密切的现实境遇中，价值观的交流与交融也更为深刻和频繁。由此，就中西文化而言，价值观教育要吸收两者的精髓。但作为异质文化，内在的价值理念差异甚大，外在的道德规范、礼仪规范也存在很大的差别，甚至是对立冲突。为此，价值观教育必然要面对文化的差异、价值的差别，在文化审视、理解和选择中吸纳外来文化的精髓；在吐故纳新、为我所用的过程中焕发新的文化生机与活力，以弥补本民族文化的不足；在融会贯通中形成文化的演进和教育活力的提升。

最后，价值观教育的文化创新功能以文化融合与适应为目标。文化创新不是以创新为目的而标新立异，而是以创新为手段，在整体上适应人的文化存在。文化创新具有现实的文化指向性，呈现出文化主体与文化自身两个层面的指向性。就文化主体而言，文化创新以价值协调与融合的方式，使文化主体自身的价值观念和价值行为适应于现实境遇。就文化自身而言，文化创新以创新的方式融入与吸纳新的文化元素，使文化保持自身内稳态的同时积极适应现实境遇和时代诉求。在此意义上，价值观教育不是各文化要素之间的机械组合，而是文化要素之间和不同文化之间的碰撞、交融、凝练和创新。在此，价值观教育的创新是由文化压力引发的。一方面，内在的文化要素之间存在着文化协调与整合的压力，这易于导致教育理念、内容与方式之间的冲突。由此，价值观教育的内在系统只有进行协调和自我创新，才能实现教育体系内部理论与实践之间的优化协调。另一方面，价值观教育文化面临着外在的社会文化压力，导致教育理念、内容、方式与社会现实之间的冲突。价值观教育与外在文化要素进行协调，融入新的教育内容，运用新的教育载体，创新教育方式，进而实现价值观教育与外在文化之间的有机融合，在整合、凝练和升华的基础上形成共有的价值体系、理想信念和精神归宿。

第五章　新时代人的文化存在与社会主义核心价值观教育面临的机遇及挑战

人的文化存在赋予价值观教育以厚重的文化意蕴和广阔的文化场域。价值观教育蕴含着人、文化与存在的本质关联，以人为教育的价值旨归，以文化为教育的价值依据，发挥"以文化人"的价值功用。人的文化存在也赋予价值观教育以开放的历史空间和意义空间。基于此，新时代开启了新的历史方位，为价值观教育范式的转换提供了合理性依据和现实性基础。

一、新时代人的文化存在的现实境遇分析

新时代"是承前启后、继往开来、在新的历史条件下继续夺取中国特色社会主义伟大胜利的时代"①。立足新时代，中国特色社会主义为人民的全面发展设定了历史维度和制度维度。基于人的文化存在之主体性、文化性和实践性，新时代为人的主体实践能力、文化创新能力、全面发展能力设定了新的历史方位。

（一）新时代为人的文化存在设定了新的历史方位

新时代确立了中国特色社会主义新的历史方位。这蕴含着根本的逻辑预设和现实前提，即新时代之"新"以历史的既定性和制度的内在规定性为前提，呈现出"内稳态"的结构属性和本质特征。

1. 新时代以中国特色社会主义为内在规定

新时代是新的历史方位，是中国特色社会主义的时代发展标识。中国特色社会主义为新时代设定了制度规定性、历史既定性和发展延承性。

---

①　习近平：《决胜全面建成小康社会　夺取新时代中国特色社会主义伟大胜利——在中国共产党第十九次全国代表大会上的报告》，北京，人民出版社，2017年，第10～11页。

首先，新时代延承了人的文化存在的历史既定性。新时代处于既定的历史发展阶段，为人民的全面发展设定了历史视域和发展趋向。正如马克思指出的："人们自己创造自己的历史，但是他们并不是随心所欲地创造，并不是在他们自己选定的条件下创造，而是在直接碰到的、既定的、从过去承继下来的条件下创造。"① 其一，新时代是立足基本国情的时代判定，具有历史发展的延承性。新时代顺应着当下基本国情的时代判定，也保持着现有国际地位的大势审度。"我国仍处于并将长期处于社会主义初级阶段的基本国情没有变。"② 社会主义初级阶段，意味着新时代以发展作为根本的价值实现动力，以解决发展不平衡不充分的问题为现实问题指向。与此同时，"我国是世界最大发展中国家的国际地位没有变"③。"最大发展中国家的国际地位"，意味着人民的生活水平、人均收入等方面的指标在国际中的位次，也决定了我国的国际地位具有强力提升的潜在空间。其二，新时代是中国特色社会主义在取得"全方位""开创性"成就的基础上开启的新的历史方位。新时代是新阶段、新理念、新格局的有机协同发展，深化了改革的共识，激发了改革的魄力，凝聚了改革的合力。其三，新时代是在经历了"深层次""根本性"改革的基础上开创的新的发展局面。历史性变革是具有突破性的变革。正如党的十九大报告指出的："解决了许多长期想解决而没有解决的难题，办成了许多过去想办而没有办成的大事。"④ 历史性变革也是具有开创性的变革，发挥着根本性、全局性的影响意义，为人民的全面发展奠定了发展基础和制度保障。

其次，新时代预设了人的文化存在的制度规定性。新时代以中国特色社会主义为本质的规定，彰显出人本维度与制度维度的内在契合。其一，就制度维度而言，新时代科学遵循"共产党执政规律、社会主义建设规律、人类社会发展规律"⑤。新时代不仅是处于时代条件的历史维度，也是处于规律限定的人本维度和制度维度。就人本维度而言，新时代是在人类社会发展中锚定的历史方位，顺应了人的全面发展的规律趋向。就制度维度而言，新时代是中国特色社会主义优越性充分彰显的时代。"中国

① 《马克思恩格斯选集》第1卷，北京，人民出版社，2012年，第669页。

② 习近平：《决胜全面建成小康社会　夺取新时代中国特色社会主义伟大胜利——在中国共产党第十九次全国代表大会上的报告》，北京，人民出版社，2017年，第12页。

③ 习近平：《决胜全面建成小康社会　夺取新时代中国特色社会主义伟大胜利——在中国共产党第十九次全国代表大会上的报告》，北京，人民出版社，2017年，第12页。

④ 习近平：《决胜全面建成小康社会　夺取新时代中国特色社会主义伟大胜利——在中国共产党第十九次全国代表大会上的报告》，北京，人民出版社，2017年，第8页。

⑤ 习近平：《决胜全面建成小康社会　夺取新时代中国特色社会主义伟大胜利——在中国共产党第十九次全国代表大会上的报告》，北京，人民出版社，2017年，第19页。

特色社会主义最本质的特征是中国共产党领导，中国特色社会主义制度的最大优势是中国共产党领导。”① 在此意义上，新时代科学顺应共产党执政规律。中国共产党在新时代的历史进程中、在各种风险和考验中，始终成为全国人民的主心骨，始终成为坚强领导核心。其二，就人本维度而言，新时代深入贯彻“以人民为中心”的发展思想。在基本方略层面，“坚持以人民为中心”充分体现了新时代的本质内涵，以人民作为新时代的价值创造者和价值归属者。在制度设计、完善和运作层面，新时代始终坚持以“人民对美好生活的向往”作为奋斗目标，充分彰显了以人民为主体的价值原点地位、价值目标定位和价值实现动力。

再次，新时代设定了人的文化存在的发展延承性，在巩固历史性成就的基础上，秉持着发展的价值指向和改革指向。“十八大以来的五年，是党和国家发展进程中极不平凡的五年。”② 在此意义上，新时代具有发展成就的延承性和发展指向的延承性。其一，在发展成就层面，新时代具备“为人民谋福祉”的丰厚物质基础。中国特色社会主义的发展成就是在调整发展存量、扩容发展增量的基础上，将发展成就转化为满足人民高层次生活需要的物质基础。新时代是以发展为动力，在发展增量的前提下实现民生的保障和发展。其二，在发展指向层面，新时代具有改革指向的延承性，以实现人的现代化为指向，以全面深化改革为动力，破解机制体系弊端，调整好利益存量与增量的关系，不断推进治理体系与治理能力现代化。深化改革不仅是以制度的完善发展为基本内容，更是以人民的全面发展为人本旨归，发挥制度在“补齐民生短板、促进社会公平正义”方面的调节和保障作用。

2. 新时代以社会主要矛盾的转化为现实基点

“中国特色社会主义进入新时代，我国社会主要矛盾已经转化为人民日益增长的美好生活需要和不平衡不充分的发展之间的矛盾。”③ 新时代的价值主体是现实的人，价值旨归是促成人的多维本质的全面实现。立足新时代，社会主要矛盾的转化以满足人民美好生活需要为价值旨归，以平衡充分发展为价值实现动力。

首先，社会主要矛盾的转化，鲜明地彰显了人的文化存在的现实价值

---

① 习近平：《决胜全面建成小康社会　夺取新时代中国特色社会主义伟大胜利——在中国共产党第十九次全国代表大会上的报告》，北京，人民出版社，2017 年，第 20 页。

② 习近平：《决胜全面建成小康社会　夺取新时代中国特色社会主义伟大胜利——在中国共产党第十九次全国代表大会上的报告》，北京，人民出版社，2017 年，第 2 页。

③ 习近平：《决胜全面建成小康社会　夺取新时代中国特色社会主义伟大胜利——在中国共产党第十九次全国代表大会上的报告》，北京，人民出版社，2017 年，第 11 页。

尺度。社会主要矛盾的转化蕴含着深刻的人学思维，即充分体现了主体与客体、历史与逻辑的关系思维。马克思指出，考察历史时是“从现实的、有生命的个人本身出发”①。立足新时代省察社会主要矛盾的转化，基于“人的现实存在”这一人学前提，即基于人的全面发展的实现与满足程度，审视社会主要矛盾转化的人本动因和客观规律。一方面，人民的全面发展的现实诉求，构成了社会主要矛盾转化的人本动力。换言之，社会主要矛盾的转化呈现出人民现实发展和制度完善发展的“源生性”活力。在此意义上，人的文化存在以人民为具象化主体，以“人民对美好生活的向往”为应然的价值目标，以满足人民的精神文化需要为现实的价值诉求。由此，社会主要矛盾的转化，源自人民对现实生活需要的标准更高、差异化更大、层次化更多。与此相对比的是，发展的不平衡不充分，带来了现实需求的供给速度相对滞后、供给质量相对不高，供求之间的结构化矛盾仍在一定程度凸显。正因如此，社会主要矛盾的转化，既科学遵循了社会发展规律，也高度契合了人民的现实价值诉求，以满足人民的当下生活需要和未来发展诉求为根本价值目标。另一方面，人民的全面发展的实现程度也构成了解决发展不平衡不充分问题的人本价值尺度。社会主要矛盾的转化以人民为根本的价值尺度，蕴含着人的本质价值归属，以人的需要的满足程度作为根本的衡量标准。基于人的本质的三重维度，人的自然性决定了人具有多样的物质生活需要，人的社会性决定了人具有多维的社会关系需要，人的精神性决定了人具有多重的精神文化需要。基于此，社会主要矛盾的转化，充分彰显了人民性的本质价值规定，立足于“以人民为中心”的现实价值定位，确立了“满足人民日益增长的物质文化需要”的现实价值定向，最终以人民的获得感、幸福感和安全感的实现程度为现实价值尺度。

其次，社会主要矛盾的转化鲜明地昭示了人的文化存在的价值实现方式。新时代发生了关系全局的历史性变化，社会主要矛盾的变化标志着人的全面发展和社会全面进步有了更新和更高层次的目标定位。一方面，社会主要矛盾的转化确立了根本的问题指向，即解决不平衡不充分的发展问题。就发展的标准和要求而言，社会主要矛盾在发展层面注重协调解决多重发展关系问题。多重发展关系具体包括关于人民美好生活需求与现实供给的关系、现实需求的同质化与差异化的关系、现实需求供给的质与量的关系以及现实需求的各领域之间的平衡关系等诸类关系。可见，社会发展

① 《马克思恩格斯选集》第1卷，北京，人民出版社，2012年，第153页。

的不平衡与不充分，已经成为人民美好生活需要的客观制约因素。如何处理好社会发展的平衡与充分之间的关系，已经成为处理好社会主要矛盾的题中要义。另一方面，社会矛盾的转化确立了根本的实践指向，即以发展作为社会主要矛盾的解决动力和实现路径。社会发展具有人本维度，即推动人的全面发展、社会全面进步为发展尺度。与此同时，社会发展也具有客观维度，即以解决发展质量与效益为关键，促进需求供给的存量增长，优化需求供给的质量与层次，切实提升满足人民精神文化需求的供给能力。习近平指出："发展是基础，经济不发展。一切都无从谈起。""发展是硬道理的战略思想要坚定不移坚持，同时必须坚持科学发展，加大结构性改革力度，坚持以提高发展质量和效益为中心，实现更高质量、更有效率、更加公平、更可持续的发展。"① 由此可见，社会主要矛盾的转化确立了人的文化存在的价值实现方式，即以高度的实践理性，以提升发展质量和效益为满足人民精神文化需求的内生动力。

3. 新时代以习近平新时代中国特色社会主义思想为行动指南

新时代蕴含着历史的开启性和实践的生成性。在新时代中国特色社会主义的实践进程中，伟大的实践创新催生了伟大的理论创新，在时代的发展、规律的深化、实践的生成过程中，理论创新与实践创新彰显出强大的协同发展力。基于此，新时代是以人民性为内在规定性，彰显着新时代"合目的性"与"合规律性"的有机统一。

首先，新时代在历史的开启性中，以"合目的性"的理论指南秉持初心与使命。其一，"合目的性"彰显出高度的理论自觉，在中国特色社会主义实践过程中，新的时代条件和实践要求深化了对新时代的理论认知和探索。党的十九大报告指出："这就是必须从理论和实践结合上系统回答新时代坚持和发展什么样的中国特色社会主义、怎样坚持和发展中国特色社会主义，包括新时代坚持和发展中国特色社会主义的总目标、总任务、总体布局、战略布局和发展方向、发展方式、发展动力、战略步骤、外部条件、政治保证等基本问题。"② 就此而言，新时代以中国特色社会主义为时代主题和理论主题，从理论上科学阐释和系统回答了如何坚持和发展中国特色社会主义。其二，"合目的性"彰显出高度的实践自觉，科学顺应了新时代的历史使命和发展指向。就此而言，新时代是人之发展的方位

① 中共中央文献研究室编:《十八大以来重要文献选编》(中),北京,中央文献出版社,2016年,第828页。

② 习近平:《决胜全面建成小康社会　夺取新时代中国特色社会主义伟大胜利——在中国共产党第十九次全国代表大会上的报告》,北京,人民出版社,2017年,第18页。

和进程的更新，具有历史方位的锚定性和历史进程的跨越性。就锚定性而言，新时代立足于新的历史起点，锚定了面向未来的发展前景，在历史性变革的基础上迎来了实现中华民族伟大复兴的光明前景。就跨越性而言，新时代实现了里程碑式的跨越发展，“近代以来久经磨难的中华民族迎来了从站起来、富起来到强起来的伟大飞跃”①。在此意义上，新时代为人的文化存在确立了价值定位和发展指向。具体而言，新时代坚持以人民为中心的发展思想，以人民的全面发展和社会的全面进步为发展旨归。

其次，新时代在实践的生成性中，以“合规律性”的理论指南保持高度的实践定力。“合规律性”是以规律为根本的客观尺度，使人的主观意识科学认知事物本质，使人的主体能力遵循客观发展规律。恩格斯指出：“现代唯物主义把历史看作人类的发展过程，而它的任务就在于发现这个过程的运动规律。”② 基于“合规律性”的实践指向，新时代具有实践生成性，具体彰显出实践逻辑的生成性和实践过程的生成性。其一，在实践逻辑层面，新时代立足新的时代条件，契合新的实践要求，以高度的实践自觉确证了实践逻辑的科学性和指向性。习近平新时代中国特色社会主义思想“是党和人民实践经验和集体智慧的结晶，是中国特色社会主义理论体系的重要组成部分，是全党全国人民为实现中华民族伟大复兴而奋斗的行动指南”③。习近平新时代中国特色社会主义思想立足战略全局宏观视域，科学回答和指明了坚持中国特色社会主义的基本方略，“以全新的视野深化对共产党执政规律、社会主义建设规律、人类社会发展规律的认识，进行艰辛理论探索，取得重大理论创新成果”④。新时代呈现出“源头活水”的理论活力，以习近平新时代中国特色社会主义思想为科学指南。其二，在实践过程层面，新时代凸显出鲜明的问题导向。“中华民族伟大复兴，绝不是轻轻松松、敲锣打鼓就能实现的。”⑤ 新时代要在长期艰巨的实践过程中，以正向的实践合力解决难题、办成大事，破解“发展不平衡不充分的一些突出问题”。在此意义上，新时代彰显出高度的实践自觉，以实现中华民族伟大复兴为奋斗目标；彰显出高度的实践定力，在

---

① 习近平：《决胜全面建成小康社会　夺取新时代中国特色社会主义伟大胜利——在中国共产党第十九次全国代表大会上的报告》，北京，人民出版社，2017 年，第 10 页。

② 《马克思恩格斯选集》第 3 卷，北京，人民出版社，2012 年，第 400 页。

③ 习近平：《决胜全面建成小康社会　夺取新时代中国特色社会主义伟大胜利——在中国共产党第十九次全国代表大会上的报告》，北京，人民出版社，2017 年，第 20 页。

④ 习近平：《决胜全面建成小康社会　夺取新时代中国特色社会主义伟大胜利——在中国共产党第十九次全国代表大会上的报告》，北京，人民出版社，2017 年，第 18～19 页。

⑤ 习近平：《决胜全面建成小康社会　夺取新时代中国特色社会主义伟大胜利——在中国共产党第十九次全国代表大会上的报告》，北京，人民出版社，2017 年，第 15 页。

科学理论的长期坚持并不断发展中指导实践，坚持发展中国特色社会主义，保障实现人民的获得感，实现人的全面发展和全体人民的共同富裕。

（二）新时代赋予人的文化存在新特征

基于马克思主义人学的理论审思，新时代具有属人的内在规定性，以人的全面发展为根本的前提、目标和动力，深刻蕴含着以人民为中心的目标指向性、发展规律性和价值合理性。由此，新时代人的文化存在是以人民为主体，以新时代为历史方位，以核心价值观为价值主导，使人民的价值归属感、价值获得感和价值幸福感更为鲜明强烈。

1. 新时代人民的价值归属感更为强烈

“归属”在字面意义上，具有“归于所属”之意。就此而言，“归属感”是具有价值指向和价值归依的存在感。就指向而言，归属感彰显为具体的方向感，人民具有笃定的价值目标，以美好生活向往为奋斗目标；就归依而言，归属感具体表征为身份认同感、情感认同感和价值认同感，在此基础上人民产生出以“我们”作为群体标识的群体共同感和责任担当感。

首先，新时代笃定了人民全面发展的方向感。党的十九大报告明确指出：“发展是解决我国一切问题的基础和关键，发展必须是科学发展，必须坚定不移贯彻创新、协调、绿色、开放、共享的发展理念。”① 人民的全面发展是贯彻新发展理念的题中要义，将共享的发展理念融入人民群众的价值共识之中，将共享的发展成果惠及全体人民。其一，人民的全面发展以共享发展为价值动力。党的十九大报告提出：“保证全体人民在共建共享发展中有更多获得感，不断促进人的全面发展、全体人民共同富裕。”② 就此而言，共享发展是促进发展增量的前提下注重发展成果的分配协调。共享发展以发展为动力，以共享为价值衡量标准，以人民性作为本原的价值目标，具有契合人民性的根本目标诉求。具体而言，共享发展的主体是人民，将发展的成果惠及最为广大的人民群众；共享发展的目标是为了人民，将实现人民对美好生活的向往作为人本目标。其二，人民的全面发展以人民对美好生活的向往为价值感召。“必须坚持发展为了人民、发展依靠人民、发展成果由人民共享，做出更有效的制度安排，使全体人

① 习近平：《决胜全面建成小康社会　夺取新时代中国特色社会主义伟大胜利——在中国共产党第十九次全国代表大会上的报告》，北京，人民出版社，2017年，第21页。

② 习近平：《决胜全面建成小康社会　夺取新时代中国特色社会主义伟大胜利——在中国共产党第十九次全国代表大会上的报告》，北京，人民出版社，2017年，第23页。

民在共建共享发展中有更多获得感，增强发展动力，增进人民团结，朝着共同富裕方向稳步前进。”① 人民的美好生活向往是以改革发展的成果为现实保障。在成果共享的过程中，人民的全面发展更具价值理性的自觉性，也更具价值实践的合力性。由此，人民的全面发展具有价值方向感的凝聚，以价值归属的方式优化人民的获得感，合力凝聚人民全面发展的价值驱动力。

其次，新时代提升了人民共有精神家园的归依感。人的群体本质规定了人是一切社会关系的总和。正如马克思指出的："在其现实性上，它是一切社会关系的总和。"② 新时代为人的社会发展设定了现实条件基础，增强了社会群体的价值归依感和情感归依感。其一，新时代凝聚了人民的共有价值信念。新时代以"实现社会主义现代化和中华民族伟大复兴"为发展愿景。在共同发展愿景的感召下，社会群体形成了个体之间的价值凝聚和价值通约。基于如此，社会归依感以核心价值观为精神纽带，形成了共有的价值归属，凝聚了共同的价值共识。共有的价值信念基于共有精神家园的意义凝聚，由抽象的价值逻辑延伸为具体的实践逻辑，成为社会群体"日用常行"的价值准则和依据。其二，新时代聚合了人民的共通价值心态。价值心态作为人民的群体心理和情绪，发挥着看待社会问题、评价社会发展、调节社会交往的重要作用。党的十九大报告提出："加强社会心理服务体系建设，培育自尊自信、理性平和、积极向上的社会心态。"③ 社会心态的良性培育，正是以人民为价值实践主体，合力涵养社会风气，正向塑造社会风尚。基于共同的价值情境，人民群众具有了高度的价值共情，基于共通的价值心态，在价值通约过程中逐步实现个体与群体乃至全社会的价值认同和价值践行。

2. 新时代人民的价值获得感更为笃实

价值获得感是在价值观的引领下，人的物质文化需要的满足程度的主观感受和体验。价值获得感作为价值获得过程中的主体感受，呈现出价值获得的内容与方式、主体与环境、自主与协作等多维关系。

首先，新时代使人民的价值获得路径更为公平。党的十九大报告提出："必须多谋民生之利、多解民生之忧，在发展中补齐民生短板、促进

① 中共中央文献研究室编：《中国共产党第十八届中央委员会第五次全体会议文件汇编》，北京，人民出版社，2015年，第32页。

② 《马克思恩格斯选集》第1卷，北京，人民出版社，2012年，第135页。

③ 习近平：《决胜全面建成小康社会　夺取新时代中国特色社会主义伟大胜利——在中国共产党第十九次全国代表大会上的报告》，北京，人民出版社，2017年，第49页。

社会公平正义。”① 发展的公平感是在发展过程中，人民群众对发展目标、发展过程和发展结果公平性的主体评价和感受。基于新时代的基本方略，“增进民生福祉是发展的根本目的”②。基于发展成果的优化分配和关系协调等方面，新时代提升了人民群众的发展公平感。其一，提升发展的公平感，以利益关系的优化协调为前提。发展的公平感是指在自我与他人以及个体与群体、群体与群体的多维利益主体的比较衡量中，人民群众获得了相应的个体公平感和群体公平感。以“90 后”青年群体为例，《“90 后”青年的社会价值取向分析》的调研结果显示：“所调查的‘90 后’青年个人普遍持有正向、积极的社会价值观，重视集体主义、人文关怀和权利平等，但他们对社会现状的感知相对消极，认为社会的人文价值取向一般，权利不平等。个体的社会价值和现实社会价值对于社会心态基本都具有积极的影响，但多表现为现实层面的社会价值观影响力度更强，范围更广。”③ 由此，发展公平感的提升是在利益的协调导向过程中，在发展成果的制度设计与运作层面，注重将发展成果惠及最大多数的人民群众。其二，提升发展的公平感，以利益成果优化分配为关键。发展的公平感是人民对发展机会、发展过程、发展路径与发展结果之间公平程度的主体评价和感受。立足新时代，制度设计和实施更为关注公平正义。以利益获得手段和结果的公平正义、活力效率等原则为价值统领，通过收入分配改革，注重公平与效率，逐步建立职工工资正常增长的长效机制，合理缩小行业之间、工作层级之间的收入差距。由此，人民的获得感是在满足人民需求的基础上，丰富了价值获得的内容，也优化了价值获得的路径和渠道，使人民以更为公平的机会、渠道和方式实现了物质富裕与精神富足的协同发展。

其次，新时代使人民的价值获得体验更为笃实。党的十九届五中全会指出：“激发全体人民积极性、主动性、创造性，促进社会公平，增进民生福祉，不断实现人民对美好生活的向往。”④ 人民的发展具有“应然”的价值愿景与诉求，衡量“实然”的价值获得。其一，提升需求的满意感，是提升需求的客观实现程度。新时代以提升发展质量和效益为发展的

① 习近平：《决胜全面建成小康社会　夺取新时代中国特色社会主义伟大胜利——在中国共产党第十九次全国代表大会上的报告》，北京，人民出版社，2017 年，第 23 页。

② 习近平：《决胜全面建成小康社会　夺取新时代中国特色社会主义伟大胜利——在中国共产党第十九次全国代表大会上的报告》，北京，人民出版社，2017 年，第 23 页。

③ 王俊秀等：《中国社会心态研究报告(2018)》，北京，社会科学文献出版社，2018 年，第 198 页。

④ 中共中央党史和文献研究院编：《中国共产党第十九届中央委员会第五次全体会议文件汇编》，北京，人民出版社，2020 年，第 25 页。

新要求。现实生活需要具有发展的基础性，直接关涉人民全面发展的现实需要。尤其是物质文化的供给质量与数量的双向提升，提高了人民的现实生活标准，也不断满足了人民的更高生活要求。其二，提升需求的满意感，是提升需求的主体感受能力。在此基础上，人民群众对于高层次需要具有更为多样和差异的精神文化诉求。“调查结果显示，过去五年，民主、优美的生活环境，公平和良好的教育条件以及社会安定有序方面，带给民众的获得感最强；在高水平的医疗卫生服务、完善的公共服务、法制、正义以及满意的收入方面，带给民众的当前获得感最弱。”① 由此，新时代正是以民生为发展的重要主题，人民的获得感在多样化、多层次的民生需求的满足实现过程中不断得到自我确证和笃定。人民的获得感不仅需要物质需求满足、公共资源保障、社会环境安定的支持，也需要精神世界笃定、人际关系和谐、发展机会公平等方面的支持。

3. 新时代人民的价值幸福感更为自足

新时代深刻蕴含着以人民为中心的发展思想，以人民的全面发展和社会全面进步为人本价值维度。这意味着，新时代的制度实践不仅是解决民生问题、补齐民生短板的基本路径，更是践行“以人民为中心”发展思想的实践过程。在此意义上，新时代是人民的主体存在感更为自觉与自为的时代，也是人民的价值幸福感更为自我认同、自觉自足的时代。

首先，新时代提升了价值成就感。新时代不仅为人民设定了主体发展的历史方位，也为人民设定了价值实现的多维路径。其一，人民是价值评价主体。人民对价值实现和利益获得具有强烈的公平正义诉求。人民看重价值实现的机会公平，具体表现为教育资源、就业机会、医疗服务资源等方面的公平诉求。人民看重价值实现的过程公平，寻求以更为多样的社会渠道、更为多样的价值选择实现个性化的价值诉求。人民也看重价值实现的结果公平，更为关注地域发展、行业收入等方面发展及分配不平衡问题。其二，人民是价值实践主体。新时代以社会公平正义为发展指向，激发人民自觉认知、自足发展的价值驱动力。习近平指出：“广大人民群众坚持爱国奉献，无怨无悔，让我感到千千万万普通人最伟大，同时让我感到幸福都是奋斗出来的。”② 这深刻阐明了人民群众的实践合力与幸福的本质关联。立足新时代，人民以奋斗为价值动力，以美好生活向往为价值感召，在不同领域和行业的生产实践中，在“日用常行”的生活实践中，不断自我实现奋斗目标，直观感受着奋斗的价值感和成就感。

---

① 王俊秀等:《中国社会心态研究报告(2018)》,北京,社会科学文献出版社,2018 年,第 10 页。

② 《习近平主席发表二〇一八年新年贺词》,《党建》2018 年第 1 期。

其次，新时代提升了精神家园感。其一，人作为实体存在，具有自我存在的确证能力，也具有主体生命的延续能力。马克思恩格斯指出："人类历史的第一个前提无疑是有生命的个人的存在"①，人作为现实的实体存在，是"一个有生命的、自然的、具备并赋有对象性的即物质的本质力量的存在物"②，在此意义上，人民群众在生存发展的延续、生活质量的提高过程中，在对象化实践过程中，成为确证自我价值的实践存在。新时代以保障和改善民生水平为社会发展指向，抓住人民最关心、最直接、最现实的利益问题。在民生问题的改善和解决过程中，人民的现实存在感更具有充实性和持续性。充足的物质保障、丰富的公共资源，使人民的生活更为安定。物质生活的满足，为精神生活的富足奠定了现实基础。在民生的保障和改善过程中，人民对社会发展更具有持续的信心、稳定的预期和高度的认同，形成了具有积极正向的社会心态，使精神生活更具有家园的归依感和归属感。其二，人作为精神存在，以文化自觉为关键表征。人对自身的价值认知、审视和省察的程度，构成了自我存在的价值确证。就此而言，人民的幸福感是对自身价值实现的满足感，也是对自身价值认知的辩证权衡。基于教育资源的供给更为均衡、优质和普及，人民受教育的水平、教育素养逐步提高，也使人民对幸福感的价值省察更为深刻和表征。"从整体趋势来看，受教育程度越高，生活满意度的得分也越高。初中及以下文化程度、高中文化程度和中专（包括技校和职高）以及大专这些文化程度相对较低群体的幸福感得分较低……大学本科以上学历的幸福感较高。"③ 就此而言，人民的幸福感具有"知足""不知足""知不足"的价值辩证关系，在"知足"的价值实现中获得了价值满足，在"不知足"的价值缺失中确立了价值定位，在"知不足"的价值省察中明晰了价值方向。

（三）新时代对人的文化存在产生深刻影响

新时代具有历史开启性，为人的存在确立了新的历史方位，使人的文化存在具有更高层次的应然价值追求。新时代也具有历史限定性，为人的发展限定了具体的历史境遇和条件，为人的文化存在开启了新的发展视域，也确立了新的问题指向。

1. 新时代确立了人的文化存在的应然价值诉求

新时代作为历史发展的新时期，并非意指自然场域中时间轴的延伸，

---

① 《马克思恩格斯选集》第1卷，北京，人民出版社，2012年，第146页。

② 《马克思恩格斯文集》第1卷，北京，人民出版社，2009年，第208页。

③ 王俊秀等：《中国社会心态研究报告（2018）》，北京，社会科学文献出版社，2018年，第13页。

而是人的存在场域和过程的延伸。新时代拓展了存在场域的深度，使人的存在维度更为多样。基于人之存在的自然性、社会性和精神性，人民的物质需要、社会需要和精神需要更得到主体性尊重，人民的精神文化需求的层次和结构更要求得到优化。

首先，人民的精神文化需要的层次标准更高。就需要的层次而言，人的需要具有生命维系、生存延续、生活发展等多层需要。在新时代，人民的需要由低层次到高层次的发展方向更为鲜明，由温饱问题的解决到美好生活的诉求更为强烈。其一，在同质化需要层面，需要的标准要求更高。生命维系和生存延续的需要，决定了人的物质需要具有基础性和前提性。“由于人类自然发展的规律，一旦满足了某一范围的需要，又会游离出、创造出新的需要。”① 人民的物质生活需要仍然发挥着基础性功用，但标准要求发生根本性的变化。人民生活需要具有更高的质量和更优化的效益。更高的质量意味着需求供给的品质更好，更优化的效益意味着需求供给的针对性更强、实效度更高。其二，在层次化需要层面，需要的内生性动力更强。人民的全面发展的根本诉求，构成了生活的发展需要的内生性动力，也构成了生命、生存与生活之间相贯通的需要层次。新时代注入了人民全面发展的价值动力，人民的物质需求更为精细化，精神需求也更具品位化，生态需求更环保化。关于民主、法治、公平、正义等方面要求更为强烈，成为关系人民自我价值实现的内生要求。

其次，人民的精神文化需要的供给要求更优。就需要的类型而言，同质需要样态更为多样化。个体之间的需要选择趋向更具差异化。人民对同层次需要更具有个性化差异。“理一分殊”的价值选择样态更为鲜明彰显。其一，人民的共同需求具有“同心”之理。人民对需要层次表达出共同的价值选择，即共同表达出美好生活需要的价值取向，凝聚为高度的价值共识。具体而言，人民对美好生活向往的目标更具有共识性，即在实现共同富裕的基础上不断提高物质文化生活的标准要求；人民对美好生活向往的发展趋向具有共识性，在各个方面的现实需要不断满足的前提下实现人的全面发展与社会全面进步的有机统一。其二，人民的具体需要呈现出“分殊”之别。人民是由“现实的个人”为价值基点，具有个体存在的差异性、多样性和具体性。基于“现实的个人”的具体存在，人民的个体需要的价值定位更为多样，价值选择更为多变，个体之间关于同一质性的需要表达出不同的个性需求。与此同时，人民对资源供给与需求关系更要求平

① 《马克思恩格斯全集》第47卷，北京，人民出版社，1979年，第260页。

衡。在此意义上，人民的现实需要并非处于“线性”叠加状态，在个体化的需求差异与个性化的需求选择中，对精神文化需要提出了更高的现实要求和标准。基于人民需要的多样性和差异性，这必然要求满足需要的资源供给更为平衡顺畅，“更好满足人民在经济、政治、文化、社会、生态等方面日益增长的需要”；也要满足人民自由个性的需要，“大力提升发展质量和效益”，“着力解决好发展不平衡不充分问题”。①

2. 新时代确立了人的文化存在的实然问题指向

人的存在是具体的现实的存在。新时代构成了人之存在的新场域，呈现出时间维度的衍生性，也彰显出空间维度的拓展性。正如马克思所言：“时间实际上是人的积极存在，它不仅是人的生命的尺度，而且是人的发展的空间。”② 由此，新时代为人的文化存在开启了更为广阔的发展空间，也为人的文化存在限定了问题视域，以发展为永恒主题，以解决人的发展问题为现实指向。在此意义上，新时代以人民的全面发展为根本旨归，以解决发展中不平衡、不充分问题为实然指向，不断克服发展的难题和瓶颈。

首先，人民对美好生活需求与现实供给能力之间不平衡。在历时态维度，美好生活的向往意味着人民生活具有阶段性目标和时代期许。人民在具体现实的生活情境中，对自身诉求予以审视、评判和反映。人民的认可度、满意度和实现度成为社会全面发展、现代化强国建设的人本标准。与此同时，发展的平衡性和充分性构成了新时代发展的客观标准。习近平指出：“更加突出的问题是发展不平衡不充分，这已经成为满足人民日益增长的美好生活需要的主要制约因素。”③ 这充分表明，新时代面临着解决发展难题和瓶颈的历史任务。一方面，新时代既是全面建成小康社会的决胜期，必然以解决人民关切的现实问题为关键，在防范化解重大风险攻坚战中实现人民的安定发展，在精准脱贫攻坚战中实现人民共同富裕不掉队，在污染防治攻坚战中保障人民的宜居环境。另一方面，新时代开启全面建设社会主义现代化国家新征程，以促进人的全面发展、社会全面进步为人本旨归和目标导向，在平等发展中充分保障人民的各项权利，在均衡发展中显著缩小人民的生活差距，在共同发展中基本实现人民的共同富

① 参见习近平：《决胜全面建成小康社会　夺取新时代中国特色社会主义伟大胜利——在中国共产党第十九次全国代表大会上的报告》，北京，人民出版社，2017年，第11～12页。

② 《马克思恩格斯全集》第47卷，北京，人民出版社，1979年，第532页。

③ 习近平：《决胜全面建成小康社会　夺取新时代中国特色社会主义伟大胜利——在中国共产党第十九次全国代表大会上的报告》，北京，人民出版社，2017年，第11页。

裕。由此，基于社会存在决定社会意识的唯物史观原理，人民的美好生活需要投射到核心价值观中，直接彰显为人民对核心价值观的价值目标、价值取向和价值准则的主体认知与践行。就此而言，核心价值观的凝练与表达，充分折射出人民对美好生活需求的价值诉求，也高度彰显出人民对美好生活向往的价值愿景。

其次，人民对美好生活的愿景向往与主体发展能力之间不协调。关于美好生活的共识，是在新时代人民对利益主体确立、利益关系协调以及利益成果分配的共识。此种共识是使人民群众以最大多数的方式，信守共同的价值原则，达成共有的美好目标，拥有共享的利益成果。与此同时，人民的主体发展能力直接关涉人民对美好生活向往的实现程度。一方面，解决发展问题是要解决体制机制的不完善问题。美好生活的共识蕴含着人民利益的至上性。习近平指出："必须始终把人民利益摆在至高无上的地位"，"更加自觉地维护人民利益，坚决反对一切损害人民利益、脱离群众的行为"。① 人民利益的维护与实现，是新时代价值旨归的群众根基，也是制度先进性和优越性的人本表征。维护人民利益的至上性，必然要优化利益存量的资源调配，突破利益固化的藩篱；也必然要强化利益增量的内生动力，激发人民创造活力，尊崇人民首创精神。另一方面，解决发展问题是要解决发展领域的不平衡、发展能力的不充分问题。美好生活的共识包含着发展成果的共享性。基于社会意识反作用于社会存在的唯物史观原理，人民的美好生活向往在价值通约过程中凝聚价值共识，在价值共识中聚合价值实践动力。核心价值观的价值目标为解决发展问题设定了国家层面的价值愿景，核心价值观的价值取向为解决社会发展问题设定了公共价值原则。核心价值观的价值准则为解决个体与群体发展问题设定了共有的价值准则。由此，人民的价值公约数的最大凝聚促成了解决现实发展问题的人本动力。这既蕴含着发展成果的分配平衡性，实现全体人民的平等发展，保障全体人民的平等权利；也彰显着发展成果的关系协调性，使发展成果更加契合人民的发展需求，使人民享有更加幸福安康的生活。

二、新时代社会主义核心价值观教育面临的新机遇

新时代以中国特色社会主义为内在规定。在此前提规定下，中国特色

① 习近平:《决胜全面建成小康社会　夺取新时代中国特色社会主义伟大胜利——在中国共产党第十九次全国代表大会上的报告》,北京,人民出版社,2017 年,第 45、15 页。

社会主义文化处于新的历史方位，新时代为培育和践行核心价值观开启了新的发展机遇，使核心价值观教育的目标、理念和实践更具共识性、人民性和多维性。

（一）核心价值观教育目标更具共识性

习近平指出："人类社会发展的历史表明，对一个民族、一个国家来说，最持久、最深层的力量是全社会共同认可的核心价值观。核心价值观，承载着一个民族、一个国家的精神追求，体现着一个社会评判是非曲直的标准。"① 核心价值观教育是"实然"的价值实践与"应然"的价值指向相统一的实践活动。在应然的价值指向层面，核心价值观教育的本真旨归是，在新时代的历史方位中，基于育人的方式与过程，发挥价值观的应然功能，即构筑共同的思想基础，凝聚高度的价值认同，形成共向的价值趋同。在此意义上，核心价值观教育与中华民族伟大复兴具有内在的一致性，核心价值观教育是实现中华民族伟大复兴的教育实践和教育路径，中华民族伟大复兴是核心价值观教育的价值目标和价值愿景。

1. 新时代全党全国人民团结奋斗的共同思想基础更为巩固

人的本质具体表征为个体、群体和类的本质。在此意义上，新时代是人的本质更为全面实现的时代，人民的精神文化需求更加得到满足与实现，人民的文化自觉与自信的程度更为提升。这归结为共同思想基础的构筑更为稳固，共有精神家园的建设更为笃实。由此，核心价值观教育的思想基础更为稳固，发挥着更为正向积极的价值认同和价值趋同的作用。

首先，人民的共同利益是共同思想基础的现实规定。利益是人之存在与发展的现实基础，具有"为人"的价值指向。换言之，人是权衡利益、实现利益和协调利益的价值主体。人民的利益源自人民实现全面发展的内在驱动，也源自中国特色社会主义事业的共同利益基础。其一，利益趋同是促成高度价值认同的客观基础。在利益关系的协调、共享中形成了巩固的利益共同体。基于"以人民为中心"的发展方略，如何维系、发展并实现人民的根本利益诉求和具体现实需求是新时代的客观现实基础。其二，目标趋同是促成共同思想基础的主体基础。马克思指出："人也是总体，是观念的总体，是被思考和被感知的社会的自为的主体存在。"② 人以"现实的个人"作为具体存在方式，基于个体的价值认知和价值实践，形成了不同层面的价值交往关系，呈现出"一"与"多"、"同"与"异"的

① 《习近平谈治国理政》，北京，外文出版社，2014 年，第 168 页。

② 《马克思恩格斯文集》第 1 卷，北京，人民出版社，2009 年，第 188 页。

价值诉求表达。“共同思想基础不会凭空产生，也不是人为确定的，而是根源于共同的利益、生长于共同的事业、凝结于共同的目标。”① 由此，新时代为核心价值观教育设定了共同的价值利益基础，蕴含着人民的共同利益，即以民族独立、国家富强、人民幸福为中华民族最根本的历史使命。就此而言，核心价值观体现为更具共识的文化价值认同、更具合力的文化价值践行。关于核心价值观的价值认知、情感认同以及效果评价等现状，见表 5-1 调研数据。②

表 5-1 核心价值观文化价值认同与践行评价统计结果 单位：%

	非常不同意（极端负向）	不同意（一般负向）	不清楚（不排斥）	同意（一般正向）	非常同意（积极正向）	正向评价合计
培育和践行核心价值观很有必要	1.30	3.60	12.00	33.30	49.80	83.10
培育和践行核心价值观是倡导正能量	1.40	2.80	11.50	33.30	51.00	84.30
认同核心价值观倡导的“三观”内容	1.40	2.80	11.70	34.90	49.20	84.10
党风廉政建设对文化建设成效突出	2.90	5.50	18.50	32.00	41.20	73.20
社会主义核心价值观已深入人心	2.50	7.60	24.60	33.80	31.20	65.30

资料来源：湖北大学高等人文研究院、中华文化发展湖北省协同创新中心和湖北文化建设研究院“中国文化发展状况调查（2017）”数据库。

其次，人类的共同价值追求是共同思想基础的价值规定。共同的思想基础是根植于人类社会发展的内在规定，科学遵循人类社会发展的基本规律。思想基础的共同性取决于人的类本质的共同性，即以人的全面发展和自由个性生成为发展愿景。基于历史发展的具体阶段，共同的思想基础具体表达为人类共同的价值追求，积淀为人类创造的共有文明成果。由此，新时代为核心价值观设定了更为广阔的文化场域，为共同的思想基础设定了新的文化方位，以构建人类命运共同体为愿景，秉持高度的文化自信，在对“外来”文化的借鉴中不断汲取人类文明成果。

最后，中国特色社会主义是共同思想基础的本质规定。新时代是“承前启后”与“继往开来”的历史方位。就“承前”与“继往”而言，新时代以科学社会主义为内在规定，以中国特色为国情实际，构成了具有“启后”与“开来”的文化生命力和辐射力。核心价值观则是在新时代的历史

① 秋石：《巩固党和人民团结奋斗的共同思想基础》，《求是》2013 年第 20 期。

② 参见姜畅、孙伟平、戴茂堂：《文化建设蓝皮书：中国文化发展报告（2018）》，北京，社会科学文献出版社，2018 年，第 8 页。

方位中，高度凝练当代中国精神，彰显共同思想基础的价值理念、原则和目标。其一，核心价值观秉承了科学社会主义基本原则。核心价值观正是中国特色社会主义文化的时代凝练和价值表达，是“当代中国精神的集中体现，凝结着全体人民共同的价值追求”①。其二，核心价值观有机结合了中国的国情实际和时代特征，蕴含了“中国特色”的地域、历史、文化等诸多具体国情和发展阶段。“社会主义”与“中国特色”创造性地实现了融合、创新和发展科学社会主义中国化的价值表达。由此，新时代为核心价值观设定了面向未来的发展趋向，更加彰显出当代中国精神，实现“本来”的文化传承与“未来”的文化趋向的有机融通。

2. 新时代中国精神、中国价值、中国力量的精神根基更为牢固

人的类本质是自由自觉的实践，最终目标是建立自由人的联合体。正如马克思所言：“通过实践创造对象世界，即改造无机界，证明了人是有意识的类存在物。”② 习近平指出：“各国人民同心协力，构建人类命运共同体，建设持久和平、普遍安全、共同繁荣、开放包容、清洁美丽的世界。”③在此意义上，人类命运共同体的构建正是人的类本质的不断确证、人类的美好发展愿景不断接近并实现的过程。人类命运共同体的构建正是秉承着自由人联合体的本真旨归，深化了人的类本质确证和实现的时代实践。

首先，新时代中国精神更具凝聚力。在新时代的历史大势中，文化多样化深入发展。中国元素在中华传统文化的创造性转化和创新性发展中彰显出文明的融合力和智慧的吸引力。其一，核心价值观作为中华文明的高度凝练，彰显着中华文明的国际价值。在文明的多元融合层面，新时代正值“世界多极化、经济全球化、社会信息化、文化多样化深入发展”④，中华文明在人类文明的多样性共存、话语权影响中发挥着重要作用。中华文明彰显出包容并济的文化情怀，“按照立足中国、借鉴国外，挖掘历史、把握当代，关怀人类、面向未来的思路”⑤，以高度的文化自觉进行文明交流，以高度的文化自信进行文明互鉴，以高度的文化定力实现文明共存。其二，核心价值观作为中华优秀传统文化的集中表达，提升了中国智慧的吸引力

① 习近平：《决胜全面建成小康社会　夺取新时代中国特色社会主义伟大胜利——在中国共产党第十九次全国代表大会上的报告》，北京，人民出版社，2017年，第42页。

② 《马克思恩格斯全集》第42卷，北京，人民出版社，1979年，第96页。

③ 习近平：《决胜全面建成小康社会　夺取新时代中国特色社会主义伟大胜利——在中国共产党第十九次全国代表大会上的报告》，北京，人民出版社，2017年，第58～59页。

④ 习近平：《决胜全面建成小康社会　夺取新时代中国特色社会主义伟大胜利——在中国共产党第十九次全国代表大会上的报告》，北京，人民出版社，2017年，第58页。

⑤ 习近平：《在哲学社会科学工作座谈会上的讲话》，《人民日报》2016年5月19日。

和影响力。中华文化在人类命运共同体的构建过程中贡献出跨越时空、超越国度的中国智慧，发挥着文化凝聚和借鉴作用，如中华文化中的“天下”观、“尚同”观对人类命运共同体的构建注入了价值共赢包容的文化元素。

其次，新时代中国价值更具吸引力。在新时代的国际视域中，全球治理体系和国际秩序变革加速推进，中国方案赢得了更强的信服力。其一，核心价值观教育以高度的文化自觉，审视中国精神的时代价值。新时代是“我国日益走近世界舞台中央、不断为人类作出更大贡献的时代”①。新时代昭示着中国在国际的影响力大幅提升，在国家文化软实力层面中华文化影响力不断提升。核心价值观以更为国际化的传播方式、表达方式，提升了国际化的影响力和理解力。其二，核心价值观以高度的文化自强，弘扬中国精神的文化价值，促成中国价值在国际上的广泛传播和广为认同，以更为贴合国际的文化话语体系、更为契合中国价值的文化底蕴、更为高效传播的文化载体，实现中国故事的价值讲述、中国智慧的价值表达、中国底蕴的价值彰显。

最后，新时代中国力量更具辐射力。中国特色社会主义以道路的指向力、理论的吸引力、制度的说服力、文化的辐射力，彰显了全方位的先进性和优越性。其一，核心价值观彰显出的文化软实力，增加了综合国力的权重。中国以不断壮大的经济实力和综合国力为支撑，树立文化大国、东方大国、负责任大国和社会主义大国形象，积极推进相互尊重、公平正义、合作共赢的新型国际关系建设。其二，核心价值观增强了国际话语权，增进了跨文化的文化理解与交流能力。立足新时代，中国更具话语权与影响力，积极应对人类共同挑战，为全球经济发展、安全稳定、环境保护、关系和谐贡献出中国力量。核心价值观教育以文化的辐射力彰显了中国特色社会主义文化发展道路的指向性和优越性，以文化的软实力彰显了中国力量在国际的影响力和信服力。

3. 新时代担当民族复兴大任的时代新人的培养更为笃实

究其本质，核心价值观教育在文化层面归属于“以文化人”的教育，在人的层面归属于“为人”的教育。核心价值观教育以育人为本真目标，培养担当民族复兴大任的时代新人。就此而言，时代新人承载着新时代的历史使命，践行着新时代的精神，确证着新时代的能力素养。

首先，时代新人承载着新时代的时代使命。核心价值观教育承载着新时代的育人使命，即培养实现民族复兴大任的时代新人。“文化是一个国

---

① 习近平:《决胜全面建成小康社会　夺取新时代中国特色社会主义伟大胜利——在中国共产党第十九次全国代表大会上的报告》,北京,人民出版社,2017 年,第 60 页。

家、一个民族的灵魂”，“没有高度的文化自信，没有文化的繁荣兴盛，就没有中华民族伟大复兴”。[①] 在此意义上，民族复兴的必要条件是文化的繁荣兴盛。新时代核心价值观的教育目标更为明确。其一，在民族复兴层面，新时代以实现民族文化的繁荣为指向，坚持中国特色社会主义发展道路，建设社会主义文化强国。具体而言，核心价值观教育要彰显文化价值，使时代新人更为自觉地承担文化使命，大力弘扬中华优秀传统文化、革命文化和社会主义先进文化，推动中国特色社会主义的繁荣兴盛。其二，在人的发展层面，新时代以激发全民族文化创新创造活力为指向，以新时代的文化观塑造时代新人，以当代中国精神引领时代新人。由此，时代新人担负着新时代的文化使命，在教育引导过程中以核心价值观为引领，在实践养成过程中以公民道德建设为关键，发挥精神文明创建作用。在此基础上，时代新人承载着新时代的民族使命，在文化创造与创新过程中推进了文化软实力的提升，为中华民族伟大复兴注入了文化支持力。

其次，时代新人践行着当代中国精神。“社会主义核心价值观是当代中国精神的集中体现，凝结着全体人民共同的价值追求。”[②] 当代中国精神立足新时代的历史方位，基于“当代”的历史维度和“中国精神”的文化坐标，是对时代精神的高度凝练和集中表达。其一，时代新人要立足“当代”的时代定位。当代中国精神之“当代”是处于中国特色社会主义新的历史发展方位。时代新人以担当民族复兴大任为时代使命，在中国梦的时代实践中彰显自我价值和时代价值。其二，时代新人是“当代中国精神”的价值实践者。“当代中国精神”以“中国精神”为文化的本质规定，是对中国特色社会主义文化的高度概括，形成了具有精神标识的文化表达。时代新人是民族精神和时代精神的弘扬者、践行者。民族精神以时代的继承性为前提，以中华优秀传统文化为文化表达，以时代新人的积极践行为主体表征。时代精神则以改革创新为核心，在“守”与“变”的文化张力中，使时代新人以高度的文化自觉，在文化实践过程中成为时代精神的文化诠释者、文化践行者和文化传承者。

最后，时代新人担负着新时代的时代担当。党的十九大报告指出：

---

① 习近平：《决胜全面建成小康社会　夺取新时代中国特色社会主义伟大胜利——在中国共产党第十九次全国代表大会上的报告》，北京，人民出版社，2017 年，第 40、41 页。

② 习近平：《决胜全面建成小康社会　夺取新时代中国特色社会主义伟大胜利——在中国共产党第十九次全国代表大会上的报告》，北京，人民出版社，2017 年，第 42 页。

“青年一代有理想、有本领、有担当，国家就有前途，民族就有希望。”① 在此意义上，“有理想、有本领、有担当”是对时代新人的本质要求，也是对使命担当提出的具体时代要求。其一，在人的价值旨归层面，核心价值观教育要彰显人的本真价值，在面向现代化的指向中实现人的现代化发展。具体而言，核心价值观教育以人的现代化发展为目标，在思想观念层面弘扬马克思主义，巩固主流意识形态价值。核心价值观教育坚持以人民为中心的文化发展导向，“发挥社会主义核心价值观对国民教育、精神文明创建、精神文化产品创作生产传播的引领作用”②。其二，在人的价值实践层面，核心价值观教育要彰显人的文化自觉与实践自觉。在文化自觉层面，核心价值观教育凝结着全体人民共同的价值追求，坚定文化自信，激发全民族文化创新创造活力，引导人们树立正确的历史观、民族观、国家观、文化观。在实践自觉层面，核心价值观教育在由文化认知到文化实践的转向中，实现人文精神与道德规范的实践融合，推进社会公德、职业道德、家庭美德、个人品德建设。

（二）核心价值观教育理念更彰显人民性

核心价值观教育是文化的教育与人的教育的内在统一。在其目标层面，教育的目标是实现文化与价值观的本真价值，达到“人文化成”的教育功用；在其过程层面，教育的目标是文化的内化与外化过程，达到“以文化人”的教育效用。在此意义上，核心价值观的教育是以人的现实存在为价值基点，以人民的全面发展为根本的价值指向。新时代坚持以人民为中心的发展理念，以人民性作为价值规定，贯穿融入核心价值观教育的目标、过程和路径之中。

1. 充分彰显以人为本的教育理念

人作为关系性存在，具有社会存在、交往和归属中的主体存在感。习近平强调：“使人民获得感、幸福感、安全感更加充实、更有保障、更可持续。”③ 新时代蕴含着“人为”与“为人”的辩证统一关系。新时代既是“人为”的新时代，以人民为根本的价值实现动力，开创了新时代的历史方位；也是“为人”的新时代，以人民的美好生活为根本的价值实现旨

---

① 习近平:《决胜全面建成小康社会　夺取新时代中国特色社会主义伟大胜利——在中国共产党第十九次全国代表大会上的报告》,北京,人民出版社,2017 年,第 70 页。

② 习近平:《决胜全面建成小康社会　夺取新时代中国特色社会主义伟大胜利——在中国共产党第十九次全国代表大会上的报告》,北京,人民出版社,2017 年,第 42 页。

③ 习近平:《决胜全面建成小康社会　夺取新时代中国特色社会主义伟大胜利——在中国共产党第十九次全国代表大会上的报告》,北京,人民出版社,2017 年,第 45 页。

归，开启了新时代的价值愿景。基于新时代的发展旨归，核心价值观教育更加彰显以人为本的理念，在教育过程中使人民在社会发展中更具获得感，在社会归属中更具幸福感，在社会存在中更具安全感。

首先，更加注重人民的获得感。社会获得感是基于个体与群体之间的通约感，在共同的建设协作中对自我成长、自我价值和自我获得的主观体验感。新时代“保证全体人民在共建共享发展中有更多获得感”①，人民对于社会获得感的共建意识和共享意识更为强烈。在共建意识层面，人民凝聚了发展的主体意识，“发展依靠人民”。这意味着发展的主体动力是人民，需要人民以更高的实践自觉，在协同共建中凝聚发展的正向合力。在共享意识层面，人民具有发展的共享协作意识，“发展成果由人民共享”。这决定着发展的价值旨归是人民，需要人民以更高的价值自觉，在个体、集体与社会的关系调节中，以合理有序为价值导向，优化利益分配关系与格局。由此，人民的获得感是人民对发展的主体体验感，既具有了发展的主体存在感，确证了自身存在的本质意义；也凝聚了发展的主体价值感，在实现自我的个体价值的同时也促成了社会价值的积极实现。

其次，更加注重人民的归属感。社会归属感是人对社会共同体的认同、融入和同化的主体依存感。正如马克思所言：“人也是总体，是观念的总体，是被思考和被感知的社会的自为的主体存在。”② 社会归属感以人作为归属的价值主体和存在主体，在一定的社会群体中确立自身存在的社会关系，确证自身的存在意义。由此，社会归属感既具有“内视”的主体价值感，以幸福感为表征，构建内在和谐的意义世界；也具有“外求”的主体存在感，以共通感为表征，寻求共有通感的意义世界。在社会归属的价值感层面，人民对幸福的追求与实现愈发以内求的方式予以认知和把握。在物质生活条件优化、社会安定环境保障的前提下，人民更加注重以自我体认的方式，注重社会归属的意义赋予感，求于内心的幸福与宁静。中国人民大学中国综合社会调查（CGSS）的数据如表 5-2 所示。

① 习近平：《决胜全面建成小康社会　夺取新时代中国特色社会主义伟大胜利——在中国共产党第十九次全国代表大会上的报告》，北京，人民出版社，2017 年，第 23 页。

② 《马克思恩格斯文集》第 1 卷，北京，人民出版社，2009 年，第 188 页。

表 5-2 历年不同幸福感程度的比例 单位：%

	2003 年	2005 年	2006 年	2010 年	2011 年	2012 年	2013 年	2015 年
非常不幸福	2.3	1.4	1.0	2.1	2.0	1.5	1.6	1.3
不幸福	10.5	7.7	6.7	7.7	6.6	7.4	7.4	6.3
一般	49.8	45.1	46.1	17.7	11.4	15.9	18.7	14.7
幸福	32.3	40.1	40.6	56.5	59.6	59.2	58.5	60.0
非常幸福	5.1	5.7	5.5	16.0	20.3	16.0	13.8	17.8

资料来源：王俊秀等《中国社会心态研究报告（2018）》，北京，社会科学文献出版社，2018 年，第 11 页。

从表 5-2 中可以看出："2003～2011 年，民众幸福感稳步上升，到 2011 年达到了顶点，2012 年和 2013 年有所下降，在 2015 年有所回升。"① 由此，在社会归属的存在感层面，人民具有"为我们"的共同归属感，促成了社会的"内稳态"结构，强化了社会稳定功能和凝聚功能。核心价值观以人民为根本的价值归属。在核心价值观的培育践行过程中，人民具有更为稳固的方向感，以国家富强、民族复兴为共有的价值目标；共鸣出强烈的希望感，以对美好生活的向往为合力奋斗的目标。

最后，更加注重人民的安全感。社会存在感是人对社会化存在的主观认知、感受和评判，以社会实践为根本存在方式，确证"我实践故我在"的本体式追问。安全感是人对自身存在的外在保障感与内心安定感。中国社会科学院社会学研究所中国社会状况综合调查（CSS）的安全感历年得分如表 5-3 所示。

表 5-3 CSS 调查安全感历年得分

	2006 年	2008 年	2013 年	2015 年
财产安全感	2.95	2.98	3.05	3.07
人身安全感	3.02	3.04	3.06	3.08
交通安全感	2.74	2.74	2.69	2.74
医疗安全感	2.73	2.84	2.84	2.86
食品安全感	2.68	2.76	2.35	2.40
劳动安全感	2.98	2.97	2.83	2.90
信息隐私安全感	3.09	3.02	2.70	2.71
生态环境安全感	—	—	2.71	2.81
总体社会安全感	—	—	2.84	2.92

资料来源：王俊秀等《中国社会心态研究报告（2018）》，北京，社会科学文献出版社，2018 年，第 5 页。

① 王俊秀等：《中国社会心态研究报告（2018）》，北京，社会科学文献出版社，2018 年，第 11 页。

从表 5-3 统计数据可见，总体社会安全感呈现出上升趋势，财产安全感、人身安全感、医疗安全感、生态环境安全感呈现出上升趋势，劳动安全感、信息隐私安全感处于下降态势。

表 5-4 统计数据显示，人身安全、财产安全的均分最高，食品安全的均分最低。由此可见，人民的获得感是以外在保障感为前提，获得内在的安定感。在外在保障感层面，人民获得了社会发展条件的保障支持，处于稳定保障的社会环境之中。安全感是人民具有获得感的心理保障和重要表征，在新时代坚持总体国家安全观，以人民安全为宗旨。人民获得更具保障的安全感，在社会环境方面营造出更为安全稳定的生产生活环境，在社会心态方面营造更具社会支持力、信任力、认同力的群体心理情境。在内在安定感层面，人民更为深化主体意识和自我认知，追求安全感和“为我”感。与此同时，人民更具有社会存在的“为我”感，以更为自觉的主体意识，认知和评判自我存在感。各项制度安排与运作过程“体现人民意志、保障人民权益、激发人民创造活力”①，人民的存在感以更为自觉的方式予以彰显。

表 5-4　2017 年社会心态调查安全感项目得分

	题目	均分	标准差
1	总体社会安全状况	4.31	1.28
2	人身安全	4.50	1.32
3	个人和家庭财产安全	4.63	1.30
4	个人信息安全	3.51	1.59
5	医疗药品安全	3.97	1.38
6	食品安全	3.46	1.48
7	交通安全	3.95	1.38
8	环境安全	3.63	1.47
9	劳动安全	4.21	1.33

资料来源：王俊秀等《中国社会心态研究报告（2018）》，北京，社会科学文献出版社，2018 年，第 6 页。

2. 深化践行以人民为中心的发展思想

新时代是实现人的终极发展远景的新时代，蕴含着渐进性与终极性的

① 习近平：《决胜全面建成小康社会　夺取新时代中国特色社会主义伟大胜利——在中国共产党第十九次全国代表大会上的报告》，北京，人民出版社，2017 年，第 36 页。

辩证关系。新时代既具有实现人民主体价值的渐进性，深化践行以人民为中心的发展思想；也具有实现人民发展的终极性，不断接近自由全面发展的终极目标。

首先，以人民为中心的发展思想更具价值实现的渐进性。人民的全面发展过程是人的自由自觉的发展过程。以人民为中心的发展思想，基于人民的价值自觉，渐进提升人民的制度自觉和文化自觉，凝聚人民的建设合力。一方面，以人民为中心的发展思想更加彰显文化自觉。人民自主发展的诉求更为强烈，关键表征在人民的文化自觉中体现得更为鲜明。新时代以更为完备的理论逻辑引导人民实现文化自觉、文化自信和文化自强的内在统一，增强文化自觉的认知力、文化自信的笃定力和文化自强的创造力。新时代引领人民更为自觉地接受中国特色社会主义文化，共同建设社会主义文化强国。另一方面，以人民为中心的发展思想更加彰显制度自觉。新时代以更为自洽的实践逻辑，蕴含着制度的党性原则与人民性原则的内在逻辑统一。党性原则充分彰显了中国特色社会主义制度的最本质特征和最大优势，即中国共产党作为最高政治力量，强力保障着制度完善发展的根本方向，具有“把方向、谋大局、定政策、促改革的能力和定力”①。制度的人民性原则充分彰显了中国特色社会主义制度的内在规定性。恰如马克思所言：“在民主制中，国家制度、法律、国家本身，就国家是政治制度来说，都只是人民的自我规定和人民的特定内容。”② 在此意义上，人民以高度的制度自觉形成了自主自为的建设合力自觉，坚持党的领导、人民当家作主、依法治国有机统一，在人民当家作主制度体系的健全过程中“体现人民意志、保障人民权益、激发人民创造活力”。基于此，以人民为中心的发展思想与核心价值观呈现出“一体两面”的文化存在，在主体层面是以人民为中心的价值表达，在文化层面是以核心价值观为中心的价值凝练。坚持以人民为中心的发展思想，关涉社会发展的各个领域，具体显现为社会发展的渐进性和协同性，在渐进发展的过程中实现各个领域的协同有序发展；也彰显为人民对社会发展的共识性和认同性，推进了核心价值观的培育践行。

其次，以人民全面发展的终极愿景更具价值实现的渐进性。新时代是人的发展更为自觉自为的时代，“新时代”开启着人的全面发展的新阶段。人的全面发展是人的本质的全面实现，即“人以一种全面的方式，也就是

---

① 习近平：《决胜全面建成小康社会　夺取新时代中国特色社会主义伟大胜利——在中国共产党第十九次全国代表大会上的报告》，北京，人民出版社，2017 年，第 20 页。

② 《马克思恩格斯全集》第 3 卷，北京，人民出版社，2002 年，第 41 页。

说，作为一个完整的人，占有自己的全面的本质”①。在此意义上，人民全面发展不是绝对确定的终极目标，而是渐进发展的终极目标。一方面，人民的全面发展具有阶次性。基于历史发展的具体阶段，不断构建出社会发展的现实的目标。新时代的发展目标是实现中华民族伟大复兴的中国梦。习近平指出：“今天，我们比历史上任何时期都更接近、更有信心和能力实现中华民族伟大复兴的目标。”② 在此意义上，中华民族伟大复兴不仅蕴含着现代化强国与民族复兴的发展愿景，也深切蕴含人民全面发展的渐进目标。换言之，在新时代视域中，人民全面发展的现实目标必然是促成人民的现代化发展。实现人的现代化转型，在共有精神家园的构建过程中塑造现代化的价值观念，促成现代化国家观、义利观和生态观的塑造，完善实现自我价值与社会价值相融通的理想人格。另一方面，人民的全面发展具有终极性。“实践没有止境，理论创新也没有止境。”③ 人民以实践为根本存在方式，也是以实践为根本发展动力。基于实践的无止性，人民具有无止的实践广度与深度。这不仅为人民的全面发展设定了潜在的可能空间，也为人民的发展全面设定了“面向未来”的价值指向。由此，核心价值观以人民的全面发展为价值愿景，在价值目标、价值取向和价值准则等三重维度均体现出人民全面发展的生成性空间和指向性价值。

3. 凝聚合力不断实现中华民族伟大复兴的宏伟目标

党的十九大报告指出，新时代“是全体中华儿女勠力同心、奋力实现中华民族伟大复兴中国梦的时代”④。新时代与中华民族伟大复兴、核心价值观教育具有内在的本质关联，新时代为中华民族伟大复兴和核心价值观教育设定了新的历史方位。

首先，中华民族伟大复兴与社会主义核心价值观教育具有内在的本质关联。两者是以新时代为新的历史方位，以中国特色社会主义为本质规定。其一，两者处于共同的时代方位，皆以新时代作为新的历史方位。新时代是奋力实现中华民族伟大复兴的时代，凝聚了全国各族人民共同的价值愿景。新时代开启了中国特色社会主义文化繁荣发展的新阶段，以核心价值观为共同的价值引领，建设社会主义文化强国。其二，中华民族伟大

① 《马克思恩格斯全集》第 42 卷，北京，人民出版社，1979 年，第 123 页。
② 习近平：《决胜全面建成小康社会　夺取新时代中国特色社会主义伟大胜利——在中国共产党第十九次全国代表大会上的报告》，北京，人民出版社，2017 年，第 15 页。
③ 习近平：《决胜全面建成小康社会　夺取新时代中国特色社会主义伟大胜利——在中国共产党第十九次全国代表大会上的报告》，北京，人民出版社，2017 年，第 26 页。
④ 习近平：《决胜全面建成小康社会　夺取新时代中国特色社会主义伟大胜利——在中国共产党第十九次全国代表大会上的报告》，北京，人民出版社，2017 年，第 11 页。

复兴与社会主义核心价值观教育具有本质的价值关联，即两者皆统一于“以人民为中心”的价值旨归。中华民族伟大复兴是实现中华民族“强起来”的价值愿景，以实现国富民强为近代以来的民族愿景。就此而言，中华民族伟大复兴是全国各族人民的价值愿景，是在民族复兴的坚强保障下实现人民的全面发展和社会的全面进步。核心价值观教育作为坚定人民文化自信的教育实践，凝结着全体人民共同的价值追求，为人民提供精神指引。

其次，中华民族的价值愿景决定了核心价值观教育的价值指向。新时代蕴含着深刻的人学价值与旨归，是基于人的个体、群体和类本质的共同确证和实现。其一，就个体本质而言，新时代是满足人民美好生活需要的时代，以人民对美好生活的向往为价值旨归。党的十九大报告指出：“实现中华民族伟大复兴，必须合乎时代潮流、顺应人民意愿，勇于改革开放，让党和人民事业始终充满奋勇前进的强大动力。”[①] 中华民族伟大复兴正是顺应人民意愿，以价值凝练的方式在核心价值观中予以集中表达。其二，就群体本质而言，新时代是奋力实现中华民族伟大复兴的时代，是在民族复兴的过程中承载着全国各族人民的价值愿景，促成着现代化社会的全面进步。“实现中华民族伟大复兴是近代以来中华民族最伟大的梦想。”[②] 中华民族是在民族复兴过程中建设社会主义强国，高度彰显着“富强民族文明和谐”的价值目标。其三，就类本质而言，新时代是“我国日益走近世界舞台中央、不断为人类作出更大贡献的时代”[③]，在人类命运共同体的构建过程中彰显出人类发展的共同价值愿景。中华民族伟大复兴是中国智慧和中国方案的伟大实践过程，也是核心价值观的价值实践深化过程和价值逻辑的确证过程。

再次，核心价值观教育构建了中华民族伟大复兴的实践路径。核心价值观教育作为价值实践与教育实践的双重存在，对于推进文化强国和教育强国建设发挥着重要的实践作用。其一，核心价值观教育为中华民族伟大复兴实施文化强国战略。在文化强国层面，核心价值观教育在坚定文化自信、推进文化繁荣兴盛方面发挥着价值引领作用，在精神文明创建过程中彰显社会主义文化的民族性，在文化自觉的提升过程中增强民族复兴的文

---

① 习近平:《决胜全面建成小康社会　夺取新时代中国特色社会主义伟大胜利——在中国共产党第十九次全国代表大会上的报告》,北京,人民出版社,2017年,第14页。

② 习近平:《决胜全面建成小康社会　夺取新时代中国特色社会主义伟大胜利——在中国共产党第十九次全国代表大会上的报告》,北京,人民出版社,2017年,第13页。

③ 习近平:《决胜全面建成小康社会　夺取新时代中国特色社会主义伟大胜利——在中国共产党第十九次全国代表大会上的报告》,北京,人民出版社,2017年,第11页。

化软实力。其二，核心价值观教育为中华民族伟大复兴实施教育强国战略。“建设教育强国是中华民族伟大复兴的基础工程，必须把教育事业放在优先位置……加快教育现代化，办好人民满意的教育。”[①] 核心价值观教育是建设社会主义文化强国和教育强国的战略任务。核心价值观教育对于国民教育具有重要的价值引领作用，“要以培养担当民族复兴大任的时代新人为着眼点”[②]。由此，“中华民族伟大复兴的中国梦终将在一代代青年的接力奋斗中变为现实”[③]。核心价值观教育为民族复兴奠定了人本基础，构成了民族复兴的新生力量。

（三）核心价值观教育实践更具多维性

习近平指出：“我们倡导的富强、民主、文明、和谐，自由、平等、公正、法治，爱国、敬业、诚信、友善的社会主义核心价值观，体现了古圣先贤的思想，体现了仁人志士的夙愿，体现了革命先烈的理想，也寄托着各族人民对美好生活的向往。”[④] 可见，核心价值观以人民诉求与愿景为价值指向。立足新时代，核心价值观教育必然是以人民为价值实现主体，以实践为价值实现动力，以多维的实践方式和存在方式凝结人民的深切价值诉求和美好生活愿景，以历史传承和时代创新的多维场域凝聚人民进行价值实践的主体合力。

1. 人的文化存在方式维度的教育实践多维拓展

马克思、恩格斯指出：“思想本身根本不能实现什么东西。思想要得到实现，就要有使用实践力量的人。”[⑤] 价值观念以实践为实现力量。在价值实现层面，核心价值观教育实践以实现人的现代化为时代旨归，在多维的实践路径中，在社会治理层面综合提升人民的治理能力与素质，在国民教育和日常生活层面整体提升人民的劳动实践、社会交往和精神文化素养。

首先，教育引导实践更为衔接。党的十九大报告提出：“要全面贯彻党的教育方针，落实立德树人根本任务，发展素质教育，推进教育公平，

---

① 习近平：《决胜全面建成小康社会　夺取新时代中国特色社会主义伟大胜利——在中国共产党第十九次全国代表大会上的报告》，北京，人民出版社，2017 年，第 45 页。

② 习近平：《决胜全面建成小康社会　夺取新时代中国特色社会主义伟大胜利——在中国共产党第十九次全国代表大会上的报告》，北京，人民出版社，2017 年，第 42 页。

③ 习近平：《决胜全面建成小康社会　夺取新时代中国特色社会主义伟大胜利——在中国共产党第十九次全国代表大会上的报告》，北京，人民出版社，2017 年，第 70 页。

④ 《习近平谈治国理政》，北京，外文出版社，2014 年，第 181 页。

⑤ 《马克思恩格斯文集》第 1 卷，北京，人民出版社，2009 年，第 320 页。

培养德智体美全面发展的社会主义建设者和接班人。”① 一方面，教育是以立德树人为根本任务。“立德”以社会主义道德为要义，以核心价值观为道德养成、品德塑造的价值内核。“树人”以时代新人为育人导向，以全面发展为育人目标，真正彰显教育的人本价值。这意味着，核心价值观教育要在人的全面发展的教育过程中凸显德育的根本任务，实现“育人为本”与“德育为先”的教育协同。另一方面，教育引导的阶段更为紧密衔接，使国民教育各阶段的衔接性更强，“把社会主义核心价值观纳入国民教育总体规划，贯穿于基础教育、高等教育、职业技术教育、成人教育各领域”②。在此意义上，核心价值观教育以基础教育为依托，实现了前移与后延的有机衔接。价值观教育在基础教育的基础上前移至学前教育，注重学龄前儿童的教育引导和价值塑造；在基础教育、高等教育、职业教育的基础上后延至成人教育和继续教育，在建设学习型社会的过程中加强价值观的教育引领。

其次，生活养成实践更为深化。自党的十八大以来，“中国特色社会主义和中国梦深入人心，社会主义核心价值观和中华优秀传统文化广泛弘扬，群众性精神文明创建活动扎实开展”③。核心价值观教育既是为弘扬价值观的教育，也是为实现人民全面发展的教育。在弘扬价值观的层面，核心价值观教育实现了教育的深化拓展，使核心价值观的价值理念、价值规则和价值实践相贯通。由此，核心价值观教育落实到生活养成实践方面，使教育的理念、原则融通为现实生活的实践方式。在人的全面发展层面，核心价值观教育实现了横向与纵向的发展贯通。具体而言，在纵向发展层面，个体在生活实践中，以价值观教育为实践引导，实现了个体的精神文化素养的提升；在横向发展层面，人在现实生活场域中，通过社会公共交往和日常生活实践，实现了人与人之间的价值共识和通约，使价值观教育实践的认可度、接受度更高。就此而言，核心价值观教育在生活实践过程中拓宽了教育的三个维度，即实现了生活场域的深度拓展、个体精神文化素养的纵向发展、社会价值共识的横向发展。

最后，社会治理实践更为拓宽。治理现代化是全面深化改革的总目标，也是在改革实践中不断深化推进的战略举措。自党的十八大以来，

① 习近平:《决胜全面建成小康社会　夺取新时代中国特色社会主义伟大胜利——在中国共产党第十九次全国代表大会上的报告》,北京,人民出版社,2017年,第45页。

② 《关于培育和践行社会主义核心价值观的意见》,北京,人民出版社,2013年,第6页。

③ 习近平:《决胜全面建成小康社会　夺取新时代中国特色社会主义伟大胜利——在中国共产党第十九次全国代表大会上的报告》,北京,人民出版社,2017年,第4页。

“社会治理体系更加完善，社会大局保持稳定，国家安全全面加强”①。就此而言，治理现代化的进程是核心价值观渗透进社会治理的过程，具体而言，是将一般意义上的价值原则与治理实践有机结合，使治理的目标、主体、模式、手段、功能等五个层面深刻蕴含着现代化的治理精神和核心价值观的价值意蕴。其一，治理目标趋向于人民当家作主的价值目标，充分彰显人民主体性的价值原则，保障人民的主体价值地位。其二，治理主体趋向于人民性，充分彰显出自由与平等的价值原则。党组织、政府、企事业单位、社会团体、民间自组织逐渐明晰其职能与权限，发挥着不同的治理功能。其三，治理模式趋向于分权，中央的治理权限向地方下放，国家与社会治理的权限逐渐分开，政府与市场的权限逐渐明晰，形成了权力边界清晰、权限分层的治理模式。其四，治理手段趋向于法治化，充分彰显出公正与法治的价值原则，以法治思维和法治意识去审视和看待治理，通过法定程序保障治理的稳定性和生命力，实现治理体系的动态平衡，既保障治理体系的整体架构的稳定，也保障治理功能的稳定发挥，从根本上维系国家政权安全、社会秩序安定、人民生活安居。其五，治理功能趋向于服务性，充分彰显出“以人为本”的价值原则。治理的方式由管制转向为管理与服务的结合，其服务的重点是协调市场关系，保障公民权益，优化公共服务质量。

2. 人的文化存在场域维度的教育实践多维融合

人的文化存在以存在场域为情境限定，使人的存在更具特定的文化性、情境性和现实性。基于新时代的历史方位，人的文化存在以中国特色社会主义文化为文化引领，以人民对美好生活的向往为价值愿景，以推进现代化建设为实践境遇。由此，核心价值观教育在人民全面发展的价值维度中落实到多维度场域中，不断实现人的现实存在与虚拟存在、传统存在与现实存在的多维融合。

首先，现实与虚拟场域中的文化实践更为贯通。现代信息技术的高度发展，使人的生存方式由现实存在拓展为虚拟存在。伴随着现实存在与虚拟存在的深度交融，人的存在方式呈现出数字化生存的发展趋向。其一，现实场域与虚拟场域的边界更为交融和渗透。自党的十八大以来，“公共文化服务水平不断提高，文艺创作持续繁荣，文化事业和文化产业蓬勃发

① 习近平:《决胜全面建成小康社会　夺取新时代中国特色社会主义伟大胜利——在中国共产党第十九次全国代表大会上的报告》,北京,人民出版社,2017 年,第 5 页。

展，互联网建设管理运用不断完善”[①]。公共文化服务的基础建设不断完善，以图书馆、博物馆、文体广场为代表的公共设施数量与层次都得到大幅提升；以光缆、移动电话基站、互联网数据中心为代表的信息化设施稳步推进。由此，现实场域与虚拟场域的有机贯通正是得益于公共文化服务体系的不断完善和健全。“手机网民占比达97.5%，手机为中心的智能设备，成为万物互联的基础，构筑个性化、智能化应用场景；数字经济繁荣发展，电子商务持续快速增长，移动支付使用不断深入，互联网理财用户规模增长明显。”[②] 基于信息化技术的生活化应用，人的文化实践的时空场域得到了充分拓展。人民的精神文化活动更为多样和丰富，使文化传播呈现出“致广大”与“尽精微”相融通的文化样态。其二，现实场域与虚拟场域中价值实践更为深化。现实与虚拟场域的绝然隔阂逐渐消解，虚拟化和信息化技术手段已经成为服务现实生活的中介。正是基于此，核心价值观教育逐渐打破了现实与虚拟场域之间的隔阂，以微信、微博为代表的手机终端APP为载体，更加融入人的存在场域之中，使教育场域的互联和融通更为深化。信息化技术使各种媒体平台更具有即时性、便捷性和自主性，以自媒体为典型代表的媒体平台使人民群众具有了积极应声、自主发声、集体和声的文化平台。在此背景下，核心价值观的传播已经由“自上而下”拓展为“平行互动”和“自下而上”的传播路径。核心价值观的传播具有更多的隐性路径，例如各种直播平台不仅具有“直播”的传媒技术，更具有了“值播”的隐性平台，使核心价值观具有了自媒体的传播平台，深化了核心价值观的价值传播广度与深度。

其次，传统与现代场域中的实践更为融通。核心价值观是中国特色的文化彰显，是中华优秀传统文化的集中体现。其一，核心价值观具有传统文化的延承性，融入了“不忘本来”的传统场域。习近平指出：“牢固的社会主义核心价值观，都有其固有的根本。抛弃传统、丢掉根本，就等于割断了自己的精神命脉。博大精深的中华优秀传统文化是我们在世界文化激荡中站稳脚跟的根基。”[③] 核心价值观教育承载着中华优秀传统文化，在教育实践中呈现出具有传统特色和气质的教育场域。核心价值观稳然扎根于中华优秀传统文化的深厚土层中，在价值观教育培育和践行过程中将中华优秀传统文化融入精神文明创建之中，也融入人民现实生活的“日用

① 习近平：《决胜全面建成小康社会　夺取新时代中国特色社会主义伟大胜利——在中国共产党第十九次全国代表大会上的报告》，北京，人民出版社，2017年，第4～5页。

② 中国互联网络信息中心：《第41次中国互联网络发展状况统计报告》，2018年，第22页。

③ 《习近平谈治国理政》，北京，外文出版社，2014年，第164页。

常行”之中。由此，核心价值观承载着“继往开来”的文化张力。具体而言，核心价值观在“继往”的文化传承发展过程中汲取了中华优秀传统文化的人文精神，构成了中华优秀传统文化的高度凝练和表达。核心价值观也是在“开来”的文化创造创新过程中集中表达了当代中国精神，蕴含着新时代的价值愿景和指向。由此，核心价值观必然要坚守文化自信的内在定力，“不忘本来、吸收外来、面向未来，更好构筑中国精神、中国价值、中国力量，为人民提供精神指引”①。核心价值观作为科学社会主义理论与中华优秀传统文化的有机融合，既蕴含着民族性的鲜明特征，充分汲取了中华优秀传统文化的精华，使核心价值观成为文化的“可传之统”；也蕴含着时代性的现实使命，实现了中华传统文化的创造性转化和创新性发展，使核心价值观成为中华优秀传统文化“历久弥新”的价值结晶。其二，核心价值观具有现代文化的发展性，处于“面向未来”的现代场域中。核心价值观教育承载着社会主义先进文化和革命文化，秉持着“面向现代化、面向世界、面向未来”的发展趋向。在此意义上，核心价值观更具有文化发展的内生性，是基于人民在建设与改革的实践过程中不断丰富、完善和发展的价值体系。核心价值观更具有文化体系的内稳性。具体而言，以马克思主义为指导，决定了核心价值观的文化质性和发展属性；坚守中华文化立场，决定了核心价值观的文化渊源和发展脉络。由此，核心价值观呈现出传统与现代之间的文化张力，也贯通着民族性、科学性和大众性的文化属性，实现了文化传统的继承性与文化创新的时代性之间的文化融通。

三、新时代社会主义核心价值观教育面临的新挑战

党的十九大报告明确提出：“实现中华民族伟大复兴是近代以来中华民族最伟大的梦想”，“没有高度的文化自信，没有文化的繁荣兴盛，就没有中华民族伟大复兴”。② 核心价值观教育作为推进社会主义文化发展繁荣的实践方式，以实现“伟大梦想”为价值指向，发挥着提升文化自信、推进文化繁荣的重要文化功能。基于此，为实现“伟大梦想”，“必须进行

---

① 习近平：《决胜全面建成小康社会　夺取新时代中国特色社会主义伟大胜利——在中国共产党第十九次全国代表大会上的报告》，北京，人民出版社，2017 年，第 23 页。

② 习近平：《决胜全面建成小康社会　夺取新时代中国特色社会主义伟大胜利——在中国共产党第十九次全国代表大会上的报告》，北京，人民出版社，2017 年，第 13、41 页。

伟大事业”，“必须建设伟大工程”，“必须推进伟大事业”。在此意义上，社会主义核心价值教育要立足于新时代的宏大历史视域，围绕“四个伟大”的战略进程，省察教育面临的新挑战。

（一）“伟大事业”进程中面临西方文化的渗透与挑战

党的十九大报告指出：“实现伟大梦想，必须推进伟大事业。中国特色社会主义是改革开放以来党的全部理论和实践的主题，是党和人民历尽千辛万苦、付出巨大代价取得的根本成就。”① 伟大事业是中国特色社会主义的伟大事业，是中国特色社会主义道路、理论体系、制度和文化的伟大事业；“中国特色社会主义文化是激励全党全国各族人民奋勇前进的强大精神力量”②。推进伟大事业，要在改革开放的发展进程中、在全球化的时代背景中予以发展和实践，在面临西方文化的渗透和挑战时保持文化定力和政治定力，始终坚持和发展中国特色社会主义。

1. 面临着应对思想文化交流交融交锋的挑战

立足新时代的历史方位，培育和践行核心价值观是在社会主义现代化建设进程中不断予以深化拓展。中国特色社会主义文化的大发展大繁荣，不仅需要积极培育和践行核心价值观，也需要积极理性地应对思想文化交流交融交锋的挑战。

首先，面对各种社会思潮的渗透。核心价值观不是处于文化真空中，也不是处于单一文化生态环境中，而是在多样态社会思潮交织交融交锋的境遇下不断深化培育和践行。在此意义上，核心价值观与各种社会思潮是在共时态层面同时存在的，培育和践行核心价值观的过程，也是面对各种错误思潮的渗透不断巩固党和人民共同思想基础的过程。其一，各种社会思潮具有显性的影响作用。改革开放的过程中势必要主动参与和推动经济全球化进程，在吸收人类文明有益成果的同时，也要“面对世界范围思想文化交流交融交锋形势下价值观较量的新态势”③。纵观国外社会思潮的发展样态，经济、社会、文化等多重因素交织影响，形成了具有不同影响力的多种思潮。在经济全球化的发展过程中，消费主义、享乐主义等社会思潮伴随着市场经济的发展，产生着不同层面的社会影响。在文化多样化

① 习近平：《决胜全面建成小康社会　夺取新时代中国特色社会主义伟大胜利——在中国共产党第十九次全国代表大会上的报告》，北京，人民出版社，2017年，第16页。

② 习近平：《决胜全面建成小康社会　夺取新时代中国特色社会主义伟大胜利——在中国共产党第十九次全国代表大会上的报告》，北京，人民出版社，2017年，第17页。

③ 《关于培育和践行社会主义核心价值观的意见》，北京，人民出版社，2013年，第4页。

的发展大势中，社会思潮呈现出鲜明的意识形态特质，新自由主义、新后现代主义、意识形态终结论等思潮也有着不同的文化市场。国外社会思潮的影响传播，呈现出长期性、叠加性和复杂性等发展态势。面对如此态势，核心价值观必然要处于各种社会思潮的交流与交融过程中，必须持有鲜明的价值立场、文化态度。其二，各种社会思潮具有隐性的渗透作用。各种社会思潮的产生，具有复杂的社会历史根源和文化背景。各种社会思潮的生成与流行，既有深刻的现实背景，也有潜隐的文化背景。尤其是一些错误思潮往往是以去历史化的方式，刻意无视甚至歪曲思想的历史根源和发展阶段，将具有历史特点和文化特质的思想曲解为“普世价值”。例如“普世价值”的思潮，正是将人类共同性的价值追求曲解为西方的政治理念与制度，通过宣扬“普世价值”而达到思想渗透和政治颠覆的目的。可见，各种社会思潮的影响是以特定的文化标识、以各种价值观的文化样态进行传播的。鉴于不同社会思潮产生的社会背景、文化根源和地域差别，各种思潮往往具有跨文化、异质性、多变性等特质，易于产生文化层面的误解、盲从和混淆。对此，核心价值观面临着复杂深刻的文化交锋，需要在各种文化思潮中积极回声、主动发声，形成具有价值影响力、话语影响力的价值样态。

其次，面对各种社会思潮的干扰。各种社会思潮以各种文化样态的方式予以具象化，既有鲜明的价值标识，也具有多种的价值表达和价值诉求。面对社会思潮的复杂性和迷惑性，核心价值观教育是具有高度的价值辨识、价值甄别和价值选择的意识形态教育。其一，核心价值观教育需要提升价值辨识力。各种社会思潮以不同的方式予以呈现，不同思潮之间具有差异性和多样性，同一思潮也具有多变性和隐秘性。这无疑使社会思潮更为错综复杂，也使社会思潮具有很大程度上的迷惑性，使大众在“不明就里”中不自觉地接受错误思潮。如“普世价值”“宪政民主”“历史虚无主义”“新自由主义”等各种错误思潮，往往借用具有迷惑性的概念，占据所谓的“价值制高点”，进行价值观的歪曲、渗透和鼓动。“有些人主张的‘宪政民主’有着确切的政治内涵和指向，就是西方那一套制度模式。他们攻击我国‘有宪法，无宪政’‘共产党一党执政不具合法性’‘党大于法’等等。”① 其二，核心价值观教育需要提升价值甄别力。在错误思想的各种干扰中，核心价值观教育要坚持“一”与“多”的辩证关系，强化核心价值观的一元化价值权威，加强对不同思潮的辨识、匡止和分析；

---

① 秋石：《巩固党和人民团结奋斗的共同思想基础》，《求是》2013 年第 20 期。

“加强社会思潮动态分析，强化社会热点难点问题的正面引导，在尊重差异中扩大社会认同，在包容多样中形成思想共识”①。其三，核心价值观教育需要提升价值定力。核心价值观教育要旗帜鲜明地弘扬中国特色社会主义文化，增强对错误社会思潮的反渗透能力，强化价值观教育的文化定力。

2. 面临着应对思想意识多元多样多变的挑战

社会思潮具有系统性、理论性和历史性等多位特质；与之相比，社会思想意识则具有片段化、情绪化和即时化等特征。立足新时代，建设现代化经济体系，坚持社会主义市场经济改革方向是贯彻新发展理念的题中之义。这既为培育和践行核心价值观奠定了发展保障，同时也要“面对改革开放和发展社会主义市场经济条件下思想意识多元多样多变的新特点”②。

首先，面临着多变的思想意识挑战。社会思潮与社会思想意识之间构成了多样的共生关系，使思想意识以多变、多维的方式表征着社会思潮。在文化样态层面，社会思潮具有文化属性上的抽象化和体系化，具体表征为社会文化样态或文化符号。在文化主体层面，社会思潮具有文化存在的具体化和个体化，具象化为个体或群体所具有的社会意识。一方面，思想意识的多变具有观点内容的多变性。思想意识作为社会思潮在社会主体中的意识反映，是以各种社会思潮为文化“原型”，从不同方面受到多种社会思潮的影响，形成了具有个体化和多样化的思想意识。与此同时，思想意识又裹挟着个人的价值理解、心理情绪等个体因素，形成了具有多种“变型”的思想观念。在此意义上，核心价值观是具有高度凝练表达的“一元”价值体系，思想意识则是显现为差异化和个体化的价值观念，两者形成了“一”与“多”的价值生态。在此境遇中，核心价值观必然面临着多样的价值观念、思想观念的影响，不仅表现为核心价值观与社会思潮之间的交锋，也更表现为每个个体内心的价值冲突，即不同价值取向之间的共时性存在与单一性选择之间发生了内在冲突。另一方面，思想意识的多变具有传播方式的多变性。其传播途径更多，传播速度更快。尤其是手机新媒体的广泛使用，使各种思想意识具有“微”的内容，以片段化、零碎化内容为特征；具有“急”的速度，实现了复制转发的即时扩散传播。“截至2018年12月，我国网民规模达8.29亿，普及率达59.6%，较2017年底提升3.8个百分点，全年新增网民5653万。我国手机网民规模达8.17亿，网民通过手机接入互联网的比例高达98.6%，全年新增手机

① 《关于培育和践行社会主义核心价值观的意见》，北京，人民出版社，2013年，第11页。

② 《关于培育和践行社会主义核心价值观的意见》，北京，人民出版社，2013年，第4页。

网民 6433 万。”① 各种网络信息具有复制性和模仿性，在无意转发或刻意修改甚至歪曲的过程中，网络信息具有一定程度的迷惑性，使大众在一时之间难辨真伪。多变的思想意识具象化为各种网络信息，甚至是网络谣言，不仅容易煽动大众的心理情绪，也对大众的价值取向和价值认知产生了混淆视听的不良作用。

其次，面临着多样的思想意识挑战。思想意识的多样性既是不同社会思潮之间的多样性存在和冲突，也是不同个体、群之间的思想意识之间的价值差异，同时也显现为同一个体内在的价值观念冲突。其一，多样的思想意识呈现出多样的价值权衡。思想意识的多样性不仅表现为异质性的思想认知和价值选择，也表现为同一思想认知在不同情境中的多样选择。具体而言，多样的思想意识呈现出“问题意识”与“过程意识”、“个体意识”与“全局意识”、“权利意识”与“法治观念”、“理想情怀”与“利益考量”等多维度的价值取向。多样的思想意识往往表现出具体的情境式选择。例如当下流行的网络热词“键盘侠”正映照了这一问题。面对大众舆论热点，“键盘侠”在网络上以占据道德和价值制高点自居，批判驳斥他人“你为何不这么做”；在面对现实个人利益得失时，以精细的利益考量反问他人“我为何要这么做”。由此，多样的社会思潮与网络新媒体的融合，加剧了网络治理和文化治理的难度，使治理难点更为多样复杂。目前网络信息治理难点主要存在六个方面：一是违法行为升级“触网”，二是信息数据保护监管缺失，三是网络谣言屡禁不止，四是不正当竞争破坏互联网诚信体系，五是大数据时代互联网知识产权保护困难，六是信息不对等的互联网公益事业。② 其二，多样的思想意识面临着一元的价值匡正。多样的思想意识在价值取向和现实利益的考量中不断发生变化，使思想意识具有显性的多变性与隐性的涌动性。由此，培育践行核心价值观面临着多重因素的影响，在利益诉求的变量、思想动态的诱因以及习惯养成的周期等因素作用下面临着具体多变的挑战和压力。“近一些年来，大量娱乐化、庸俗化的文化产品迅速占领各种媒体，尤其是网络媒体，这使得宣传核心价值观和正能量的文化产品并没有充分进入人们的文化消费范围，因而呈现负面的影响。”③ 这需要核心价值观教育以主动“发声”的方式更

---

① 中国互联网络信息中心：《第 43 次中国互联网络发展状况统计报告》，2019 年，第 1 页。

② 参见罗昕、支庭荣：《中国网络社会治理研究报告（2018）》，北京，社会科学文献出版社，2018 年，第 100～106 页。

③ 姜畅、孙伟平、戴茂堂：《文化建设蓝皮书：中国文化发展报告（2018）》，北京，社会科学文献出版社，2018 年，第 247 页。

为鲜明地弘扬核心价值观，以自觉“回声”的方式省察反思各种错误思想意识的症结，以积极“应声”的方式驳斥和匡正各种错误思想意识的观点。

（二）“伟大斗争”进程中面临意识形态领域的挑战

党的十九大报告指出：“实现伟大梦想，必须进行伟大斗争。社会是在矛盾运动中前进中的，有矛盾就会有斗争。”① 伟大斗争具有宏远的价值愿景，以实现伟大梦想为指向，实现中华民族伟大复兴；具有新时代的历史特点，立足新时代“有效应对重大挑战、抵御重大风险、克服重大阻力、解决重大矛盾”；具有鲜明的风险防范意识，“坚决战胜一切在政治、经济、文化、社会等领域和自然界出现的困难和挑战”。② 由此，文化领域的风险防范、矛盾化解以及意识形态领域的斗争是伟大斗争的重要内容。

1. 面临着应对意识形态工作领导权问题的挑战

意识形态领域的斗争具有长期性、复杂性和艰巨性。这是由新时代新的历史特点所决定的，也是由意识形态领域自身的属性特质所决定的。意识形态领域的斗争首要是领导权的斗争，具体表现为稳固意识形态主导权、话语权的斗争。

首先，面临着意识形态领域主导权的挑战。自党的十八大以来，“马克思主义在意识形态领域的指导地位更加鲜明”；与此同时，“意识形态领域斗争依然复杂，国家安全面临新情况”。③ 可见，马克思主义的指导地位更加巩固，但也面临着隐性和复杂的意识形态斗争。基于文化生态的视角审视意识形态领域，意识形态不仅表征为系统化的社会意识，更是具有现实性的文化样态。文化的发展具有时空的限定性和条件性，面临着传统、当下和未来三个时间维度。时间维度不仅是现实的存在维度，也是文化心态的存在维度。就此而言，意识形态领域面临着马克思主义指导地位的巩固，也面临着中国传统文化与西方现代文化的冲突，人们对传统、当下和未来的认知心态和评价心态造成了重传统与重现代的两个极端心态。一种心态是在追忆传统中批判、否定当下，以过去看待、评价当下。此种

① 习近平：《决胜全面建成小康社会　夺取新时代中国特色社会主义伟大胜利——在中国共产党第十九次全国代表大会上的报告》，北京，人民出版社，2017 年，第 15 页。

② 习近平：《决胜全面建成小康社会　夺取新时代中国特色社会主义伟大胜利——在中国共产党第十九次全国代表大会上的报告》，北京，人民出版社，2017 年，第 15、16 页。

③ 习近平：《决胜全面建成小康社会　夺取新时代中国特色社会主义伟大胜利——在中国共产党第十九次全国代表大会上的报告》，北京，人民出版社，2017 年，第 4、9 页。

心态“信而好古”，以理想化的古代社会为价值标准，以古代圣人先贤为理想人格目标；以“贵古贱今”的心态，批判当今社会“人心不古”，形成了对现实社会发展的批判性与对古代理想社会的向往性之间的鲜明对比。另一种心态则是在满怀梦想中，以当下评判、否定过去。此种心态无视传统文化，将传统文化统统斥为“糟粕”，以西方文化之长揭传统文化之短，以实证精神批判思辨精神，消解传统文化的合理性和积极性。基于多样的社会文化心态，马克思主义需要以思想引领和价值匡正的方式，强化主流价值导向，运用马克思主义立场、观点、方法，坚持“客观、科学、礼敬”的态度传承和发展传统文化，更好地服务现代化建设。

其次，面临着意识形态领域话语权的挑战。党的十九大报告指出：“落实意识形态工作责任制，加强阵地建设和管理，注意区分政治原则问题、思想认识问题、学术观点问题，旗帜鲜明反对和抵制各种错误观点。”① 就此而言，意识形态话语权的挑战主要源自两个方面：一方面，马克思主义的大众化需要进一步深化。这具体表现为马克思主义的政治话语、学术话语与现实生活话语之间缺乏有机贯通，即学术话语偏重学术性阐释，而缺乏生活化的转化和实践。意识形态领域的话语权具有现实的导向性，立足新时代的历史方位，实现核心价值观的时代化阐释，将核心价值观作为当代中国精神的集中体现予以深化践行；也具有主体的大众性，将核心价值观转化为人民群众“日用常行”的价值准则，内化为“日用不觉”的价值观念。基于此，“必须推进马克思主义中国化时代化大众化，建设具有强大凝聚力和引领力的社会主义意识形态，使全体人民在理想信念、价值理念、道德观念上紧紧团结在一起”②。另一方面，马克思主义的话语权在不同程度上存在一些“杂音”。例如在中华传统文化传承创新的过程中，有的主张以儒学取代主流文化，甚至主张以儒家替代马克思主义的指导地位；有的主张在复古中“原汁原味”地传承传统文化，更有甚者以媚俗的方式任意歪曲或过度消费传统文化。由此，应对意识形态话语权的挑战，需要以生活化的话语表达方式提升马克思主义的话语影响力和指导力，以马克思主义的立场、观点、方法甄别和辨识意识形态领域中差异化的价值观点和多样性的价值选择。与此同时，应对意识形态话语权的挑战，需要以生活化的话语表达方式优化核心价值观的话语辐射力和渗透

---

① 习近平:《决胜全面建成小康社会　夺取新时代中国特色社会主义伟大胜利——在中国共产党第十九次全国代表大会上的报告》,北京,人民出版社,2017 年,第 42 页。

② 习近平:《决胜全面建成小康社会　夺取新时代中国特色社会主义伟大胜利——在中国共产党第十九次全国代表大会上的报告》,北京,人民出版社,2017 年,第 41 页。

力，以客观、科学、礼敬的态度大力传承中华优秀传统文化的人文精神和基本理念，弘扬核心价值观的时代特质和时代精神。

2. 面临着应对国家文化安全问题的挑战

文化自信、文化自强是国家软实力的重要彰显，也是维系国家文化安全的重要因素，直接呈现在意识形态领域之中。基于意识形态领域斗争的长期性、复杂性和艰巨性，意识形态领域的稳定与否更是直接关涉国家文化安全问题。在此意义上，意识形态领域不仅具有政治属性的本质使命，以牢牢坚持中国特色社会主义为本质规定；也具有文化属性的战略任务，要牢牢坚持文化自信、提升文化自觉，以期推进社会主义文化强国建设。

首先，面临着文化自信的问题挑战。习近平指出："文化自信，是更基本、更深沉、更持久的力量。坚定文化自信，是事关国运兴衰、事关文化安全、事关民族精神独立性的大问题。"① 文化自信对意识形态安全产生了长远而持久的影响力。文化自信是以理性平和的心态、开放包容的姿态审视他者文化。在当下境遇中，文化自信面临着两个不良倾向：一者具有文化自卑倾向，立足"以西解中"的文化思维，以西方的文化逻辑批判中华传统文化的文化理路，简单否定中华传统文化。此种倾向是基于西方中心主义的价值认知，以西方文化思维看待中华传统文化，以他者思维审视本土文化，造成了异质文化之间的文化隔阂与隔膜，甚至造成了文化的误读与冲突。一者具有文化自负倾向，持守中华传统文化的同时缺乏"守"与"变"的辩证思维，一味僵化传承传统文化而缺乏因时而变的时代创新；缺乏文化交流与互鉴的开放思维，简单排斥其他文化与文明，缺乏平等对话的包容心态。此种倾向则是基于"好古""崇古"的价值偏向，或者偏重于传统文化的发展延续性，以"守"的方式拒斥"变"的时代创新；或者偏重于传统文化的发展"前瞻性"，以"早熟的文化"自居，形成自负的文化心态。由此，文化自信问题在很大程度上是民众文化心态问题。在社会主义现代化强国建设过程中，国人的文化心理如何更为理性、成熟和稳健，是加强文化自信的重要论题和任务。坚定文化自信要塑造理性的文化心态，以辩证科学的态度审视中华传统文化的发展脉络、精神标识；也要塑造成熟的文化心态，以"不偏不倚""执两用中"的文化智慧去审视中华传统文化。

其次，面临着文化安全的问题挑战。新时代是中国特色社会主义文化大发展大繁荣的时代，国家文化软实力和中华文化影响力大幅提升。党的

① 习近平:《在中国文联十大、中国作协九大开幕式上的讲话》,《人民日报》2016 年 12 月 1 日。

十九大报告指出："必须坚持国家利益至上，以人民安全为宗旨，以政治安全为根本，统筹外部安全和内部安全、国土安全和国民安全、传统安全和非传统安全、自身安全和共同安全。"① 文化安全作为国家安全的重要组成部分，发挥着文化软实力的柔性保障和深远影响。国家文化安全不仅体现在意识形态领域的主导权和话语权的巩固程度，还体现在文化竞争力、创造力和影响力层面。一方面，国家文化安全具有隐性的文化影响力，在文化产品、文化创意和文化产业等层面发挥着渗透作用。西方意识形态渗透已经不再是单纯的价值观输出和宣扬，而是以各种文化产品裹挟着西方的价值观念，甚至借鉴和融入各种中国原则，使民众在各种文化消费中不自觉地接触和接受其价值观影响。在此意义上，国家文化安全面临着隐性的文化植入，西方价值观的输入和影响是以各种文化产品和文化消费等方式进行文化渗透。另一方面，国家文化安全需要显性的文化体制机制保障。文化体制机制对于激发文化创造创新活力，发挥着制度的文化引导和价值保障作用。国内文化产业体制机制有待完善，把讲好中国故事转化为做好中国文化产品的创造活力仍不足，导致中国文化在国际上的整体实力和竞争力不足。由此，国家文化安全既要融入宏观的国家安全战略格局之中，也要落实到文化产业的创新发展过程中。如何完善文化产业的体制机制、激发文化创造力、增强文化产品的消费力和影响力，是应对文化安全问题挑战的发展指向。

（三）"伟大工程"进程中面临信仰信念层面的挑战

党的十九大报告指出："这个伟大工程就是我们党正在深入推进的党的建设新的伟大工程。"② 伟大工程具有鲜明的问题指向，要以勇于直面的定力，敢于刮骨疗毒的魄力，消除党的建设存在的问题，"消除一切损害党的先进性和纯洁性的因素，清除一切侵蚀党的健康肌体的病毒"③。

1. 面临着解决好世界观、人生观、价值观这个"总开关"问题

习近平指出："理想信念是共产党人的精神之'钙'，必须加强思想政

---

① 习近平：《决胜全面建成小康社会　夺取新时代中国特色社会主义伟大胜利——在中国共产党第十九次全国代表大会上的报告》，北京，人民出版社，2017 年，第 24 页。

② 习近平：《决胜全面建成小康社会　夺取新时代中国特色社会主义伟大胜利——在中国共产党第十九次全国代表大会上的报告》，北京，人民出版社，2017 年，第 16 页。

③ 习近平：《决胜全面建成小康社会　夺取新时代中国特色社会主义伟大胜利——在中国共产党第十九次全国代表大会上的报告》，北京，人民出版社，2017 年，第 16 页。

治建设，解决好世界观、人生观、价值观这个‘总开关’问题。”① 立足新时代，解决好总开关的问题，以坚定理想信仰为根基，坚守共产党人的精神追求，巩固安身立命的根本。

首先，需要进一步坚定理想信念的信仰。习近平强调：“理想信念就是共产党人精神上的‘钙’，没有理想信念，理想信念不坚定，精神上就会‘缺钙’，就会得‘软骨病’。”② 在理想信念的内容层面，马克思主义信仰、社会主义共同理念和共产主义远大理想是理想信念的根本内容，也是共产党人的价值根基、价值原则和实践指南。理想信念的迷茫与迷失，首要原因是对马克思主义的理解不透彻、学习不系统。换言之，“读原著、学原文、悟原理”是掌握马克思主义科学精髓的必要途径。由此，理想信念问题是共产党人立足终身学习意识，不断将马克思主义理论内化为世界观、人生观和价值观。在理想信念的内化层面，理想信仰是人对特定文化理念、价值观念的笃诚恪守过程，使其升华为终生希求的价值归属。“现实生活中，一些党员、干部出这样那样的问题，说到底是信仰迷茫、精神迷失。”③ 在此意义上，理想信念的动摇是对马克思主义信仰产生迷茫、怀疑、动摇，在一定程度上丧失了对共产主义的价值信仰和价值诉求，继而丧失了根本的精神支撑、价值归宿和情感寄托。

其次，需要进一步笃定理想信念的践行。习近平强调：“明大德，就是要铸牢理想信念、锤炼坚强党性，在大是大非面前旗帜鲜明，在风浪考验面前无所畏惧，在各种诱惑面前立场坚定，这是领导干部首先要修好的‘大德’。”④ 德性是关于理想信念认知、理解和践行的道德品行。“德”是理想信念之“得”，是在安身立命的意义源头中寻求价值信条的确定性，也是在知行合一的现实践行中寻求价值信念的笃定性。在此意义上，学懂、弄通是做实的认知前提和理论基础，做实是检验学懂、弄通的客观标准和衡量尺度。在践行过程中，理想信念不坚定的问题在很大程度上归结于马克思主义学风贯彻不透彻、践行不深入，尚未完全将理论联系实际的学风精神融入现实工作中。由此，坚定理想信念更需要在实事求是的理论践行中，将科学的世界观、人生观和价值观融入现实生活实践中，使马克思主义学风与实事求是的工作作风有机融合，将马克思主义的信仰转化为

---

① 习近平：《在党的群众路线教育实践活动第一批总结暨第二批部署会议上的讲话》，《党建研究》2014 年第 2 期。

② 《习近平谈治国理政》，北京，外文出版社，2014 年，第 15 页。

③ 《习近平谈治国理政》，北京，外文出版社，2014 年，第 15 页。

④ 《习近平李克强栗战书赵乐际分别参加全国人大会议一些代表团审议》，《人民日报》2018 年 3 月 11 日。

激励党员干部完善素质、提升能力、转变作风的精神动力。

2. 面临着抵制不良文化影响问题

习近平强调："特别是新形势下加强和改进党的建设面临'四大考验''四种危险'，落实党要管党、从严治党的任务比以往任何时候都更为繁重更为紧迫。"① 新时代是全面建设社会主义现代化强国的时代，正处于社会主义市场经济改革发展进程之中。在此时代境遇中，党的建设并非处于时代真空之中，而是处于市场经济环境之中，也处于多维的社会文化生态之中，面临着商品交换原则的侵蚀和不良文化生态的负面影响。

首先，面临着商品交换原则对党内政治生态的侵蚀。党的十九大报告指出："要深刻认识党面临的执政考验、改革开放考验、市场经济考验、外部环境考验的长期性和复杂性。"② 改革开放面对多样的经济文化和社会环境，社会文化生态具有多维形态特征，使各种文化形态共生于市场经济环境之中，其中裹挟夹杂着不良文化，并发挥着不可忽略的负面影响。市场经济遵循着商品交换原则，以"经济人"为价值预设，以实现经济利益的最优化和最大化为价值导向。然而市场经济的价值预设绝然不可无边界地任意扩大，更不可以将其作为唯一的价值衡量标准。一方面，商品交换原则对党内生活的侵蚀，是由经济领域的价值原则渗透入政治生态之中。这正是根源于以利益原则为衡量标准，将经济利益泛化到党内政治生活之中，影响到党的先进性和纯洁性建设，进而影响到良好政治生态的营造。另一方面，商品交换原则对党内生活的侵蚀，是将个人生活领域中的价值利益考量迁延到党内生活以及公务职务活动之中，导致个人权力与公权力的边界混淆。

其次，面临着各种不良文化对党内政治生态的侵蚀。新时代以全面深化改革作为坚持和发展中国特色社会主义的基本方略之一。全面深化改革以破除一切不合时宜的思想观念和体制机制弊端为基本任务。党的十九大报告指出："坚决防止和反对个人主义、分散主义、自由主义、本位主义、好人主义，坚决防止和反对宗派主义、圈子文化、码头文化，坚决反对搞两面派、做两面人。"③ 改革开放的进程不仅是经济体制机制的改革过程，也是思想解放和激活的过程。由此，各种文化交织共生，形成多维共存的

① 《习近平谈治国理政》，北京，外文出版社，2014 年，第 15 页。

② 习近平：《决胜全面建成小康社会　夺取新时代中国特色社会主义伟大胜利——在中国共产党第十九次全国代表大会上的报告》，北京，人民出版社，2017 年，第 61 页。

③ 习近平：《决胜全面建成小康社会　夺取新时代中国特色社会主义伟大胜利——在中国共产党第十九次全国代表大会上的报告》，北京，人民出版社，2017 年，第 63 页。

文化生态。一方面，西方文化思潮渗透进国内，个人主义、自由主义等思潮占据一定的市场。林林总总的不良思潮在很大程度上表现为：尊崇权力意识而无视规则意识、党纪意识，尊崇利益原则而丧失理想情怀，尊崇个人价值而无视集体和全局利益。另一方面，传统文化中的糟粕因素也沉渣泛起，本位主义、宗派主义、码头文化也渗透进党内政治生活。这表现为沾染浓重的江湖气息，沉迷官场潜规则，人身依附替代党内同志关系，徇私情私利而无视党性原则，进而褪去了共产党人的政治本色。由此，不良文化仍具有一定的文化土壤和社会基础，仍以顽疾的方式发挥着不良渗透作用。这需要以更为高度的文化自觉，辨识各种不良文化的具体样态，辨明不良文化的劣根性；以高度的政治自觉，坚决抵制各种不良文化的思想侵蚀，增强政治觉悟、政治定力和政治能力。

综上所述，新时代为人的全面发展和社会全面进步设定了新的历史方位，新时代为人民美好生活向往开启了新的价值愿景。在此意义上，新时代深化了核心价值观的时代内涵，拓展了培育和践行核心价值观的时代路径。在新时代的历史方位中，核心价值观教育必然是在新的时代际遇中面临着新的发展机遇和挑战，也必然是在新的历史实践中彰显“因时”“因势”“因事”的实践智慧。

第六章　新时代人的文化存在视域下社会主义核心价值观教育内容拓展

人的文化存在具有人的存在与文化存在的本质属性。人的存在是自由自觉的活动，以实践为根本存在方式。文化存在是人的精神活动过程和结果，彰显出“以文化人”的价值功用。基于此，人的存在与文化存在以实践为本质关联，为人的文化存在设定了人本价值维度和实践时空维度。立足新时代，文化与人的内在关联性和同一性更为鲜明。新时代开启了人的全面发展的新历史方位，也确立了“坚定文化自信，推进社会主义文化繁荣兴盛”的发展指向。顺应新时代的价值指向，核心价值观教育立足人的文化存在的主体、过程和场域等三重维度，围绕人民的全面发展、社会的全面进步、精神文明创建等方面，拓展和完善系统化的教育内容。

一、基于人的文化存在主体的社会主义核心价值观教育内容拓展

在人的文化存在的视域中，价值观教育是关乎人的教育和关于文化的教育。价值观教育是人与文化的价值实现教育，也是人与价值观之间发生本质关联的实践过程。在此意义上，价值观教育以人与价值观为双向教育主体，即价值观以价值观念、价值规则等具体内容进行“以文化人”的教育过程；人则是具体表征为“知、情、意、信、行”相统一的存在，在文化的价值统摄、精神引领和规则匡正下，促成个体的全面发展、群体的关系和谐、国家的价值合力。

党的十八大报告提出：“倡导自由、平等、公正、法治，倡导爱国、敬业、诚信、友善，积极培育社会主义核心价值观。”[①] 党的十九大报告

① 中共中央文献研究室编:《中国共产党第十八次全国代表大会文件汇编》,北京,人民出版社,2012年,第23页。

提出："社会主义核心价值观是当代中国精神的集中体现，凝结着全体人民共同的价值追求。"① 在此意义上，这三个"倡导"分别从国家、社会和公民层面彰显了国家、社会和个体的文化价值诉求。基于此，核心价值观教育具有人与文化的双重主体的教育内容。在人的层面，核心价值观教育以人民为教育对象与主体，以构建和谐的精神世界、实现人性的和谐统一、促成人民的全面发展为根本内容，进行价值观的认知教育、情感教育、意志教育、信念教育和实践教育。在价值观的层面，核心价值观教育以价值观为根本教育内容，进行价值观念的理解与实践教育，将价值观的本真内容以内化的方式渗透于人民的内心世界，以外化的方式激励人民恪守践行。可见，核心价值观教育基于文化存在的主体维度，立足国家、社会和个体等三重维度，基于文化主体的认知与实践的发生过程，按照"知、情、意、信、行"的教育内容，实现由认知教育到践行教育的拓展衔接。以大学生为调研主体，关于践行社会主义核心价值体系状况的调研数据如表 6-1 所示。

表 6-1　关于社会主义核心价值观中最认同的三项排序

	数量	有效值	排名
富强	2963	7443	2
民主	3527	8294	1
文明	2116	3982	4
和谐	2178	4136	3
自由	1482	2674	8
平等	1966	3656	5
公正	1911	3382	6
法治	1583	2733	7
爱国	1208	2611	9
敬业	102	158	12
诚信	1134	1782	10
友善	323	427	11

资料来源：杨耕、吴向东《社会主义核心价值观理论与方法》（下），四川人民出版社 2017 年版，第 2016～2017 页。

① 习近平：《决胜全面建成小康社会　夺取新时代中国特色社会主义伟大胜利——在中国共产党第十九次全国代表大会上的报告》，北京，人民出版社，2017 年，第 42 页。

表 6-1 数据显示："在社会主义核心价值观关涉的国家、社会、公民个体三个层面的价值目标要求中，最受大学生群体关注的是国家未来的发展目标，其次是社会价值目标，最后是公民个体行为价值取向。"① 可见，国家、社会和个体三个层面呈现出鲜明的价值排序，彰显出国家和社会的价值聚合力，也折射出个体的价值诉求和价值远景。由此，核心价值观在这三个主体层面发挥着不同的价值影响力和辐射力，构成了层层递进的价值认同和价值关联。

（一）基于国家价值目标的教育内容拓展

价值目标是价值观构建其合理性与必要性的逻辑基础，价值目标的凝聚程度也是评价衡量价值观的重要表征。在此意义上，价值观的目标凝聚不是凭空的精神鼓动，而是根植于人的现实属性，即在一定社会关系中、在一定物质条件下，以从事实践活动、有生命的人为价值观照的现实性主体。同时，价值目标的凝聚不是全然关注现实利益，而是根植于人的超越性，即以提升人的主体性价值、激发人的潜能、提高人的自由自觉的程度为价值指向。"富强、民主、文明、和谐是国家层面的价值目标"②，在此意义上，国家价值目标基于人民的现实性和超越性，作为个体、群体和类的存在，以多维的存在方式，在"合力"中实现了国家价值目标的凝聚。

1. 基于国家价值目标凝聚的教育内容拓展

核心价值观教育具有根本的指向性，即"紧紧围绕坚持和发展中国特色社会主义这一主题，紧紧围绕实现中华民族伟大复兴中国梦这一目标，紧紧围绕'三个倡导'这一基本内容"③。在此意义上，核心价值观教育具有"致广大而精微"的教育指向，立足国家宏观整体的价值目标，以"富强、民主、文明、和谐"为全社会和人民所共同接受的价值指向，实现"致广大"的价值目标向"尽精微"的教育内容转化拓展。

首先，"富强"是彰显国家综合实力发展的价值目标。"富强"作为国家价值目标，具体表征为强国建设、民族复兴和人民富足。在强国建设层面，"富强"是在全面建成小康社会的基础上分两步走，在 21 世纪中叶建成富强、民主、文明、和谐、美丽的社会主义现代化强国。在民族复兴层面，"富强"是中华民族奋斗不息的价值目标，"中华民族由近代不断衰落

---

① 杨耕、吴向东:《社会主义核心价值观理论与方法》(下)，成都，四川人民出版社，2017 年，第 2017 页。

② 《关于培育和践行社会主义核心价值观的意见》，北京，人民出版社，2013 年，第 4 页。

③ 《关于培育和践行社会主义核心价值观的意见》，北京，人民出版社，2013 年，第 5 页。

到根本扭转命运、持续走向繁荣富强的伟大飞跃”①。在人的发展层面，人民的健康生活质量的提升是富强的重要直接体现，“人民健康是民族昌盛和国家富强的重要标志”②。由此，核心价值观教育是基于“富强”的三重价值维度予以拓展教育内容，深化社会主义现代化强国的价值观教育，牢牢坚持中国特色社会主义的根本内在规定；深化“中国梦”的价值观教育，凝聚中华民族伟大复兴的价值共识；深化人民的使命教育，引导人民更为自觉地认识到国富民强的内在关联，积极提倡健康文明的生活风尚和价值引领。

其次，“民主”是彰显国家先进性和优越性的价值目标。“民主”作为中国特色社会主义的内在规定，蕴含着党性、人民性和制度性的价值取向。“民主”具有制度性的价值取向，“我国是工人阶级领导的、以工农联盟为基础的人民民主专政的社会主义国家，国家一切权力属于人民”③。“民主”具有人民性的价值目标，“我国社会主义民主是维护人民根本利益的最广泛、最真实、最管用的民主”④。“民主”具有党性的内在规定，“党的领导是人民当家作主和依法治国的根本保证”⑤。由此，核心价值观教育是彰显民主的社会主义内在规定，坚持党的领导、人民当家作主、依法治国有机统一，使民主这一价值目标不仅在制度建设层面予以充分彰显，并且在社会治理层面予以细化落实，增强人民平等参与、平等发展的意识，提升参与社会基层治理的能力，“体现人民意志、保障人民权益、激发人民创造活力”⑥。

再次，“文明”是彰显国家软实力的价值目标。“文明”作为中国特色社会主义的价值彰显，蕴含着国家治理文明、社会精神文明、人民道德文明等多重价值目标。基于此，核心价值观教育要立足于国家治理、社会文化和人民素养等层面拓展“文明”的价值观教育内容。在国家治理层面，

---

① 习近平:《决胜全面建成小康社会　夺取新时代中国特色社会主义伟大胜利——在中国共产党第十九次全国代表大会上的报告》,北京,人民出版社,2017年,第14页。

② 习近平:《决胜全面建成小康社会　夺取新时代中国特色社会主义伟大胜利——在中国共产党第十九次全国代表大会上的报告》,北京,人民出版社,2017年,第48页。

③ 习近平:《决胜全面建成小康社会　夺取新时代中国特色社会主义伟大胜利——在中国共产党第十九次全国代表大会上的报告》,北京,人民出版社,2017年,第35页。

④ 习近平:《决胜全面建成小康社会　夺取新时代中国特色社会主义伟大胜利——在中国共产党第十九次全国代表大会上的报告》,北京,人民出版社,2017年,第35～36页。

⑤ 习近平:《决胜全面建成小康社会　夺取新时代中国特色社会主义伟大胜利——在中国共产党第十九次全国代表大会上的报告》,北京,人民出版社,2017年,第36页。

⑥ 习近平:《决胜全面建成小康社会　夺取新时代中国特色社会主义伟大胜利——在中国共产党第十九次全国代表大会上的报告》,北京,人民出版社,2017年,第36页。

“文明”以治理现代化为发展指向，以全面提升物质文明、政治文明、精神文明、社会文明、生态文明为价值目标。在社会文化层面，“文明”以发展中国特色社会主义文化为内在规定，“就是以马克思主义为指导，坚守中华文化立场”，“发展面向现代化、面向世界、面向未来的，民族的科学的大众的社会主义文化，推动社会主义精神文明和物质文明协调发展”。[①] 在人民素养层面，“文明”以倡导健康文明生活、提升精神文明素养为价值导向，“提高人民思想觉悟、道德水准、文明素养”[②]。

最后，“和谐”是彰显国家安定治理的价值目标。“和谐”作为中华优秀传统文化的重要价值理念，蕴含着人与人的关系和谐、人与自然的共生和谐等价值取向。在此意义上，核心价值观教育要善用关系思维，立足人的交往关系、人与自然的共生关系，拓展“和谐”的价值观教育内容。在人的关系层面，“和谐”意味着国家治理的长治久安、社会关系的稳定有序以及人民生活的安居乐业；“和谐”的价值目标是“现代社会治理格局基本形成，社会充满活力又和谐有序”[③]。在人与自然关系层面，“和谐”意味着人与环境的有机协调，实现人与自然和谐共生的现代化；“和谐”的价值目标是“美丽中国”目标基本实现，“还自然以宁静、和谐、美丽”，“提供更多优质生态产品以满足人民日益增长的优美生态环境需要”。[④]

2. 基于国家价值目标实现的教育内容拓展

文化共同体作为共有价值观念和文化传承的共同体，其凝聚力的稳固和增强需要制度化的保障。在此意义上，价值目标的凝聚离不开国家认同、民族认同和制度认同，国家为价值目标的凝聚提供了强大的制度支撑，捍卫了价值目标的合法性与合理性，增强了价值观传播的话语权。

首先，深化国家价值目标凝聚的制度教育。国家构建了完善的制度体系，既有稳定的制度框架，也具有系统化的治理功能。治理体系的完善、治理水平的提升，直接关涉国家制度和体制的运行效度，也直接彰显了内在的治理目标和理念。“发展社会主义先进文化、广泛凝聚人民精神力量，

---

① 习近平：《决胜全面建成小康社会　夺取新时代中国特色社会主义伟大胜利——在中国共产党第十九次全国代表大会上的报告》，北京，人民出版社，2017年，第41页。

② 习近平：《决胜全面建成小康社会　夺取新时代中国特色社会主义伟大胜利——在中国共产党第十九次全国代表大会上的报告》，北京，人民出版社，2017年，第42页。

③ 习近平：《决胜全面建成小康社会　夺取新时代中国特色社会主义伟大胜利——在中国共产党第十九次全国代表大会上的报告》，北京，人民出版社，2017年，第28页。

④ 习近平：《决胜全面建成小康社会　夺取新时代中国特色社会主义伟大胜利——在中国共产党第十九次全国代表大会上的报告》，北京，人民出版社，2017年，第50页。

是国家治理体系和治理能力现代化的深厚支撑。”① 在此意义上，国家紧密围绕核心价值观的弘扬和倡导，通过文化体制改革、文化管理体系完善、现代公共文化服务体系完善等制度保障，保障核心价值观的引领力；通过制度的限定、秩序、规范等多种功能，渗透进国家和社会治理的各个层面，保障核心价值观的渗透力。

其次，深化国家价值目标凝聚的文化安全教育。核心价值观的凝聚和稳固，是国家文化安全的重要表征。国家文化安全以维系主流意识形态、弘扬核心价值观、传承优秀传统文化为要旨。在此意义上，国家具有稳定而强大的制度支撑，为核心价值观的凝聚提供了安全保障。在共时态维度，积极吸收借鉴国外一切优秀文化成果，保持核心价值观的民族性，彰显民族意识和民族精神；在历时态维度，传承优秀传统文化，增强核心价值观的时代性，彰显时代精神。国家既以刚性的物质基础、制度支撑维系国家安全，加强文化安全保障，坚持社会主义先进文化前进方向；也以柔性的文化引领，增强文化软实力，保持核心价值观的文化内聚力。

最后，深化国家价值目标凝聚的文化话语权教育。“坚持以社会主义核心价值观引领文化建设制度。”② 核心价值观不仅是增强国家、社会和民族内聚力的精神内核，也是传播和表达中国声音的价值符号。在此意义上，核心价值观教育注重话语权的教育导向，提升话语的自主权，以高度的文化定力，坚持中国特色社会主义文化发展道路；增强话语的导向权，以高度的文化主导力，巩固马克思主义在意识形态领域的指导地位；提升话语的传播权，以高度的文化辐射力，增强中华文化的海外传播；巩固话语的评价权，以高度的文化匡正力，在一元与多样的文化张力下，增强主流意识形态的主导地位。

（二）基于社会价值取向的教育内容拓展

“自由、平等、公正、法治是社会层面的价值取向。”③ 社会价值取向作为国家价值目标与个人价值准则的联结纽带，发挥着重要的价值协同和趋同的作用，凝聚着共有的价值目标。社会价值取向对个体、群体和社会具有价值关联和协调功能。在个体层面，社会价值取向基于整个社会的全

① 《中共中央关于坚持和完善中国特色社会主义制度、推进国家治理体系和治理能力现代化若干重大问题的决定》，北京，人民出版社，2019年，第22页。

② 《中共中央关于坚持和完善中国特色社会主义制度、推进国家治理体系和治理能力现代化若干重大问题的决定》，北京，人民出版社，2019年，第23页。

③ 《关于培育和践行社会主义核心价值观的意见》，北京，人民出版社，2013年，第4页。

局考量，对个体进行内在的道德规范和柔性约束。在群体层面，社会价值取向基于个体的利益归属性、权利独立性等特点，从社会整体的价值优化原则出发，对个体之间进行关系约束和行为匡正。在此意义上，核心价值观教育内容的拓展，要强化全社会价值取向的通约和共识，将“自由、平等、公正、法治”的价值理解予以趋同化和通约化。就趋同化而言，核心价值观教育使社会各群体达到共有的价值理解，避免价值取向的概念模糊化、理解歧义化。就通约化而言，核心价值观教育使个体之间、个体与群体之间，既承认价值理解的个体性化和差异性，又要实现价值理解的契合性和互补性。

1. 基于社会价值共识的教育内容拓展

社会价值观基于社会群体内部以及群体之间的生存发展需求，逐渐形成相同或相似的价值评价、权衡和选择的态度观念。社会主流价值观发挥着趋同契合与趋异适应的双重功能。就趋同契合而言，社会主流价值观是在价值理解和价值践行过程中，在共同利益维系的现实前提下，构成了具有共有价值目标、共通价值原则、共同价值评价的价值共同体。就趋异适应而言，社会主流价值观在价值交往过程中，在巩固主流价值主导性的前提下，对个体之间、个体与群体之间予以价值包容，实现价值差异化与价值趋同化的共生协同。

首先，“自由”为构建现代化社会拓展了政治空间、社会空间和文化空间。自由具有精神意义上的价值理解，也具有实体意义上的权利和利益理解。关于自由的价值观已经广为认知、接受和理解。然而关于自由的本质内涵、价值目标、评判标准等方面的界定和理解，则需要进一步厘清，以此避免概念理解上的混淆、价值实践上的冲突。党的十九大报告提出：“维护国家法制统一、尊严、权威，加强人权法治保障，保证人民依法享有广泛权利和自由。”[①] 基于自由的理解深化，核心价值观教育要匡正对自由的本真理解，明确自由的本质目标是实现人的全面发展，自由的本质是达到个体、群体与社会的关系融通和谐。正如马克思恩格斯指出的：“只有在共同体中，个人才能获得全面发展其才能的手段，也就是说，只有在共同体中才可能有个人自由”[②]；“每个人的自由发展是一切人的自由发展的条件”[③]。在此意义上，个体具有价值存在的独立性，以个人的全

① 习近平:《决胜全面建成小康社会　夺取新时代中国特色社会主义伟大胜利——在中国共产党第十九次全国代表大会上的报告》,北京,人民出版社,2017年,第37页。

② 《马克思恩格斯选集》第1卷,北京,人民出版社,2012年,第199页。

③ 《马克思恩格斯选集》第1卷,北京,人民出版社,2012年,第422页。

面发展为价值基点。群体则具有价值存在的归属性，在个体的自由发展过程中寻求在群体内部达到适度的价值平衡点。基于自由的实践深化，核心价值观教育要适度处理好个体、群体之间的自由边界，使价值主体既有自由的权利空间，也要保持理性的权利边界。换言之，自由基于价值主体的精神感悟和诉求，尊重社会成员的价值存在感；基于价值关系的权利保障和匡正，尊重规范自由的规则意识和法治精神。

其次，“平等”为构建现代化社会拓展了“以人为本”的价值实践。平等是体现关系意义的价值范畴，是在价值主体之间的关系比较基础上得出的价值评判。就其字面意义而言，“平等”是在关系对等的前提下，实现利益、权利和地位的平衡性和对等性。党的十八大报告明确指出：“要在全体人民共同奋斗、经济社会发展的基础上，加紧建设对保障社会公平正义具有重大作用的制度，逐步建立以权利公平、机会公平、规则公平为主要内容的社会公平保障体系，努力营造公平的社会环境，保证人民平等参与、平等发展权利。”① 就此而言，平等的价值观充分彰显出新时代的发展方位，深化了具有现代意义和社会主义本质规定的价值意蕴。就此而言，“平等”的价值观既要从中华优秀传统文化中汲取价值精髓，也要实现时代的当下转化和创新发展。“平等”意识由“等贵贱，均贫富”的传统价值观念向“法律面前人人平等”的现代价值理念转变，“平等”的价值观念由传统意义上的利益分配平等转化到现代意义上的发展机会均等、发展权利平等、发展成果均衡。

再次，“公正”为构建现代化社会深化了“公平正义”的价值原则。公正意味着社会制度、社会运行和社会价值的合理性和合法性。在此意义上，核心价值观教育注重“公正”价值观的时代转化，注重“公正”的原则性与情境性的有机融通，达到价值目标与价值实现手段的有机协调。《“90后”青年的社会价值取向分析》的调研结果显示：“对于‘90后’青年来说，培育其个人积极的社会价值观是一方面，另一方面还要关注其对社会现状的感知，并且在现状感知与青年理想价值观存在差异的时候，给予积极引导，让正向的社会价值观能充分发挥积极的作用。”② 就此而言，深化“公平正义”的价值原则是引导人实现传统与现代文化关于“公平”内涵的厘清，实现两者的创新融合。在政治学范畴中，公正是制度层面的

① 中共中央文献研究室编：《中国共产党第十八次全国代表大会文件汇编》，北京，人民出版社，2012年，第13～14页。

② 王俊秀等：《中国社会心态研究报告（2018）》，北京，社会科学文献出版社，2018年，第198～199页。

合理化设计和运作。“公平正义是中国特色社会主义的内在要求。”① 在伦理学范畴中，公正是主体层面对社会政治、经济、法律、道德等领域合理性的认同，成为人际交往、价值评价的基本规范。深化“公平正义”的价值原则是引导人把握“公正”的处世方式和道德准则，既遵照“公平自由原则”，以实现个体、群体与社会之间的权利与义务的均等分配为价值评判标准；又按照“差别原则”，基于权利与义务分配的不均等，对弱势群体予以利益协调，在社会群体之间的宽容和互补中促成对社会公平的价值实现和利益实现。

最后，“法治”为构建现代化社会奠定了“依法治国”的制度保障。党的十九大报告明确指出：“明确全面推进依法治国总目标是建设中国特色社会主义法治体系、建设社会主义法治国家。”② 法治建设是国家治理体系与治理能力现代化的重要内容，也是现代化治国理政的基本方式。在此意义上，“法治”具有宏观意义上的全局治理作用，也具有中观意义上的社会协调功能，还具有微观意义上的生活规范功用。基于“法治”的现代化内涵，核心价值观教育要注重法治意识和法治思维的引导，将法治的规则性与程序性、法治的权利与义务的统一性融入教育理念和内容之中。核心价值观教育也要注重法治的规范性和匡正性，将刚性法律规范与柔性价值教育有机结合，将权利意识和法治意识融入价值观教育之中。由此，“法治”价值观在价值引导过程中强化责任意识与权利意识的内在统一，以价值觉醒理性引导利益觉醒，以大局意识匡正体系意识，以此提升个体参与治理能力、社会治理的自组织能力和国家治理的统筹能力。

2. 基于社会价值取向实现的教育内容拓展

人的文化存在不仅是“现实的个人”的实体存在，也是“社会关系总和”的关系存在。在此意义上，人的文化存在在社会文化的熏陶过程中为人的社会化进程奠定了文化根基，也为人的社会化能力融入了价值支撑。由此，社会价值取向是社会化的价值凝练，也是社会共同体的价值观念通约。在社会价值取向层面，核心价值观正是以社会的共同价值取向为纽带，折射出个体、群体和社会的主体意识和诉求，反映和折射出时代精神，与时代的发展主题相一致，在实现“中国梦”的时代强音中汇集和彰显出共同理想，形成强大的文化认同感和归属感。

---

① 中共中央文献研究室编：《中国共产党第十八次全国代表大会文件汇编》，北京，人民出版社，2012 年，第 13 页。

② 习近平：《决胜全面建成小康社会　夺取新时代中国特色社会主义伟大胜利——在中国共产党第十九次全国代表大会上的报告》，北京，人民出版社，2017 年，第 19 页。

首先，基于社会价值认同的教育内容拓展。社会共同体的价值认同构成了价值目标凝聚的文化“黏合剂”。核心价值观教育要发挥社会共有价值观的凝聚性，以共有文化的协调力，以价值认同的方式，将文化理念和价值观念作为主体认同的价值标准，由文化认同拓展至社会认同，以文化的亲和力促成稳固的社会共同体。在此意义上，核心价值观教育以个体、群体和共同体层层通约递进的方式，使个体通过价值接受和价值认同，“自认为自己是这个社会的一个成员，与其他成员有着平等的身份，兼有归属的意识、价值观的趋同、情感的关联以及权利义务的自觉”①。由此，社会价值认同教育是以“自上而下”的教育路向将国家的价值目标转化为社会的价值取向，以更具实践性和操作性的价值实现方式，以社会合力实现国家价值目标；也是以“自下而上”的教育路向将个人的价值准则聚合为社会的价值取向，以更为通约和认同的实践方式实现个人价值与社会价值的有机统一。

其次，基于社会交往实践的教育内容拓展。社会共同体的社会交往构成了价值观凝聚的关系“缓冲器”。价值观具有文化的约束力，以价值通约和价值恪守的方式促成了社会关系的柔性缓冲。由此，社会交往实践的教育是社会价值取向聚合的具体教育内容，也是其具体的实践方式。一方面，价值观教育要以价值通约的方式构建出群体所共有的意义世界和精神家园，使个体以共同体成员的方式予以存在，将个体凝结为具有共同价值取向和价值判定的共同体。由此，价值观成为调节个体之间关系的精神中介，以“和而不同”的方式将具有差异性的个体聚合为具有共有价值观念的共同体。另一方面，价值观教育要以柔性约束的方式构建出由外在的价值规则、道德准则内化为自觉的价值理念，构成柔性的规则框架。由此，价值观教育要彰显规范共同体的价值规则，调节个体之间的行为方式，使个体以共同的价值观尺度衡量自身的行为，以实现他律与自律的有机协调，形成“从心所欲”与“不逾矩”的适度张力。

最后，基于社会利益调节的教育内容拓展。社会共同体的利益实现构成了价值观凝聚的利益“调节阀”。价值观教育要基于文化的内聚力，以价值规则的方式凝聚共同体的价值目标，赋予共同体以共同认可的利益实现手段和规则。在此意义上，关于社会利益的教育引导要基于人的现实性存在方式。具体而言，社会共同体不是“虚妄”的精神共同体，而是具有现实的利益诉求和生存需求。诚如马克思所言：“类生活本身，即社会，

① 王俊秀、杨宜音:《中国社会心态研究报告(2017)》,北京,社会科学文献出版社,2017年,第1页。

显现为诸个体的外部框架，显现为他们原有的独立性的限制。把他们连接起来的唯一纽带是自然的必然性，是需要和私人利益，是对他们的财产和他们的利己的人身的保护。"[①] 在此意义上，价值观教育要尊重利益对人的发展的现实作用，也要协调利益实现方式，凝聚共同的利益观。具体而言，关于利益的价值教育，要引导社会共同体以相同或类同的义利观审视个体、群体的利益得失，以理性的价值衡量，坚守利益取舍的价值底线；具有相同的利益获得手段和利益评判标准，在利益的得失、取舍的衡量之中达成利益的平衡和互补，形成社会共同体的内聚力。

（三）基于个人价值准则的教育内容拓展

"爱国、敬业、诚信、友善是公民个人层面的价值准则。"[②] 倡导"爱国、敬业、诚信、友善"的价值观，是以公民个人为价值主体而彰显出的价值原则和规范。归其本质，个人价值准则具有价值理性与实践理性的双重维度。就价值理性而言，个人价值准则具有价值逻辑的自洽性。个人的价值准则与国家、社会层面的价值目标及价值取向具有内在的价值关联性。这三个层面以不同的价值维度，科学遵循着社会主义建设规律、人类社会发展规律，也高度彰显着人民的美好价值愿景、终极价值目标和价值实践路径。就实践理性而言，个人价值准则具有实践逻辑的递进性。个人层面的价值准则是国家和社会层面的价值递进和价值践行。个人价值准则更具价值实践的生活化，基于公民个人的现实生活场域，将其融入个人点滴细微的日常生活之中。与此同时，个人价值准则更具价值实践的准则化，基于实践的可行性、可操作性，将国家和社会层面的宏大价值目标、高远价值愿景细化为具体显示的价值规则和规范。

1. 基于个人价值准则定位的教育内容拓展

在个人价值准则层面，核心价值观教育以引导人处理好个人与他人、群体、社会的关系为基本教育目标。核心价值观基于国家、社会和个人的三重维度，锚定了价值主体的价值目标、价值取向和价值准则。就此而言，个人价值准则是对国家和社会的价值承接，以价值践行的基本原则方式使国家和社会的价值原则更为具体化、生活化。个人价值准则也是对国家和社会的价值关联，以个人品德塑造和德性修养的方式，将价值准则融入社会公德、职业道德、家庭美德之中。

首先，"爱国"作为个体的集体价值观的核心，确立了个体的价值准

---

① 《马克思恩格斯文集》第1卷，北京，人民出版社，2009年，第42页。

② 《关于培育和践行社会主义核心价值观的意见》，北京，人民出版社，2013年，第4页。

则与国家价值目标的内在同一性。党的十九大报告提出："要高举爱国主义、社会主义旗帜，牢牢把握大团结大联合的主题，坚持一致性和多样性统一，找到最大公约数，画出最大同心圆。"① 在此，"爱国"具有新时代的历史方位，也承载着新时代的根本主题。新时代为"爱国"设定了新的历史方位，以建设现代化强国为价值指向。新时代的根本主题则为"爱国"确立了本质规定，如何坚持和发展中国特色社会主义是"爱国"的制度前提和本质规定，如何实现人民的全面发展、推动社会全面进步是"爱国"的价值旨归和人本指向。可见，"爱国"蕴含着深厚的人本价值、科学的制度设计和鲜明的时代特征。"爱国"的价值观教育要弘扬爱国的时代精神，不仅要注重爱国教育的情感感召，还要注重爱国行为的理性教育、规范教育。由此，"爱国"的价值观教育要培养爱国之情，以深厚的爱国情感激发爱国的情感共鸣和共振效应；要培养爱国之力，将爱国情感转化为报效能力，提升参与国家建设、推动国家发展的实践能力；要培养爱国之行，将潜在的能力转化为现实的实践行为，以个人点滴之力汇集为国家发展的实践合力。

其次，"敬业"作为职业道德的集中体现，在人生境界提升中促成个体社会价值和自我价值的实现。党的十九大报告提出："弘扬劳模精神和工匠精神，营造劳动光荣的社会风尚和精益求精的敬业风气。"② 核心价值观教育要深化"敬业"的个人价值，升华"敬业"的社会价值，深化"敬业"的职业化和工匠化内涵。"敬业"的价值观是对敬业的价值认知态度、价值践行能力、价值评判标准的综合表征。就认知态度而言，价值观教育要深化对"敬业"的价值认知，使敬业成为从业过程中积极正向的态度表达，使敬业升华为职业道德的基本要求。就践行能力而言，价值观教育要提升对"敬业"的劳动实践能力和综合素养，使敬业成为促进职业素养、职业技能提升的价值内驱力。就价值评判而言，价值观教育要将敬业作为职业道德的集中体现，深化"专心致志以事其业"③ 的价值理解，使敬业成为专注于职业发展、专心于工匠精神的价值评判标准。

再次，"诚信"作为社会公德的集中体现，彰显了个人的道德品质和自律能力。党的十九大报告明确提出："推进诚信建设和志愿服务制度化，

① 习近平:《决胜全面建成小康社会　夺取新时代中国特色社会主义伟大胜利——在中国共产党第十九次全国代表大会上的报告》,北京,人民出版社,2017 年,第 39～40 页。

② 习近平:《决胜全面建成小康社会　夺取新时代中国特色社会主义伟大胜利——在中国共产党第十九次全国代表大会上的报告》,北京,人民出版社,2017 年,第 31 页。

③ 夏征农、陈至立主编:《辞海》(第六版缩印本),上海,上海辞书出版社,2010 年,第 964 页。

强化社会责任意识、规则意识、奉献意识。”[①] 关于“诚信”价值准则的教育内容拓展，要基于文化的传统延承和社会的现代转型的有机结合。尤其是在现代化社会转型和发展的过程中，“诚信”的价值观教育显现出更为重要的时代性和传承性。基于“熟人社会”向“陌生人社会”的转型，“诚信”的价值观教育注重诚信的自律性与他律性的有机结合。就自律性而言，“诚信”的价值观教育要基于“诚者，真实无妄之谓”[②]，注重个人在德性修养层面的自律自省、在市场经济层面的诚实履约。就他律性而言，“诚信”的价值观教育要基于外在的道德舆论约束、信息化的诚信系统建立和完善，使守信不仅具有品德修养的意义，更具有经济和社会行为的信誉度影响；使失信成为限制“失信者”相关行为的重要依据。由此，“诚信”的价值观教育既要凸显品德修养的自律性，也要凸显诚信行为的他律性和限定性，不断强化社会责任意识和规则意识。

最后，“友善”是家庭美德和中华传统美德的集中体现，要善待、包容家人、亲友、他人，形成宽松和谐的社会氛围。“友善”的价值观在时代转化过程中具有当下时代特征的价值意蕴。“友善”的价值观在现代化社会发展过程中不断超越了血缘、地缘的熟人社会关系，彰显出宽容、善待他人的品德修养。由此，“友善”的价值观教育基于“己所不欲”的换位思考，具备“勿施于人”的价值行为，使“待己”的自律性与“待人”的包容性相结合。“友善”的价值观教育也基于感同身受的具体情境，以有节制、有度量、有原则的待人方式，达到相互理解和彼此尊重的和谐关系。

2. 基于个人价值准则践行的教育内容拓展

个体成为价值目标凝聚的原点，需要的尊重与实现是个体认同的价值原点，需要构成了衡量价值的客观尺度。价值观的目标凝聚是人对价值观目标的理性认知和情感感召，形成共同的价值目标、认可共有的价值规则的过程。同时，价值目标凝聚机制使人以自觉的方式明确价值归属，以自在的方式审视价值尺度，以自为的方式探求价值实现的实践路径。

首先，基于个人价值目标选择的文化定位教育。人的需要促成了价值目标凝聚的文化定位。人的需要使价值观具有“为人”的属性，价值观以人的需求满足、人的全面发展为根本的价值归属。文化定位教育要深化个人的价值目标定位，即价值目标“锚定”于人的现实需要，以人的需要满

---

① 习近平:《决胜全面建成小康社会　夺取新时代中国特色社会主义伟大胜利——在中国共产党第十九次全国代表大会上的报告》,北京,人民出版社,2017年,第43页。

② 朱熹:《四书章句集注》,北京,中华书局,1983年,第13页。

足和实现作为文化动力。人的需要具有层次性，由自然需要、社会需要和精神需要等多方面构成。在此意义上，核心价值观教育基于人民的现实价值诉求，以人民的需要作为价值观实现的原初动力，人总是立足自身的现实生存条件，以现实需要的满足程度作为评判的参照系，去审视价值目标的合理性和必要性。

其次，基于个人价值目标凝聚的文化定力教育。人的需要构成了价值目标凝聚的文化定力。人的需要使价值观具有“人之为人”的尺度，价值观以自我价值和社会价值的实现为根本的价值尺度。需要具有周期性，它基于人的自然机能，使自然需要循环产生和实现满足。正如马克思所言：“吃、喝、性行为等等，固然也是真正的人的机能。但是，如果使这些机能脱离了人的其他活动，并使它们成为最后的和唯一的终极目的，那么，在这种抽象中，它们就是动物的机能。”① 可见，文化定力教育遵循个体需要产生的周期性、需要实现的阶段性和需要发展的层次性。价值观教育彰显文化定力的指向性，尊重人民需要的周期性，以文化意蕴和价值特性去衡量人之需要的价值尺度。

最后，基于个人价值目标笃定的文化定向教育。人的需要构成了价值目标凝聚的文化定向。人的需要使价值观具有“人为”的实践品质，价值观以人的自由自觉的程度为根本的价值指向。人的需要具有相继性，在低层次需要满足的前提下，新的高层次需要逐渐产生。基于此，核心价值观教育要提升文化定向的价值意蕴，使价值目标锚定更为高远的价值诉求。在价值目标的定向中，人民以美好的价值愿景为感召，在自由自觉的实践活动中，不断满足更高层次的需求，终而激发潜能，提升主体意识和能力。

二、基于人的文化存在过程的社会主义核心价值观教育内容拓展

人的文化存在的过程是基于人与文化之间的作用发生过程。就人的存在而言，人的文化存在过程是“人之为人”的价值实践过程，在文化的熏陶渗透下，使人全面占有个体、群体和类的本质。就文化的存在而言，人的文化存在过程是“以文化人”的价值实践过程，在人的自由自觉活动中

① 《马克思恩格斯全集》第42卷，北京，人民出版社，1979年，第96页。

进行价值内化与外化的精神实践。

（一）基于价值内化的核心价值观教育内容拓展

价值内化是外在的价值规则和价值要求转化为内在的价值认知和价值诉求。在此意义上，价值内化具有两个层面的过程维度：一是价值观的外在要求向内在诉求的转变过程，由共有的价值要求转化为个体自主发展的价值诉求；二是价值观的外在约束向内在恪守的转变过程，由普遍遵守的价值准则转化为个体自主恪守和笃定实践的价值原则。基于价值内化的过程维度，核心价值观教育基于价值接受和价值恪守的过程，遵循价值认知、接受和恪守的心理发生机制、品德塑造机制，拓展价值观教育内容。

1. 基于价值接受的教育内容拓展

价值接受是人作为价值认知的主体理解价值观念的内在意蕴，以自有的认知范式去评判价值观念的合理性，对所认知的价值观念进行取舍选择。归其本质，价值接受是人的价值认知、理解和选择的过程。由此，价值观教育要遵循人的主体价值，高扬人的自我意识，拓展价值觉察、领悟和反思的教育内容。

首先，基于价值认知和理解的教育内容拓展。价值接受是关于价值观的认知和理解过程，将客体化的文化样态转变为主体化的文化存在。在此意义上，价值接受是人的自我价值意识的重要确证，也是人的文化存在的重要表征。基于此，价值认知和理解的教育，将人作为主体与客体的双重存在。就主体而言，人是教育认知的主体，去感知和认识自我和他者；就客体而言，人是自我反思的客体和对象，将自身作为价值认知的对象。在此意义上，价值认知和理解以彰显自我意识为关键，以价值内视为重要路径，实现辩证、理性和系统的认知和理解。其一，价值认知教育要彰显内省的归因意识，以理性、多维的视角看待价值问题。“如果‘唯以问题识天下’，群情激愤中，任‘问题焦虑症’裹挟成极端情绪，固化为狭隘认识，演变为偏执思想，将人人变成易燃易爆品。”① 在此意义上，价值观教育要引导主体的自我认知和自我理解，以内归因的方式，以自身为认知反思的对象，探求问题症结，归结问题原因。只有如此，人才能在“反观自身”“反求诸己”的内在追问和反思中转变偏激、焦虑、消极的情绪和心境，不怨于外物和他人之不足，而反观自身之症结，在自察内省中改过迁善，在个体心态的不断稳健成熟过程中凝聚正向、积极的社会心态。其

① 人民日报评论部：《有“问题意识”，也要有“过程意识”——辩证看待社会发展与问题之一》，《人民日报》2013年5月20日。

二，价值理解教育要彰显内求的反思意识。正所谓“反听之谓聪，内视之谓明”①，也正如孟子所言：“行有不得者，皆反求诸己，其身正而天下归之。”② 基于此，核心价值观内容拓展要合理引导个体的价值定位，即厘清个体与他人、社会、国家的关系定位，将价值观的原则性与灵活性有机结合；引导个体形成合理的价值规范，即实现价值规范的“内化”，使核心价值体系所倡导的社会公德、职业道德和家庭美德为个体所认同、接纳和恪守。

其次，基于价值选择和笃定的教育内容拓展。价值接受过程中，人对多种价值原则进行比较和选择，将其纳入自我价值认知体系之中，笃定成为自我价值认知图式的组成部分。在此意义上，价值观教育内容拓展中，要引导人的价值选择，实现感性认知、理性选择与悟性笃定的有机融通。一方面，价值选择教育要增强目标意识。在当下社会境遇中，人易于陷入“多则惑”的选择困境，为工具理性所左右，以期实现利益获得的最大化和选择的最优化。在此，目标意识的教育引导意在引导人不迷失于芜杂多样的选择困惑之中，不盲从于他者的意见观点，增强内在的文化定力；意在彰显人的文化超越性，引导人确立鲜明价值目标，彰显人的价值诉求，丰富完善意义世界，以终极价值实现过程的无限性超越生命存在的有限性，立足实践自觉，不断扬弃自身局限，实现人自由全面的发展，在生活、生存和生命的体征中把握人的价值和本质。另一方面，价值笃定教育是增强价值选择的锚定思维，在价值选择之后强化其价值定力，以内在的文化韧性持守价值原则，不断臻于设定的价值目标。具体而言，价值选择教育要锚定价值目标，以“内求”式的自我发现和成长过程，充分尊重人的个性、提升人的自信、发掘人的潜能，培养富有灵活性、适应性和创造性的人。

2. 基于价值恪守的教育内容拓展

价值信仰凝聚了人对文化的终极价值诉求和人对自身的终极关怀。价值信仰如老子言，“守柔曰强”③，看似柔弱邈远，却深深根植于文化体系之中，彰显于人的文化存在的现实境遇中，发挥着强大的文化认同力和凝聚力。价值信仰如同理念中的圆是绝对完满之圆，人在现实中永远不会达到自我完善的绝对完满。但这种完满、应然的理念恰恰是人们孜孜不倦追求的动力，永远不断接近，但永远不会达到这种完满之善的极限。在此意

---

① 司马迁：《史记》，北京，中华书局，1959 年，第 2229 页。

② 杨伯峻：《孟子译注》，北京，中华书局，1960 年，第 167 页。

③ 杨义：《老子评注》，长沙，岳麓书社，2007 年，第 156 页。

义上，价值信仰为人的文化存在构建了终极的意义空间，以直觉、思辨、隐喻的方法，以自我超越的方式阐释人与世界的关系，寻求人的文化存在的终极目标。由此，文化信仰的内化过程作为价值信念的恪守过程，是人将文化价值观念、道德准则予以内化，将其升华为人生信条的过程。在此过程中，价值信仰的恪守是人对价值观念的诠释、凝练，达到价值观念与精神世界的内在融通，使外在的价值准则内化为主体价值原则。

首先，基于价值诠释的教育内容拓展。价值诠释是人对价值信仰的理解和内化过程，使外在的价值观念或价值准则转化为人的文化态度和人生态度的过程。“信仰是一个人的基本态度（attitude），是渗透在他全部体验中的性格特征，信仰能使人毫无幻想地面对现实，并依靠信仰而生活。很难想象，信仰首先不是相信某些东西，但如果把信仰看作一种内心的态度，那么信仰的特定对象就是第二位重要的事了。”① 就现实存在的个体而言，价值信仰具体表征为个体的理想信念、价值观念、道德观念、人格修养、态度表现等各个方面。其中人的文化态度则是价值信仰的最为直接的表征。在人的文化存在的实际过程中，人以个体为生活基点，在个体的身心体验中，基于自身的感受与判断，深化了文化信仰的理解与诠释。在此，价值观教育理应注重人的文化态度和人生态度的引导和匡正，遵循“以文化人”的育人规律，将文化信仰的核心理念、价值体系与现实生活进行双向诠释。此种诠释不是修辞学意义上的解读与解释，而是基于人的存在论立场，在人的文化存在的实际过程中体验、感悟文化信仰的内在机理，以自身的经历去诠释文化信仰的本真意义。可见，核心价值观教育内容应实现由知识论向生存论的转向，基于人生态度和文化态度的培养，实现教育知识与文化的融合，将置于人的生存境遇之外的教育知识和准则升华为与人的生存境遇息息相关的文化存在方式。核心价值观教育要以“落实”的教育思维增强价值引导的针对性和可操作性，其教育内容不仅要具有完善的逻辑体系和理论内容，更要有现实的解决能力，实现教育理论的完备性与教育实践中非完备性、多样性冲突，以及教育理论的精确性与生活世界的模糊性、易变性之间的动态平衡和有机整合。

其次，基于价值凝练的教育内容拓展。价值信仰的凝练是个体对文化信仰的认知、选择，将其转化为人生信条的过程，也是个体之间文化交往与沟通中形成共有文化信条的过程。价值信仰与人的文化存在之间如同彼岸世界与此岸世界之间的关系，人作为具体历史的存在，既有“心向往

① 〔美〕埃·弗洛姆：《为自己的人》，孙依依译，北京，三联书店，1988年，第184页。

之”的理想情怀，也有“身不能至”的现实拘囿。在终极价值诉求与现实拘囿的张力中，人既具有皈依般的文化信仰，以求实现终极的价值归属；也具有强烈的现实诱惑，以求满足当下的生存境遇。在此，人的文化信仰坚守过程是人的两难选择过程，即面临着现实的诱惑和文化信仰的坚守，抑或选择、放弃、固守。尤其是在社会转型过程中如何坚守价值信仰，既是人的文化存在的重要主题，也是核心价值观教育的重要内容。由此，价值观教育拓展应注重人生信条和文化信条的凝练，基于受教育者的现实生活过程，由文化认同向文化内化转变，即引导个体逐渐理解并自愿接受文化共同体的价值信仰，成为自身认知体系的有机组成部分。核心价值观教育应拓展其价值引领的内容，将文化信仰中的抽象价值转化为现实生活中的人际关系法则等具体信条。价值观教育通过人生信条和文化信条的凝练，引导人以理性思维认识事物的本质和规律，探求自身存在的意义和价值；以情感的感召、意志的激励，以悟性的方式反思生存境遇，超越精神拘囿，克服人生的困惑和生活的困顿，增强教育对现实生活的话语权和指导力。

（二）基于价值外化的核心价值观教育内容拓展

价值外化是价值理解和实践的外化过程。在价值理解层面，价值外化是价值观念的心理表征和态度表达过程。具体而言，价值主体以内在的价值理念去理解和观照外在的生活境遇、现实环境，以自有的价值认知投射到生活世界，形成一定的价值心理和态度，在个体的情绪弥散中，形成了一定的社会心态，蕴含着不同程度的价值共识。在价值实践层面，价值外化是价值观的生活化和实践化过程。其“外”意味着，以自有的价值原则将价值规范与生活情境有机结合，以价值理性引导实践理性，促成社会建设的合力。由此，价值外化是价值观在生活场域和现实情境中引领价值主体凝聚价值共识、进行价值共建的过程。

1. 基于价值共识的教育内容拓展

价值共识是价值主体在交往过程中达成的价值通约，在价值存异中形成最大的价值公约数。在价值主体层面，价值共识是价值主体之间在交往实践中形成对价值观的共有理解，是个体、群体与社会之间达成动态的价值平衡。在价值观层面，价值共识是价值观念在“存异”前提下“求同”，在承认个性差别、多样诉求等前提下通约为共有的价值认知和价值原则。

首先，在多样的价值诉求中实现价值通约。人的文化存在是具有个性化和差异化的存在。这根植于人之存在的相对性，即人的文化存在具有时间性，限定了人之存在的时空；人的文化存在具有条件性，特定的物质生活、社会关系、精神文化限定了人之存在的视域。基于此，人的文化存在限定了人的价值视域，呈现出多样的价值诉求和多位的价值实现方式。大众性的精神需要蕴含着多样的价值诉求，自由个性是人的全面发展的最高阶段。由此，价值观教育以人的自由个性生成为发展旨归，实现全面发展的愿景与共有价值观的内在融通，中国特色社会主义的制度设计已预设了实现自由个性的价值前提，使人的存在方式由自在转向自觉。在此境遇中，社会主义核心观教育要彰显人民全面发展的价值愿景，以“各美其美”的价值实现方式，彰显出深厚的生活智慧和实践智慧，激发出促进社会发展的创造精神与活力。同时，社会主义核心价值观教育要呈现出“一元”的价值趋向，尊崇人民的主体地位，顺应人民向往美好生活的价值情怀，彰显“美美与共”的未来愿景。在此境遇中，价值观教育内容拓展要注重协调好个体与群体的全面发展关系，以全社会的共同利益和价值共识为前提，获得最大的价值公约数，形成正向的社会合力，稳步有序地推进现代化，维系和实现好最广大人民的根本利益。

其次，在多维的价值实现方式中凝聚价值合力。价值观教育要引导人塑造鲜明的价值理性，明确人的本真价值，为实现所预期的价值目标而不懈努力；引导人理解所预定的价值目标是社会发展的终极目标，预设了社会发展的圆满和理想状态，即实现绝对状态下富强、民主、文明、和谐，实现人自由全面的发展；引导人明确价值目标的合理性，将核心价值观作为价值诉求。由此，价值观教育以人民性为内在规定，以保障人民的权益、满足人民的合理利益诉求为价值合力凝聚的现实基点。价值观教育要充分彰显人民性的价值内容，彰显效率与公平相兼顾、民主与集中相结合、自由与平等相统一、人的全面发展与社会文明进步相促进的价值取向。核心价值观要充分彰显人民的主体性内容，保障人民的各项权益，尊重并满足人民的合理诉求，最大限度发挥人民的主体意识和能力。在此意义上，人民的全面发展首先是主体意识的彰显。人民以主人翁精神，对中国特色社会主义制度具有高度的价值认同、政治认同和社会归属。同时，人民的全面发展是主体能力的发展。价值观内容拓展要注重人民的社会参与能力提升，引导人民更为自觉地参与社会管理服务能力，自觉自愿地积极投身社会主义现代化建设，依法参与管理国家事务和社会事务、管理经济和文化事业。

2. 基于价值践行的教育内容拓展

价值践行是价值观由理念向实践延伸，价值主体由个体拓展至群体和社会的价值实践过程。在此意义上，价值践行是价值主体与价值观之间的内在耦合过程，以实践为中介和动力，促成了价值主体的价值实现。由此，价值践行的教育内容要立足价值主体的实践过程，拓展自我实践和社会实践的教育内容。

首先，基于自我实践的教育内容拓展。实践作为人的存在的根本方式，在自由自觉的活动中，在内在精神世界与外在客观世界的关涉作用下，实现人的本质力量对象化。实践构成了现实性存在的基础，在现实性与可能性的张力中体现出人的超越性。由此，价值观教育的本质不是预成的抽象方法规则，而是不断生成的具体实践活动。价值观教育是彰显主体性特征的实践活动，以实践的方式确证个体存在的本质，必然要以实践作为教育的根本目的，即在实践中实现教育的价值旨归，提升人的实践能力，实现自由全面的发展。在实践的中介下，人的自我意识的指向性在于不断趋近于特定的价值指向，即生成自由个性，自觉合理认识，自为发展能力，自主实现价值。基于此，教育内容拓展的落脚点要以个体价值为基点价值，以个体实践为原点动力，提升教育的实践性和可操作性，引导个体实现价值观的原则性与灵活性相结合，以国家和集体利益为重，确保集体利益的满足和实现，也要确保个体的正当权益、合理诉求的保障和满足。

其次，确立社会实践的教育内容拓展。在《尼各马克伦理学》中，亚里士多德区分了两类不同的知识——理论知识与实践知识，其中实践知识也是实践智慧，是作出道德、政治判断必需的知识。亚里士多德认为，伦理问题超越抽象和普遍的概念，无法建立在不证自明的公理原则之上。道德知识等实践哲学，不具有数学那样的高度精确的特性。道德知识包含着知识对每一次具体任务的应用。经验对于具体的道德判断总是不充分的。普遍、抽象的道德知识与具体的实际情况之间存在不确定关系，道德知识不足以指导具体的实际情况。道德观念要将自身具体化于行动者的具体境况中。正如马克思所言："社会生活在本质上是实践的。凡是把理论诱入神秘主义的神秘东西，都能在人的实践中以及对这种实践的理解中得到合理的解决。"① 在此，核心价值观教育要实现社会生活的拓展与深化，由伦理意义转向生存意义，由认识论视域转向存在论视域。"实践"由政治、伦理领域转换、超越至人的生活世界。"实践"的旨归由探寻善的意义、实现美德的途径，转向在生活世界中关注人的生存、价值、意义和本质。

① 《马克思恩格斯选集》第1卷，北京，人民出版社，2012年，第139～140页。

在价值观教育的视域中，实践作为根本的存在方式，既是人理解自身和世界的方式，也是确证人存在终极价值和意义的方式，更是实现人自由个性的方式。在此意义上，核心价值观教育要彰显实践理性，基于个体的价值需要，引导个体在社会交往实践中实现社会化与个性化的有机统一，成为真正具有自由个性的人，引导人既实现价值观的理性认知与评价，又习得践行价值观的能力，以理性的价值维度匡正人的实践行为，进而不断接近并实现价值理性的终极目标；基于社会和国家需要，培育有理想、有道德、有文化、有纪律的社会主义公民，提升思想道德素质和科学文化素质。

三、基于人的文化存在场域的社会主义核心价值观教育内容拓展

在生活过程中，人的文化存在方式发生深层次的变革。生活作为宏观社会结构的基础连接处，在潜移默化、细枝末节的生活中实现社会活动和社会制度结构的深层次变革。实践与生活形成了内在的统一性，这取决于生活与实践的内在关联性，生活在本质上是实践的生活，实践是生活的实践，生活构成了实践的场域、过程，实践成为生活的动力、中介。在内在逻辑上，生活与实践是一体两面的，生活是人存在的具体方式，实践是人存在的根本方式，在具体与抽象、表征与本质的辩证关系中，生活与实践共同确证了人的存在，彰显了人的价值，实现了人的发展。生活世界蕴含了人的文化存在的本质特性，构成了人的文化存在的过程，折射出人的文化存在的样式。生活世界作为人的文化存在场域，包含了两个亚场域：日常生活与非日常生活。在两个亚场域的衔接交织中，人的文化存在实现了自在与自觉、现实与超越、传承与创新的融通。价值观教育只有基于生活世界，在日常生活与非日常生活的互动、对话和整合中，才能以“源头活水”的方式，蕴含深刻的生活智慧，凸显厚重的文化底蕴，实现“人”“生活”与“教育”的内在统一。

（一）基于日常生活的核心价值观教育内容拓展

日常生活是以家庭等天然共同体等直接环境为基本寓所，旨在维系个体生活和再生产的日常消费、日常交往和日常观念活动的总称。日常生活作为个体生存和人类生存的必要基础和前提，具有积极与消极的两面作

用。基于日常生活的基本特性，核心价值观要正视其积极作用，充分发挥其重复性、原生性、开放性特征，以此拓展教育的生活化内容。

1. 基于日常生活自在性的价值观教育内容拓展

日常生活的自在性特质具体表现为重复性和习惯性，其特性主要是由其结构要素和特征决定的。日常生活的三个基本要素是工作、家庭（私人生活）和休闲。三个因素不是泾渭分明的独立存在，而是无法割裂的“总体性”存在。日常生活具有顽固的习惯性、重复性、保守性等特征。日常生活有别于社会政治经济宏观领域，不是具有整体性、组织性和专业性组织的机构性活动。日常生活杂乱无序，充满琐碎细节。在长期周而复始的循环往复中，人们形成了习惯性的生活思维和实践。就习惯性思维而言，日常生活消解了人的问题意识，无意识去探究“为何这样生活”“应如何生活”的问题；消解了人的创新意识，无激情去刻意改变生活轨迹。就习惯性实践而言，日常生活是循环往复的存在方式，在习惯的惯性作用下，在有序、固定的生活节奏中，人重复着周期化的生活方式。

首先，基于日常生活的自在性特质，核心价值观教育具有鲜明的自觉意识，发觉日常生活过程中因重复而被遮蔽的本质问题。价值观教育应引导人探究“日常生活是什么”“日常生活关注什么”“日常生活如何形成”等问题，以自觉意识提升、改进日常生活，刻意规避日常生活的负面效应。这就要求以自觉文化引领自在文化，学习、借鉴日常生活，而非完全模仿、全部吸纳，更不是无原则地迎合日常生活而导致教育的庸俗化。由此，核心价值观教育在拓展生活化内容方面，要厘清日常生活的内涵、本质和特性，找准自身与日常生活结合的可能性和必要性问题；要明确日常生活关注对象和焦点，以此探究社会大众的文化心态和需求，找准教育的切入点；要探究日常生活的生成机制和整合机制，明确价值观教育与日常生活之间的内在关联，探求两者的契合点。

其次，基于日常生活的自在性特质，核心价值观教育要具有鲜明的生活实践指向，凸显教育的直观性，实现日常生活与价值观教育的双向融通。在问题意识的指引下，将日常生活纳入价值观教育的研究视域和实践范围。日常生活作为原生态的文化形态，是大众对生存体验、生活愿景的原生态表达，本然地反映了人的需要，直观地体现了人性，质朴地表达了人的价值诉求。文化作为人的生存样式，根基于生活世界，最为真实地反映、复原日常生活。社会主义核心价值观教育要借鉴日常生活的地气和人脉，形成“自下而上”的教育方式。所谓“自下而上”就是要深入社会大众群体，了解大众文化，善于运用大众文化的优势，增强价值观教育的亲和力和感染力，进而改造、引导大众文化，将其进行凝练、整合和升华，使之与主流文化、精英文化相呼应，实现“自上而下”与“自下而上”的双向融通。

再次，基于日常生活的自在性特质，核心价值观教育要具有鲜明的生活价值意蕴，凸显日常生活的经验性。“这个世界从一开始不是每个个体的世界，而是一个对于我们所有人来说共同的主体间世界，我们对它不具有理论兴趣，而是具有突出的实践兴趣。日常生活的世界既是我们的各种运行和互动的舞台，也是这些行动和互动的客体。为了在其中、在我们的同伴之中实现我们所追求的意图，我们必须支配它，必须改变它。”① 在日常生活领域中，价值观教育要首先成为感性的生活教育，以感性和直观体验为教育方式，以日常生活为教育场域，教育内容赋含生活意义，引导人能够正确地思考生活的价值、方向和目的，凸显教育的价值导向性、层次性和技能特征。教育要具有价值特征，以人的生命为教育主题，探究人的生命、生存、生活的价值和意义；教育要具有层次性，在循序渐进中教育大众如何学会理解生活、适应生活和超越生活；教育要具有技能特征，教育社会大众以可操作性的方式，学会在具体情境中领会理解教育内容，将教育内容“活化”为具体实践，将教育的知识转化为生活的文化。在此，生活化教育与日常生活要融为一体，就教育的功能指向而言，价值观教育要注重生活化，使人成为生活的主体而非生活的手段；就教育目的而言，价值观教育要注重“草根化”，使教育升华于平凡的日常生活，使教育真正面向社会大众。

2. 基于日常生活原生性的价值观教育内容拓展

日常生活是人的内心世界与社会世界的汇聚地，日常生活与人的一切活动有着深层次的联系，人的一切活动的冲突、区别和关联都囊括于日常生活中。日常生活是一切活动的汇聚处、纽带和共同根基。社会的本质、人的本质都是在日常生活中生成、体现和确证的。经济基础、上层建筑等宏观领域最终都是通过日常生活的微观领域，发挥融入渗透作用。日常生活专注功利化的生活方式，关注的是“柴米油盐酱醋茶”的生活琐事，以自在自为的方式重复着日常生活，面对生活出现的波折，大多是以经验常识的方式得以解决。面对生活中的突发事件，大多是以直觉体验的方式认知问题，具有从众的社会心态，呈现出集体无理性的行为方式。基于不同视角的理解，日常生活具有了丰富的文化内涵和意义，并具有了多维的原

① 〔奥〕阿尔弗雷德·许茨：《社会实在问题》，霍桂桓、索昕译，北京，华夏出版社，2001年，第285页。

生性特质。一是在社会分层上，处于底层或基层，具有明显的市井文化特征；二是在地域分布上，基于民俗文化、传统文化的影响，具有浓厚的地域文化特征；三是在文化样式上，根植于日常生活，具有鲜明的生活气息，具有自在的文化特征。

首先，基于日常生活的原生性特质，核心价值观教育内容拓展要提升日常生活的文化意蕴。"'日常生活世界'指的是这样一个主体间的世界，它在我们出生很久以前就存在。被其他人（Others），被我们的前辈们当做一个有组织的世界来经验和解释。现在，它对于我们的经验和解释来说是给定的。我们对它的全部解释都建立在人们以前关于它的经验储备基础上，都建立在我们自己的经验和由我们的父母和老师传给我们的经验基础上，这些经验以'现有的知识'的形成发挥参照图式的作用。"① 社会大众是文化的创造者、传承者和接受者，日常生活过程是社会大众围绕日常生活的文化创造过程。文化作为人的内生性存在，社会大众对文化的创造具有天然的不竭动力，日常生活犹如源头活水，滋养着大众文化。由此，价值观教育要基于日常生活的原生性特质，凸显"俗""新""活""久"的文化特性。就"俗"而言，教育内容具有通俗性，内容源自日常生活，通俗易懂，为社会大众所喜闻乐见。就"新"而言，教育内容具有新颖性，表现形式新颖多样，以多种文化样式承载着丰富的日常生活内容。就"活"而言，教育内容具有鲜活性，直观反映日常生活，深刻折射出社会大众的存在状态和文化心态。就"久"而言，草根文化具有持久性，具有强大的文化韧力和生命力，在历久弥新中实现传承。只有如此，核心价值观教育才能成为"接地气"的文化形态，成为日常生活所滋养的文化形态。正是如此，社会大众才对价值观教育具有天然的亲和力，价值观教育才能直观反映日常生活，蕴含着深刻的时代精神，折射出社会大众的价值诉求。

其次，基于日常生活的原生性特质，核心价值观教育内容拓展要提升日常生活的人本意蕴。教育的原生性是教育与生俱来的本然特性。现代社会中，工具理性的强势导致价值理性的式微，丧失了教育的本然特性，将教育沦为培养人成为"物"的教育。提升教育的原生性，就是要回归教育的原生态场域，实现教育的本然价值，以生活世界为场域，以大众文化为根基进行教育。核心价值观教育的生活化契合了马克思主义的本质内涵。马克思主义坚持人民群众是历史的创造者、文化的创造者。正是如此，价

① 〔奥〕阿尔弗雷德·许茨：《社会实在问题》，霍桂桓、索昕译，北京，华夏出版社，2001年，第283页。

值观教育的生活化要尊重人民群众的主体地位，真切了解人民群众的文化需求，实现人民群众的价值诉求，打破封闭性的主客体关系，形成具有动态生成的双向主体关系。

再次，基于日常生活的原生性特质，核心价值观教育内容拓展要规避日常生活的“从众”倾向。日常生活的原生性直观反映了人的本真生存状态，在一定程度上呈现出从众的倾向。日常生活作为自在的生活方式，缺乏自觉的“反身性”思考，缺乏真正的自我反思和批判的能力。社会大众在日常生活中往往是以被动、盲从的方式接受和认同各类社会思潮，遮蔽了理性思考和思辨的主体能力。一旦社会环境条件发生变化，“从众”的社会心理容易成为社会不安定因素的催化剂，导致日常生活中“人”的缺失，甚至导致一些社会大众受到各类不良信息的煽动，恶变为网络事件或者群体事件中的“暴民”。由此，价值观教育要提升日常生活的主体意蕴，凸显教育的启蒙功能，促使社会大众的自我觉醒与觉察。一方面，教育内容要深化对日常生活的理解，形成具有双重特性的生活态度，既注重生活细节，关注生活中的小事，以朴素的态度面对琐细的生活；又注重追寻生活的价值，以宏观的视角关注人生，以超脱的态度追问人生的意义。另一方面，教育内容要深化个体对自我的理解，以质朴的思维方式理解“我是谁”“我应该是谁”，在自我超越中成为“想成为的人”，强化社会大众主体意识和能力的培养。

3. 基于日常生活生成性的价值观教育内容拓展

日常生活看似平淡而确证人存在之真实，看似无奇而蕴含人发展之多维，看似枯燥而表征人价值之多元。单调重复的日常生活隐含着深刻的内容，简单事实中蕴含着丰富的社会内容。日常生活既是永恒的轮回性的重复，又是瞬间的超越性的创造；既有平日的单调琐细，又有即时的激情迸发。在此，日常生活在循环的往复过程中蕴含着无穷的创造力和开放的可能性。日常生活作为一个矛盾统一体，是具有主体与客体、线性与非线性相复合的存在。日常生活不是命定式的存在，而是具有开放的意义空间，包含了多种可能性和复杂性。日常生活作为人存在的根本方式，人在日常生活中被发现、被创造和被确证。日常生活中，人作为自然存在、社会存在和精神存在，是整体性的复合存在。人在必然性的生活规律中具有偶然性的机遇，在理性精神的支配下具有感性和悟性的体验。由此，人是线性存在与非线性存在的统一体，是在重复的平庸生活中维系自身的存在，在激情、多元的生活中实现自身的发展和价值。

首先，基于日常生活的生成性特质，核心价值观教育的内容拓展要提升价值意蕴的开放性。日常生活为大众文化的创造提供了丰厚的现实土壤。“生生不息”的生活过程成为大众文化的源头活水，构成了大众文化创造的不竭动力。日常生活的经历、实践和体验构成了大众文化的共同现实基础。就个体而言，大众文化尊重个体的价值诉求、利益表达和行为表现，激发了个体的文化主体性和能动性，由文化受众的身份转变为文化创造者与受众的双重身份。就群体而言，大众文化激发了群体的认同力和共振力，引起社会大众的文化共鸣。许多大众文化作品通过大众的创作、传播和再加工，广受社会关注和追捧。一些“草根化”的网络流行词红于一时，成为社会大众表达心声和诉求的暗指代名词。在此，核心价值观教育要扎根大众文化土壤，尊重大众文化的创造力和开放性。此种开放性不是消解价值内核的主导作用，而是要实现核心价值观与生活世界的有机融合。

其次，基于日常生活的生成性特质，核心价值观教育的内容拓展要提升主体意蕴的开放性。一方面，此种主体的开放性具有心理倾诉和表达作用，有助于表达大众的价值诉求，宣泄心理压力和不满。另一方面，此种主体的开放性也具有方向的偏失，甚至产生对正向价值的消解作用，在一定程度上影响了主流价值观的导向作用，消解主流价值观的合理性和合法性基础。在此，价值观教育要厘清此种解构特征的意义和作用，尊重社会大众的主体地位，实现“教学相长”的辩证关系。此种开放性包含了两个逻辑前提：人具有可塑性，能够在教育中拓展自我提升的空间；人具有自我完善性，在教育中改变自我、完善自我，不断实现“应是其所是”的理想自我。由此，价值观教育要循循善诱，避免一元化的逻辑判定标准，形成多样化的意义可能空间。“坚持联系实际，区分层次和对象，加强分类指导，找准与人们思想的共鸣点、与群众利益的交汇点，做到贴近性、对象化、接地气。”①

最后，基于日常生活的生成性特质，核心价值观教育的内容拓展要提升空间意蕴的开放性。就文化环境和载体而言，日常生活为社会大众提供了广阔的文化平台，使社会大众获得了发出自身声音、展示自我个性的机会，多样、丰富、流动的生活世界构成了价值观教育的场域、过程。教育的开放性源自教育理论与生活世界之间的张力，具体表现在教育主体、场域、过程和方法上的开放。在生活世界中，价值观教育不是处于密闭意义空间中的僵化存在，而是具有价值主导的开放意义空间。教育最为本质的

① 《关于培育和践行社会主义核心价值观的意见》，北京，人民出版社，2013 年，第 6 页。

内涵不在于教育的体制和形式，而在于教育的内容和意蕴。现代工业社会实现了教育的社会建制，学校成为教育的基本形式，课程构成了教育的基本场域。但是，教育最为本质的价值不是技术和技能的培训，而是以“立德树人”指向，对核心价值体系予以认知、理解、认同和实践。由此，教育的本质功能在于培养而非培训，在于教导而非教学。培养与培训的最关键区别在于价值目的与价值手段之差别。培养在于人的主体能力的塑造，使人在教育养成中成为高扬生命意义、凸显人生价值的主体存在；培训在于人的技能训练，使人成为符合具体需求和目标的手段存在。教导与教学的最本质差别在于，教导是在教育中形成确定的价值导向和目标导向，既真正发挥受教育者的主体地位，引导受教育者真正能够自为思考、自主理解和自为实践。由此，教育的主要场域不仅包括学校，也包括了家庭和社会。在学校、家庭和社会的有机衔接中，人的生活世界场域才得以完善，构成了整体化的生活场域。

（二）基于非日常生活的核心价值观教育的内容拓展

日常生活作为自在的类本质对象化领域，是人的存在的起点和前提。在劳动、消费、娱乐、婚姻、家庭、两性关系、人际交往过程中，人以经验的方式得以生存。与日常生活相比，非日常生活则是自为的类本质对象化领域，以自觉的方式，在反思、内省中追求人自身存在的终极诉求和价值归宿，是人的类本质确证和价值生成方式。可见，日常生活以自在的方式延续人的肉体生命，非日常生活则以自为的方式延续人的精神生命。

1. 基于非日常生活自为性的价值观教育内容拓展

非日常生活作为自为性的存在方式，是人对自我存在状态、过程和本质的觉察和觉悟。自为性具有鲜明的指向，即以价值指向的方式引导人合理地认识理解自身，把握自身与社会之间的本真关系和状态。

首先，基于非日常生活的自为性特质，核心价值观教育内容拓展要具有鲜明的自为意蕴。非日常生活超越了日常生活的自在性，以反身性思维观照人自我存在的特性，摆脱了集体无意识和重复式惯性思维，追求自觉理解、自主实践、自我超越的生存境遇。核心价值观教育要以高度的价值自觉，去省察和反思非日常生活中予以遮蔽的本质价值。立足于非日常生活的特质，核心价值观教育要具有鲜明的价值指向，引导人在价值理性中解蔽日常生活中被遮蔽的价值旨归，即理解和确证人存在的本质；要具有鲜明的实践指向，引导人在实践理性中实现非日常生活与日常生活的自然融通，以期臻于“自然本真”的生存之境。

其次，基于非日常生活的自为性特质，核心价值观教育内容拓展要具有鲜明的自觉指向。非日常生活的自为性体现在：人自主地追求存在的意义和价值。“人为寻求意义而生活，为失落意义而焦虑。人的精神家园就是创造意义的家园。‘时间’创造了人的‘文化世界’和‘意义世界’，从而构成了‘自己超越自己’的人的精神家园。”① 在日常生活与非日常生活的张力下，日常生活要扬弃自在的存在方式，将自在的存在转变为自为的存在，实现自由自觉的存在方式。日常生活与非日常生活要保持适度的张力，既能维系人的正常生活状态，也能以适度的怀疑省察日常生活，形成创造性思维和创造性实践，审视和超越日常生活规范，达到“自在”与“自觉”相统一的生活状态。在此，价值观教育承担着非日常生活的教育，引导人改变生活样式，以自由自觉的方式改造日常生活，使具有自在特性的常识向具有自觉特性的文化转变。价值观教育要保持适度的张力，既要实现日常生活与非日常生活的有机统一，又要保持日常生活与非日常生活的相对独立。以日常生活取代非日常生活，价值观教育则必将陷入庸俗化的境遇，完全是以世俗化的教育方式，则必将背离价值观教育的价值旨归，使人完全沦为自在的存在；以非日常生活取代日常生活，价值观教育则必将陷入“经院化”的境遇，使人的现实存在陷入空妄虚寂的境遇。由此，价值观教育要深入生活实践，“融入城乡居民自治中，融入人们生产生活和工作学习中，努力实现全覆盖，推动社会主义核心价值观不断转化为社会群体意识和人们自觉行动”②。

2. 基于非日常生活内生性的价值观教育内容拓展

非日常生活的内生性在现实性与超越性的张力下，具有内在的生成和发展动力。内生性特质不是来自外在客观物质条件的限定，而是源自人的内在生成本质，即在人的文化存在过程中，人是以自身的存在为根本主题，追问和反思人存在的原初性、本源性特质。基于非日常生活的内生性，价值观教育是要以人的存在为价值意义的判定依据，探寻和理解人存在、本质和发展的生成性、合理性、必然性、可能性和条件性。在教育内容拓展方面，塑造人的科学精神，拓展“求真”的教育内容；塑造人的人文精神，拓展“求善”和“求美”的教育内容。

首先，基于非日常生活的内生性特质，核心价值观教育要拓展“求真”的教育内容。科学精神是运用工具理性，以实验的方式予以探究，以数学的语言予以描述，对客观研究对象作出因果性说明的思维方式。科学

---

① 孙正聿：《辩证法与精神家园》，《天津社会科学》2008 年第 3 期。

② 《关于培育和践行社会主义核心价值观的意见》，北京，人民出版社，2013 年，第 22 页。

的研究对象是对生活世界中具体对象的抽象化和符号化；探究的目标是基于生活世界的价值理念，即探究世界万物的有序性、和谐性；寻求的意义是对生活世界价值的确证，以实然的事实佐证应然的价值，生活世界是关乎人存在的意义世界。科学精神是扎根于生活世界、依托于生活世界的。在时间上，生活世界产生于科学精神发轫之前。生活世界具有原初性，是构成科学世界的本源，科学世界源自生活世界。在逻辑上，生活世界是科学世界意义的本源。科学世界所研究的对象、探究的目标和寻求的意义都归结于生活世界。由此，科学精神是科学素养的内核，体现了人的文化存在中"求真"的特质。如何理解科学精神，以何种科学观看待科学、理解科学、运用科学，成为价值观教育的重要内容。在认知教育方面，核心价值观教育要以求真的态度理解科学精神，避免以功利态度看待科学；将科学精神内化于人的思维方式之中，对科学体现出强烈的认同情感，形成系统的科学普及知识。在行为教育方面，以科学精神思考问题，以事实判断的方式分析问题，形成对科学、非科学以及伪科学的正确评判，避免以实用的心态评判科学，以非理性的思维方式理解科学，甚至将科学、伪科学、迷信混淆不分。

其次，基于非日常生活的内生性特质，核心价值观教育要拓展"求善"和"求美"的教育内容。"求善"和"求美"不是为了获得某种方法论意义上的真理，而是要获得生存意义和经验，把握人存在的真理。"求善"和"求美"是要在理解中探究人与他者的关系性存在，其关注点是人的精神世界，而非客观性物的世界。在当下现代化境遇中，人的存在危机趋于显著，工具理性遮蔽了价值理性的合法意义，使人丧失了生活世界对人的存在所具有的意义本原和价值依据。由此，价值观教育要以非日常生活为反思对象，批判其异化现象，以期解蔽生活世界的本真意义和价值。在非日常生活领域中，核心价值观要以价值理性匡正工具理性，以应然的方式统摄实然状态，拓展理性与悟性结合的价值教育，以期实现自在的存在方式向自由的存在方式超越。理性作为现代工业文明的精神内核，是塑造现代社会公民的精神前提。在理性的指引下，人才能以逻辑的推演方式分析问题，以诚信守约的方式进行经济交往，以平和守法的方式进行社会交往。公民作为现代社会的基点，不仅是法理意义上的公民，享受相关的法律权益，履行规定的责任义务；也是价值理性意义上的公民，即以理性的认知、自主的判断、独立的经济、平和的心态立足于社会。悟性是人的超越性的具体表征和方式，人的超越的终极价值是实现人的自由自觉的存在。此种超越既是对人的现实境遇的超越，不断改造人的生活现状和社会环境，实现人的生存自由，由有限存在向无限存在转变；也是对人自我的思想超越，在“循序渐进”的渐悟和“醍醐灌顶”的顿悟中，解脱思想的羁绊，实现人的精神自由，即如庄子所言的由“有待”向“无待”的转变，达到不为外物所累的绝对精神自由状态。

3. 基于非日常生活同质性的价值观教育内容拓展

非日常生活的同质性在于，在交往实践中实现了人的共有本质。在个体层面，以满足自身的文化需求为动力，确证了人的个体本质，形成了鲜明的自我意识；在群体层面，以文化共同体为标识，确证了人的群体本质；在类层面，以“自由人联合体”为价值目标，确证了人的类本质，实现了人的自由全面发展。

首先，基于非日常生活的同质性特质，核心价值观教育内容拓展要具有鲜明的实践意蕴。非日常生活的同质性具有鲜明的实践指向，引导人合理地改造自身、完善自我，实现个人价值与社会价值的和谐统一。实践指向呈现出鲜明的人本意蕴，在理论自觉中理解人存在的意义，在实践自觉中确证人存在的本质。实践指向的人本意蕴在于，在“以人为本，以生活为基点”的统摄下回归生活世界，在实践发生过程中引导人在实践自觉中找准自我定位，在具体情境中合理运用教育方法，达到自我教育、自我完善的教育目的。实践指向决定了“人以一种全面的方式，也就是说，作为一个完整的人，占有自己的全面的本质”①。同时，实践指向也决定了价值观教育的超越性特征，即人在生存性的实践活动中，不断扬弃自身局限，实现人自由全面的发展。

其次，基于非日常生活的同质性特质，核心价值观教育内容拓展实现日常生活与非日常生活的内在整合，以文化自觉的方式，回归生活世界，改造过于强大的日常生活，实现非日常生活与日常生活的有机协调和衔接。在此，日常生活领域与非日常生活领域要保持适度的张力，不可以一方替代另一方。一方面，要将科学、艺术、哲学引入日常生活，使日常生活具有自由自觉的文化特质，使人能够自觉领悟、自为反思，避免由于过度沉溺于生存的物化境遇、耽于本能欲求而丧失了自我完善和发展的动力。另一方面，日常生活是人的文化存在的前提和基础，是满足人自然需求和社会需求的保障。非日常生活不可替代日常生活领域，避免使非日常生活丧失了本有的理论活力和现实基础，也使日常生活陷入周期化的低层次往复。

---

① 《马克思恩格斯全集》第 42 卷，北京，人民出版社，1979 年，第 123 页。

最后，基于非日常生活的同质性特质，核心价值观教育内容拓展要实现大众文化与精英文化的内在融通。精英文化是非日常生活领域的文化确证和彰显，大众文化是日常生活领域的折射和反映。就内在融通而言，精英文化与大众文化具有必然的内在一致性。这为两者的内在整合提供了逻辑前提和现实基础。核心价值观教育要立足“自上而下”与“自下而上”的路径，共同审视和把握人的存在的价值和意义问题；采用不同的文化样式，以“阳春白雪”与“下里巴人”的雅俗方式，共同发挥着人文教化的功能。为此，精英文化与草根文化要实现深度整合，真正使精英文化嫁接大众文化，在教育内容上要具有主导性和引导性，能够将主流价值观体系有机融入文化创造之中，将“大道理”有机融入“小故事”中，将抽象理论有机运用到具体情境中，成为能够吸引、凝聚、塑造社会大众的文化，做到以精英文化引领草根文化，使两者融通于时代风尚、文化时尚和先进文化之中。

第七章　新时代人的文化存在视域下社会主义核心价值观教育方法论构建

习近平指出："今天，我们比历史上任何时期都更接近、更有信心和能力实现中华民族伟大复兴的目标。"① 新时代开启了实现中华民族伟大复兴的新时代，深化了中国特色社会主义事业的伟大实践。在此境遇中，新时代决定了人的文化存在方式的内容、方式和境遇，构成了价值观教育方法论的理论前提和现实基础。

方法论是关于认识世界和改造世界的方法的理论。按其不同层次，方法论具有哲学方法论、一般科学方法论、具体科学方法论等三个层次维度。② 基于人的文化存在的哲学阐释，核心价值观教育的方法论是以人的文化存在为本质规定，基于价值观教育的属性和功能，构建具有一般科学方法论意义上的教育方法论，以此为方法原则和价值依据，细化为有可操作性的具体科学方法。由此，人的文化存在作为社会化与个性化、现实性与超越性、本土化与全球化的有机统一，构成了核心价值观教育的价值指向和方法论诉求。基于人的文化存在的本质规定，价值观教育呈现出文化指向性、整体性和生成性的文化属性，也发挥着文化的导向传播功能、选择协调功能、传承创新功能。价值观教育的方法论诉求，"就是为了实现教育目标、传递教育内容，是教育者对受教育者所采取的思想方法和工作方法。在这里，思想方法就是思想政治教育认识活动（如认识对象、认识环境等）的方法，工作方法就是具体实施思想政治活动、促进受教育者思想政治品德形成发展的方法"③。基于此，核心价值观教育是以思想政治教育原理为基本方法论基础，综合考量价值观教育的主体特点、内容体系、时代特征等多重维度，注重教育方法的对象性、时代性和关系性。

---

① 习近平:《决胜全面建成小康社会　夺取新时代中国特色社会主义伟大胜利——在中国共产党第十九次全国代表大会上的报告》,北京,人民出版社,2017 年,第 15 页。

② 参见夏征农、陈至立主编:《辞海》(第六版缩印本),上海,上海辞书出版社,2010 年,第 474 页。

③ 张耀灿等:《现代思想政治教育学》,北京,人民出版社,2006 年,第 362 页。

一、构建“因事而化、因时而进、因势而新”的教育方法论

习近平指出：“做好高校思想政治工作，要因事而化、因时而进、因势而新。”① 这不仅为高校思想政治工作指明了工作方向和原则，也为思想政治教育确立了基本的方法论原则。核心价值观教育作为思想政治教育的重要组成部分和具体实践内容，以“因事而化、因时而进、因势而新”为基本方法论原则。在此意义上，核心价值观教育以“因”为方法论依据，以“事”“时”“势”为方法论的变量因素，构成了历史与逻辑相统一、原则性与灵活性相融通的方法论指向。

（一）构建“因事而化”的教育方法论

“因事而化”蕴含着丰富的教育方法论原则，构成了“因”“事”“化”内在统一的方法论逻辑和现实方法原则。具体而言，“因事而化”是以“因”为价值观教育的原因条件和规律遵循，以“事”为价值观教育的结合点和接入点，以“化”为价值观教育的过程和价值。按照由一般到具体、理念向实践转化的方法论原则，“因事而化”的教育方法论作为具体方法论，在核心价值观教育实践过程中具体转化为“因事”与“化人”相契合的具体教育方法。

1. “因事”的教育方法

“因”意指依据、凭借、顺随，也意指缘故和原因，即事物所依赖的原因和条件。在此意义上，“因事而化”是以“因”作为教育的原因和条件，成为教育的内在规定和依据，构成了教育的合理性基础；也是以“因”作为沿袭和遵循的路径，构成了教育的方法和手段。

首先，“因事”要找准现实关注点。“因事”要关切人的现实利益之事。正如马克思所言：“观念的东西不外是移入人的头脑并在人的头脑中改造过的物质的东西而已。”② 人的利益诉求是价值愿望的现实内容，也是价值愿望的现实合理性基础。在此意义上，“因事”要立足群众利益的交汇点，关注人的利益诉求和价值愿望，关注人的成长发展需求和期待。在利益交汇层面，价值观教育要以人的利益关注点为现实问题导向，从群

① 《习近平在全国高校思想政治工作会议上强调：把思想政治工作贯穿教育教学全过程　开创我国高等教育事业发展新局面》，《人民日报》2016 年 12 月 9 日。

② 《马克思恩格斯选集》第 2 卷，北京，人民出版社，2012 年，第 93 页。

众密切关注的现实问题、切身利益相关的问题出发，以解决现实利益问题促进思想问题的化解。在利益诉求层面，价值观教育要立足“实然”的现实利益诉求，在解决实现好人民的切实利益的前提下，加强“应然”的价值引领，以共有的价值愿景巩固共有的利益基础，协调好个体与群体、社会的利益关系。由此，价值观教育要关注利益问题的现实性，以此作为解决价值观问题和思想问题的现实基点；也要关注利益问题的动态性，及时把握利益诉求实现的阶次特点和周期变化，以此作为价值观教育内容拓展和创新的现实依据。

其次，“因事”要把握思想关注点。“因事”要找准人们思想的共鸣点，“坚持以理想信念为核心，抓住世界观、人生观、价值观这个总开关”①。在此意义上，“因事”是基于“实然”的思想动态，加强“应然”的价值导向，“加强社会思潮动态分析，强化社会热点难点问题的正面引导，在尊重差异中扩大社会认同，在包容多样中形成思想共识”②。在此意义上，“因事”之事是现实问题的关注热点、焦点和难点问题，这往往是社会发展过程中所伴生而出的负面效应。“因事”之事往往是呈现为人民所关注的大事、难事和急事，既直接关涉民生问题、社会公正问题，也直接影响人民的获得感、安全感和幸福感的指数和程度。就此而言，“因事”以现实问题为关注点，既不可回避问题存在的现实性，也不可掩盖问题解决的紧迫性。“因事”也是以价值导向为关键点，以何种价值思维方式进行问题归因，以何种价值评判尺度看待问题，直接影响到社会心态、社会情绪的正向与负向评价。基于此，“因事”以现实问题焦点为切入点，深化问题意识、权利意识和个体意识的同时，注重加强过程意识、大局意识和践行意识的培育。

2.“化人”的教育分层方法

“化”意指变化、改变；也意指生成与创造；也意指融解与融入；也意指习俗、风气。③ 由此，“化”包含着“化生”的意义，即促成发育滋长；也包含着“化育”的意义，实现人的本质生成和全面发展。“化成”，教化成功。④ 在此意义上，“化”的内容是“思想水平、政治觉悟、道德品质、文化素养”；“化”的方法是“注重宣传教育、示范引领、实践养成相统一”，综合运用认知引导、情感体验和实践养成方法。

---

① 《关于培育和践行社会主义核心价值观的意见》，北京，人民出版社，2013 年，第 5～6 页。

② 《关于培育和践行社会主义核心价值观的意见》，北京，人民出版社，2013 年，第 11 页。

③ 参见夏征农、陈至立主编：《辞海》（第六版缩印本），上海，上海辞书出版社，2010 年，第 425 页。

④ 参见夏征农、陈至立主编：《辞海》（第六版缩印本），上海，上海辞书出版社，2010 年，第 425 页。

首先，“化人”运用认知引导法。认知引导法以认知为主导，以体验的方式，是实现内化与渗透相结合的教育方法，实现人的内在认知方式与外在世界存在方式的协调统一。人的文化存在的内化功能正是在于完善心理机制，引导、匡正以及完善个体的认知心理过程，通过一系列心理活动，认知外界事物，体验喜、怒、哀、乐等情感，形成了相对稳定的心理特性和行为方式，塑造、完善个体的人格结构。一方面，认知引导法在具体的情境体验、场景参观和社会实践中，将抽象的理论还原为具体的情境，以直观的方式体验教育内容，使受教育者留下深刻的印象，进而将理论知识与个体体验有机结合，将外在的知识内化于受教育者的内心深处。另一方面，认知引导法注重营造良好的环境氛围，不是一味灌输理论，而是以渗透的方式，将直接与间接知识有机结合，将抽象知识无声地渗透到多样化情境。为此，认知体验法要注重实践育人功能，发挥参与性、自创性、体验性、直观性、启发性和回味性的特点，引发认知活动、情感活动、意志活动和交往活动；通过实践拓展等活动，加强自我教育和自我体验，引导人认识并挖掘自身潜能，增强自信心，改善自身形象，提高解决问题的能力，增强集体参与意识及对集体的责任感，实现自我整合和人际关系的和谐。

其次，“化人”运用情感体验法。情感体验法是以注重感性教育的方法，通过情感体验和感召等方式，激发受教育者的认同感和荣誉感，增强教育者的自信心。情感交流成为人与人交流的必要手段，也是人的生存和生活之必要手段。根据情感的性质，正面积极的情感发挥协调和促进的作用，负面消极的情感产生抑制和消解的作用。个体通过情感反应，表达个体的心境与外在环境的状态。个体通过表情、动作等方面的情感表达方式，了解对方的情绪状态，进而作出相应的情感和行为反馈，以维护正常的人际关系。基于此，核心价值观教育要注重情感感召的驱动力和情感层次的协同力。一方面，情感体验法应基于情感感召，提升个体的组织功能，充分发挥情感的正面作用，抑制情感的负面作用；增强人的内驱力，激发人的兴趣，提升认识的自觉性、能动性；提升个体从事活动的积极性、主动性，提高活动效率。另一方面，情感体验法注重提升人的情感的层次，完善道德感、审美感和理智感。尤其是道德感教育要以正确的道德观念为前提，在正确道德认知的基础上形成关于道德行为的心理好恶和情感态度；以道德修养为观念，在正确的道德情感、道德评价的基础上，加强自律内省的道德修养。

最后，“化人”运用习惯养成法。习惯养成法以习惯养成为重点，在长期的行为塑造中，“由于重复或多次联系而巩固下来并变成需要的行动方式”①。习惯养成法基于文化的规范特性，以促成人的思想道德行为规范的养成为目标。文化具有规范性，既是人的实践和行为的生成过程，也是匡正人生存和发展的规范体系；在历史传承中，文化以共同的语言交流方式、生活习惯、道德规范、礼仪习俗约束着社会群体。基于此，核心价值观教育的直接目标是培养人的思想品德，养成人的良性行为习惯。就实践发生过程而言，习惯养成法基于发挥人的自主性和主体性作用，实现习惯养成的内化、外化和整合等三个阶段的过程。习惯养成法应发挥文化的传统和惯性作用，通过传统、习俗、习惯等方式，在自律与他律的双向作用下，引导人成为具有相应伦理规范和道德意识的文化存在，实施身体力行的体验教育，注重感性、理性和悟性的整合，促成良性的言行规范的养成。

（二）构建“因时而进”的教育方法论

“因时而进”是以“时”作为教育的条件和场域，达到“进”的教育创新和发展目标。在此意义上，“因时而进”具有时代的限定性和条件性，也蕴含着“进”的目标性和指向性。“因时”是要遵循和选择教育时机，形成特定的时代场域，引导人理性理解时代精神和自身精神；“进”是要坚持目标导向与过程实践的结合，引导人实现价值理解与价值实践相统一。由此，“因时而进”的教育方法论是基于“时”与“进”的辩证关系，立足具体现实的多维因素，实施“因时”的教育选择和分类方法，达到“进”的教育发展目标和预定成效。

1. “因时”的教育选择方法

“时”意指时间、时候，也意指时势、时机、时宜机会，又意指时代、时世。② 在此意义上，“时”具有宏观与微观双重维度。在宏观层面，“时”是整体的时代场域，构成了具有历史发展特点的特定阶段；在微观层面，“时”是具体的时机与时段，构成了具体的时空情境。由此，“因时”要彰显“致广大而尽精微”的教育旨趣，在“致广大”层面，充分彰显出核心价值观的时代精神；在“尽精微”层面，融入核心价值观的生活化情境。

首先，准确把握“因时”的时代定位。“因时”是要顺应时代精神，充分彰显社会精神生活中一定历史时代的客观本质及其发展趋势。习近平

---

① 夏征农、陈至立主编：《辞海》（第六版缩印本），上海，上海辞书出版社，2010 年，第 2042 页。

② 参见夏征农、陈至立主编：《辞海》（第六版缩印本），上海，上海辞书出版社，2010 年，第 1669 页。

指出："时代是思想之母，实践是理论之源。"① 新时代为核心价值观培养和践行确立了新的时代方位。这不仅规定了价值观教育的基本内容，也确立了价值观教育的方法视域。一方面，新时代确立了价值观教育方法原则的前提和基础。新时代"是承前启后、继往开来、在新的历史条件下继续夺取中国特色社会主义伟大胜利的时代"②。归其根本，新时代是中国特色社会主义的新时代，以中国特色社会主义为内在规定和本质特征。新时代为人民的全面发展设定了新场域，中国特色社会主义为人民的全面发展设定了历史维度和制度维度。在此意义上，价值观教育的方法要具有新时代的内在属性，即具有制度性和人本性，以中国特色社会主义为内在的制度规定性，以人民的全面发展为内在的价值规定性。由此，价值观教育的方法作为教育的中介和手段，以新时代作为既定的价值指向和内在规定，以新时代作为教育方法创新和完善的价值匡正。

其次，善于把握"因时"的时机选择。"时"具有时机的情境性和契合性。故此，价值观教育要"因时制宜"，"根据不同时期的具体情况灵活地采取适宜的举措"③。在此意义上，价值观教育是"为人"的教育。人具有发展的阶段性，在不同阶段具有不同的心理特质和成长诉求。人也具有发展的不确定性，在非线性的人生际遇中呈现出不同类型和不同程度的心理反应。"时"意味着具有人生成长的不同时机和机遇，面临着不同的价值诉求和现实问题。一方面，"因时"是要注重教育时机的选择，要顺应人的成长阶段，应对人的各种现实问题，实现价值观内容与人的价值诉求的有机契合。另一方面，"因时"要注重教育方法的选择，既充分彰显"法无定法"的方法灵活性，更要彰显"育人自育"的方法原则性。基于此，"因时"是因循时代发展的规律性和育人规律的阶次性，将客观规律和成长成人规律作为因循的规律依据；因循人存在的主体性地位和个性化价值，将教育方法的灵活性、多样性和差异性融入教育全过程。

2．"因时而进"的教育引导方法

"进"意指前进、向前；也意指进入。④ "进"，就其所处的地位向上、向前。⑤ 在此意义上，"进"具有过程性，具有教育实践的生成性和动态

---

① 习近平：《决胜全面建成小康社会　夺取新时代中国特色社会主义伟大胜利——在中国共产党第十九次全国代表大会上的报告》，北京，人民出版社，2017年，第26页。

② 习近平：《决胜全面建成小康社会　夺取新时代中国特色社会主义伟大胜利——在中国共产党第十九次全国代表大会上的报告》，北京，人民出版社，2017年，第10～11页。

③ 夏征农、陈至立主编：《辞海》（第六版缩印本），上海，上海辞书出版社，2010年，第2266页。

④ 参见夏征农、陈至立主编：《辞海》（第六版缩印本），上海，上海辞书出版社，2010年，第914页。

⑤ 参见商务印书馆编辑部编：《辞源》（修订本），北京，商务印书馆，2010年，第1563页。

性；也具有指向性，具有教育实践的目标指向和价值导向。“深入研究社会主义核心价值观的理论和实际问题，深刻解读社会主义核心价值观的丰富内涵和实践要求，为实践发展提供学理支撑。”① 在此意义上，“因时而进”要立足时代特征和时机选择，以“因时”为教育引导方法的实然条件设定，以“进”作为教育引导方法的拓展创新方式，达到应然的教育价值指向。

首先，“因时而进”的教育内容选择方法。新时代是中国特色社会主义进入的新时代，也是人的全面发展的新时代。“因时”意味着要顺应新时代的价值指向，坚持人民为中心的发展思想，拓展核心价值观教育的本质内容。在人的全面发展层面，核心价值观教育要彰显人的本真价值，即人不仅是价值观教育的对象，更是核心价值观教育的人本目的和旨归。由此，“因时而进”是指以新时代为历史发展的大势和指向，以新时代的人民全面发展为价值旨归，彰显人民的主体性地位和主体实践作用。在此意义上，“因时”以培养担当民族复兴大任的时代新人为价值指向，顺应人民美好生活向往的价值愿景，达到人民的发展诉求与社会的发展增量之间的协同共进。

其次，“因时而进”的教育载体拓展方法。新时代融汇出新的时代特征和发展特点，“因时”要科学遵循时代发展的新趋向，善于辨识和选择时代发展的新生事物，不断拓展和完善教育载体。习近平指出：“要运用新媒体新技术使工作活起来，推动思想政治工作传统优势同信息技术高度融合，增强时代感和吸引力。”② 核心价值观教育是具有时代感的教育实践，其时代感源自教育内容的时代属性、教育方法的时代特点、教育主体的时代特征。在教育内容方面，“因时而进”要拓展具有时代属性的教育内容，将新的教育案例、文化资源融入教育内容之中。在教育方法层面，“因时而进”要充分运用新媒体技术，使教育方法具有信息化的时代性，将教育技术和教育策略灵活地融入教育实践中。在教育主体层面，“因时而进”要根据受教育者的年龄特点、个性特征和时代环境，有针对性地改进教育方法，优化教育策略。

再次，“因时而进”的教育实践创新方法。新时代既为人的存在设定了新的历史方位，使人成为具有现实时代感的文化存在；也为人的全面发展设定了新的发展指向，使人成为具有超越性的文化存在。在现实与超越

---

① 《关于培育和践行社会主义核心价值观的意见》，北京，人民出版社，2013 年，第 11 页。

② 《习近平在全国高校思想政治工作会议上强调：把思想政治工作贯穿教育教学全过程　开创我国高等教育事业发展新局面》，《人民日报》2016 年 12 月 9 日。

的限定与开放作用下，价值观教育由对象性思维转变至主体性思维，由工具理性转变至价值理性和实践理性。在此意义上，核心价值观教育彰显实践智慧，引导人民群众以积极的建设心态和责任意识，从自我、点滴、当下做起，做社会道德风尚的参与者、推动者和建设者。将道德实践的笃行作为君子理想品格的重要表征，将外在的教育原则和规范内化为个体自身的内在素养，在知行合一中实现人的自我完善。

（三）构建“因势而新”的教育方法论

“因势而新”是指以“势”作为“新”的现实依据和逻辑前提，以“新”作为“因势”的规律顺应和实践创新。在此意义上，“因势而新”作为核心价值观教育的具体方法论，遵循合规律性与合目的性的内在统一。具体而言，“因势而新”的教育方法论以“因势”作为合规律性的客观遵循，以“新”作为合目的性的目标指向，具象化为“因势”的教育遵循方法和“求新”的教育创新方法。

1.“因势”的教育遵循方法

“势”意指威力和权力，又意指形势和气势，也意指情势和姿态。[①]“因势”以顺应和遵循为基本的方法论前提。在此意义上，核心价值观教育基于历史发展规律的必然性、历史发展趋向的合力性，自主辨识、自觉认清和自为遵循历史发展规律和历史发展趋向。

首先，把握“因势”的顺势方法。“势”具有历史指向性，承载着社会发展的必然趋向，也承担着社会发展的历史使命。基于“因势”的历史大势，核心价值观教育立足新时代的时代方位，引导人辨识社会发展的根本趋向。习近平指出：“正确认识世界和中国发展大势，从我们党探索中国特色社会主义历史发展和伟大实践中，认识和把握人类社会发展的历史必然性，认识和把握中国特色社会主义的历史必然性。”[②] 核心价值观教育基于教育的客观规律和发展趋向，以“顺势而为”的教育方法，立足中国特色社会主义事业进程，从客观的价值成就、主观的价值认同、共有的价值基础等多个层面，正确认识中国发展大势，以中华民族伟大复兴为时代任务，正确把握中国特色社会主义的历史必然性和规律性；正确认识世界发展大势，以构建人类命运共同体为时代任务，把握人类社会发展的历史必然性和规律性。

---

① 参见夏征农、陈至立主编：《辞海》（第六版缩印本），上海，上海辞书出版社，2010年，第1617页。

② 《习近平在全国高校思想政治工作会议上强调：把思想政治工作贯穿教育教学全过程　开创我国高等教育事业发展新局面》，《人民日报》2016年12月9日。

其次，把握“因势”的用势方法。“势”具有动态生成性，顺应时代发展和变化。基于“因势”的现实形势，核心价值观教育要遵循社会发展的内在规律。由此，核心价值观教育要以“用势”的方法，实现“因势利导”，“顺着事物发展的趋势而加以引导”①。“因势”要不违常情，不偏执妄为，也不消极怠为，而是要顺应社会发展的时代要求。具体而言，核心价值观要“因势”，以科学遵循社会发展规律、主动顺应历史趋势为基本要求；也要“利导”，以顺应人的成长规律，契合人的价值诉求和精神文化需求，以更为细致化和人性化的教育方法，满足人的全面发展的根本要求，加强人民的思想道德建设，深化全社会的精神文明建设。

再次，把握“因势”的乘势方法。“势”具有现实实践性，在核心价值观培育和践行中要求秉持主体意识和建设能力。同时，“势”具有关系对比性，在价值观培育和践行中要求找准时代中的角色定位。正如孟子所言：“虽有智慧，不如乘势。”② 基于“因势”的发展态势，核心价值观教育乘借社会发展的关键时机，注重“因利乘便”③，凭借有利的形势实现价值观教育的入脑入心。“乘势”是要乘借社会主义现代化建设的发展趋向，在治理体系与治理能力现代化进程中，顺时拓展价值观教育的方法设定，凸显教育对人的发展功能和治理功能。具体而言，核心价值观教育要发挥“柔中有刚”的价值引导力，通过发挥柔性的价值引导、渗透和熏陶功能，推动刚性的制度执行和运作功能的优化完善。核心价值观教育也要发挥“于无声处”的价值影响力，通过隐性的价值心态塑造、价值氛围营造，外化为显性的价值选择、价值评判和价值践行，以积极的建设心态和大局意识，参与到社会治理的相关环节和路径之中。

2. “因势而新”的教育创新方法

“新”意指改旧更新，吐故纳新。④ “因势而新”意味着，“新”是“因势”的实现动力和方法，是以“势”为创新的规律遵循和现实依据。核心价值观教育方法的创新，是在“势”的规律限定和遵循中，以共有的价值指向和价值愿景作为创新的价值匡正，提升教育方法创新的针对性和实效性。

首先，“因势而新”的认知创新方法。“因势而新”是要因循社会主义核心价值观教育的内在规律，深化认知引导方法的创新，拓展价值观认知

① 夏征农、陈至立主编：《辞海》（第六版缩印本），上海，上海辞书出版社，2010年，第2266页。

② 《孟子·公孙丑上》。

③ 商务印书馆编辑部编：《辞源》（修订本），北京，商务印书馆，2010年，第623页。

④ 参见商务印书馆编辑部编：《辞源》（修订本），北京，商务印书馆，2010年，第1501页。

的深度。习近平指出："要遵循思想政治工作规律，遵循教书育人规律，遵循学生成长规律，不断提高工作能力和水平。"① 核心价值观教育从属于思想政治工作的范畴，遵循着思想政治工作的规律；也从属于思想政治教育的范畴，遵循着教育的育人规律和人的成长规律。在此意义上，核心价值观教育基于思想政治工作的现实实践，遵循思想政治工作规律，完善和创新价值认知的导向方法。与此同时，核心价值观要基于思想政治教育的理论实践，遵循育人规律和人的成长规律，深化价值认知的终极愿景和指向，使个人的价值志愿与人民的价值愿景、中华民族的伟大梦想有机衔接。

其次，"因势而新"的机制创新方法。核心价值观教育不仅具有"法无定法"的方法灵活性，也具有"建章成制"的制度原则性。一方面，"因势"要顺应全面深化改革的总目标，基于治理体系和治理能力现代化，发挥价值观的文化治理功能，增强价值观教育的体制机制创新，"形成有利于弘扬社会主义核心价值观的良好政策导向、利益机制和社会环境"②。与此同时，核心价值观教育又要发挥治理的柔性功能，完善在治理机制中的协调引导作用，"形成科学有效的诉求表达机制、利益协调机制、矛盾调处机制、权益保障机制"③。另一方面，"因势"要顺应"贯彻新发展理念，建设现代化经济体系"的经济发展目标，坚持社会主义市场经济改革方向。由此，核心价值观教育要注重发挥价值引导和导向机制，在"经济人"与"道德人"的价值协调和教育过程中实现以价值导向协调利益关系，以社会价值考量经济价值，以道德规范匡正经济行为。

再次，"因势而新"的实践创新方法。"因势"要乘借社会发展的必然趋向，积极参与到民族复兴的历史进程中，融入"伟大事业"的进程之中。习近平指出："自觉把个人的理想追求融入国家和民族的事业中，勇做走在时代前列的奋进者、开拓者。"④ 由此，核心价值观教育是在"一元"的价值目标的导向机制中构建路径多维的价值践行方式。在个体层面，核心价值观教育以共同的思想基础为前提，在意识形态领域坚持指导思想，在价值践行层面巩固价值通约的现实基础。在社会层面，核心价值观教育要凸显其政治导向和价值指向，充分体现教育的目的性、导向性和

---

① 《习近平在全国高校思想政治工作会议上强调：把思想政治工作贯穿教育教学全过程　开创我国高等教育事业发展新局面》，《人民日报》2016 年 12 月 9 日。

② 《关于培育和践行社会主义核心价值观的意见》，北京，人民出版社，2013 年，第 9 页。

③ 《关于培育和践行社会主义核心价值观的意见》，北京，人民出版社，2013 年，第 10 页。

④ 《习近平在全国高校思想政治工作会议上强调：把思想政治工作贯穿教育教学全过程　开创我国高等教育事业发展新局面》，《人民日报》2016 年 12 月 9 日。

意识形态性。在个体与社会层面的多重实践中，核心价值观教育要“积极推进理念创新、手段创新和基层工作创新，增强工作的吸引力感染力”①。

二、构建“落细、落小、落实”的教育方法论

习近平指出：“一种价值观要真正发挥作用，必须融入社会生活，让人们在实践中感知它、领悟它。要注意把我们所提倡的与人们日常生活紧密联系起来，在落细、落小、落实上下功夫。”② 可见，核心价值观要根植于日常生活，是对日常生活的价值审视、凝练和表达。核心价值观又要复归于生活，以教育实践的方式反哺日常生活，融入日用生活的主体、环境和场域之中。

（一）构建“落细”的教育方法论

“落”意指下降、降落，也意指停留、定止，得到某种结果。③ “细”意指微小、致密、精致、仔细。④ 在此意义上，“落细”彰显了核心价值观践行规则的方法论原则，具体彰显了价值理念和价值原则的精细化。“落”意味着具有下沉到现实实践和场域的方向性，也意味着要定留在规则运用层面的指向性，又意味着获得规则运用的可操作性。与此同时，“细”意味着价值观理念细化和价值规则的精密性，细化到价值场域的微小性，细化到价值践行主体的具体性。由此，核心价值观的培育和践行，以“落细”为基本的方法论原则，实现价值观理念的规则化以及价值规则的精细化，以期提升价值规则的影响力、辐射力和渗透力。

1. 以“落细”增强价值理念的具体性

核心价值观发挥着文化治理、社会规范、利益协调等方面的重要作用。其作用的充分发挥和彰显就是要实现价值观的规则化、机制化和制度化，在“落细”的过程中将共有的价值观念细化为全社会共同恪守的价值准则，将共有的价值要求细化为各个领域的价值准则。

首先，增强价值理念的要求具体性。习近平强调：“要发挥政策导向作用，使经济、政治、文化、社会等方方面面政策都有利于社会主义核心

① 《关于培育和践行社会主义核心价值观的意见》，北京，人民出版社，2013 年，第 6 页。

② 《习近平谈治国理政》，北京，外文出版社，2014 年，第 165 页。

③ 参见夏征农、陈至立主编：《辞海》（第六版缩印本），上海，上海辞书出版社，2010 年，第 1240 页。

④ 参见夏征农、陈至立主编：《辞海》（第六版缩印本），上海，上海辞书出版社，2010 年，第 2047 页。

价值观的培育。”[①] “落细”要立足宏观的系统格局，深入具体的现实情境，从大处着眼，从细处着手，将观念层面的价值规则转化为实践层面的价值践行要求。基于此，核心价值观教育要注重价值规则设计的可行性和价值规则践行的可操作性。在规则设计层面，“落细”内含柔性的价值规则与刚性的制度方案的有机结合，既有价值规则的柔性约束力，也要有制度和法律层面的刚性规范力。由此，“落细”体现在核心价值观的制度化建设过程中，使其在培育和践行过程中更具有制度的保障力和落实的执行力。基于制度规范的设计，具体政策的保障以及法律规范的约束，核心价值观的价值原则在具体治理规则之间的运用协调更为一致，彰显出制度完备性、规范性、稳定性和高效性的功能导向。在规则践行层面，“落细”要注重宣传教育、示范引领和实践养成相统一。“落细”的目的是实现核心价值观的全方位渗透，融入人们生产生活和精神世界。价值规则的践行与价值原则的彰显构成了同一性过程。“落细”是把一般意义的价值原则细化为具体的价值规则，注重典型案例的分析、先进典型的宣传、生活实例的讲述，使核心价值观既具象化为可信可学的价值规则，又充分彰显出高度一致、凝练精确的价值原则。

其次，增强价值理念的领域针对性。习近平指出：“要切实把社会主义核心价值观贯穿于社会生活方方面面。要通过教育引导、舆论宣传、文化熏陶、实践养成、制度保障等，使社会主义核心价值观内化为人们的精神追求，外化为人们的自觉行动。”[②] “落细”是把一般意义上的价值规则融入具体的价值践行领域。在价值原则层面，核心价值观作为文化软实力，在凝聚价值最大公约数过程中，实现了国家、社会与人民的价值聚合。“落细”要在多维路径的社会实践中趋向于人的全面发展和共治能力的提升，完善共同治理、社会协作能力。在价值规则层面，核心价值观凝聚为共同的思想基础，“落细”要基于文化传承和治理实践的基本价值准则，使核心价值观在意识形态领域处于主流价值地位，在治理领域中渗透到国家、社会和公民日常生活等各个层面。“落细”要覆盖社会全部领域，将核心价值观落实到具有约束功能、自律意义和群体价值认同的各种规范、公约之中。在此意义上，“落细”要发挥制度规则的导向机制和惩处机制。在价值导向层面，“落细”注重发挥正面的激励作用，“形成好人好报、恩将德报的正向效应”；在价值匡正层面，“落细”注重发挥价值规则

① 《习近平谈治国理政》，北京，外文出版社，2014 年，第 165 页。

② 《习近平谈治国理政》，北京，外文出版社，2014 年，第 164 页。

的柔性规范、匡正和纠偏作用，“使正确行为得到鼓励、错误行为受到谴责”。①

2. 以“落细”实现价值规则可操作性

核心价值观的践行是人民大众作为践行主体，以高度的实践智慧，在现实生活境遇中恪守价值准则，将抽象的价值理念具象化为切实可行的价值实践方式。归其根本，核心价值观践行是人的本质力量的对象化和价值观念的具象化，是在教育实践主体的分类引导和分层引领过程中实现价值规则的可操作性与价值主体的实践性有机协同。

首先，强化价值践行规则的主体分类引导。“落细”是将具体的价值规则契合具体的教育对象，以期增强实践的对象性和可操作性。就对象性而言，“落细”是细化核心价值观教育的对象分类，使教育内容、教育方法以及教育对象之间更具契合性和匹配性，“坚持联系实际，区分层次和对象，加强分类指导”②。由此，分类引导要以教育对象为分类标准，根据对象的社会阶层、职业领域、学缘经历、地缘关系等多重维度，对教育对象进行群体划分和分类引导。基于教育对象的具体分类，价值观教育是以承认教育对象的分类化和差异化为前提，细化价值理解、价值实践和价值表达的具体方式，实现抽象性价值规则内化为具体的价值主体的价值观念。就可操作性而言，“落细”要细化社会主义核心价值观践行的规则要求，将价值观理念渗入和融入现实的价值关注热点和焦点，“找准与人们思想的共鸣点、与群众利益的交汇点，做到贴近性、对象化、接地气”③。由此，分类引导要强化问题导向和问题意识，关切现实利益焦点，以现实问题的解决增强价值原则的现实导向性；关注思想共鸣点，以具体思想问题的疏导强化价值原则的解释性和可操作性。

其次，增强价值践行规则的主体分层引导。习近平强调：“要用法律来推动核心价值观建设。各种社会管理要承担起倡导社会主义核心价值观的责任，注重在日常管理中体现价值导向，使符合核心价值观的行为得到鼓励、违背核心价值观的行为受到制约。”④“落细”是将具体的价值规则契合人的具体发展层次和阶段，以多层次的具体价值要求引导人实现多层次的价值践行。在此意义上，核心价值观教育要基于人的全面发展的层次性和阶次性，强化教育的过程导向，在分层引导中将价值原则和理念内化

① 《关于培育和践行社会主义核心价值观的意见》，北京，人民出版社，2013 年，第 10～11 页。

② 《关于培育和践行社会主义核心价值观的意见》，北京，人民出版社，2013 年，第 6 页。

③ 《关于培育和践行社会主义核心价值观的意见》，北京，人民出版社，2013 年，第 6 页。

④ 《习近平谈治国理政》，北京，外文出版社，2014 年，第 165 页。

为人的底线思维和底层思维。就底线思维而言，分层引导要强化人的底线意识和边界意识，划定“可为”与“不可为”的边界，强化“不可为”的底线认知。就此而言，核心价值观要求核心价值的践行加强践行主体的价值导向，不是停留于抽象的价值理念，而是转化为具有可操作的价值要求、可评价的价值标准、可衡量的价值尺度。就底层思维而言，分层引导要强化人的核心思维意识，在世界观、人生观和价值观的价值统摄中形成底层性的价值思维。就此而言，分层引导要基于人的思维发展的阶段性，立足不同阶段的思维特征，稳固人的价值认知方式，使其转化为具有正面导向作用、行而不觉的价值实践方式。

（二）构建“落小”的教育方法论

“落小”，意味着落到微小的教育情境之中，落到微观的教育过程中，落到精细的教育方法中。在此意义上，“落小”的方法论原则体现了价值观教育的宏观与微观、显性与隐性的辩证关系。“落小”的方法论原则彰显了价值观教育的实现路径，即由宏观的教育环境转入微观的教育环境，由显性的教育过程转入隐性的教育过程。

1. 以“落小”增强微观教育场域的情境性

以“落小”聚合价值观践行的生活化。核心价值观的践行直接体现为践行场域的生活化。“落小”是落到现实的生活场域，微细至具体的生活情境，细化为“生活化”的具体教育方法。就此而言，“生活化”具有两个层面的意蕴：一是“化”为生活场域，以日常生活为践行的具体场域，在生活的“日用常行”中践行核心价值观；二是“化”为生活内容，将核心价值观有机融入、隐含和渗透进日常生活之中。

首先，微观教育场域要注重“落小”的生活化。核心价值观不仅是在宏观的社会层面予以践行，更是在具体微观的生活情境中得以实现的。日常生活正是由社会公共场所、家庭、学校等具体情境构成的。核心价值观渗透进各个生活情境之中，将其价值理念和规则蕴含于生活细节之中，使人以“无意识”的方式自觉践行核心价值观。由此，“落小”要融入基层和具体的实践场域中。具体而言，“落小”要融入基层的组织建设之中，拓展到基层治理的多维路径之中。“落小”也要融入日常生活之中，融入“日用常行”的生活过程、“日用不觉”的生活场域中。与此同时，“落小”要从当下的日常实践做起，不待他时而立足当下，从点滴和具细的小事做起。在具体的细小实践中，核心价值观将一般意义上的价值观念转化为细腻丰富的价值情感，将抽象意义上的价值原则转化为具体可操作的价值实践。

其次，微观教育场域要注重“落小”的契合性。习近平指出：“要把社会主义核心价值观的要求融入各种精神文明创建活动之中，吸引群众广泛参与，推动人们在为家庭谋幸福、为他人送温暖、为社会作贡献的过程中提高精神境界、培育文明风尚。”① 核心价值观的践行场所、切入点落到微细情境之中，使践行的场所从日常的生活环境着手。“落小”是将核心价值观的教育场域落到具体的生活场域中，关注和改善人民群众的现实生活境遇，在日常生活场域中增强理论成果对人民现实生活的解释力。与此同时，“落小”要将核心价值观的价值理念融入具体的生活情境中，提高核心价值观的信守力、引导力和匡正力。“落小”要将核心价值观的政治导向、时代精神、文化底蕴渗透于具体的生活场域中，真正与人民群众的生活智慧、实践智慧有机对接，将教育实践以“润物无声”的方式融入生产劳动、学习生活和社会交往之中。

2. 以“落小”增强隐性教育过程的渗透性

“落小”是将系统化的价值观教育，落到微观具体的教育过程之中，将显性的宣传教育过程转化为隐性的渗透、感染和熏陶等教育过程。由此，“落小”是教育实践的具体实现过程，即由系统化的教育格局具体分为具有渗透性的教育过程，使教育过程既坚持价值导向性，又彰显出价值弥散性和潜移性。

首先，隐性教育过程要注重“落小”的弥散性。习近平指出：“要利用各种时机和场合，形成有利于培育和弘扬社会主义核心价值观的生活情景和社会氛围，使核心价值观的影响像空气一样无所不在、无时不有。”② 核心价值观教育在“落小”过程中发挥价值引导和影响的弥散作用，使价值观的理念转化为人的理性认同和感性认知，形成对价值观的正向态度，继而产生积极的心理情绪，凝聚为共有的社会心态。由此，社会心态在价值观的正面导向下形成积极情绪表达，以心理暗示、感染和共鸣等方式构建具有弥散性的价值情绪。在此意义上，“落小”的教育方法要发挥隐性教育的通感作用，将外在的价值规则内化为共有的价值认同感，在价值情感和情绪的弥散作用中形成“为我们感”的价值共鸣；发挥隐性教育的暗示作用，在价值共鸣中形成积极的心理暗示，以正向的“自我实现效应”在共同的社会交往中形成相互的心理暗示和感染。

其次，隐性教育过程要注重“落小”的浸润性。习近平指出：“要润物细无声，运用各类文化形式，生动具体地表现社会主义核心价值观，用

① 《习近平谈治国理政》，北京，外文出版社，2014 年，第 165 页。

② 《习近平谈治国理政》，北京，外文出版社，2014 年，第 165 页。

高质量高水平的作品形象地告诉人们什么是真善美，什么是假恶丑，什么是值得肯定和赞扬的，什么是必须反对和否定的。”① “润物无声”要发挥价值观教育的浸入作用，营造价值观的文化场域和心理情境，在价值观的氛围包绕中使人置身于“无声”的精神氛围之中。与此同时，“落小”的教育方法要以浸润内心的方式，在“润物无声”过程中发挥价值观教育的潜移作用，以“有声”的价值观宣传教育转化为“无声”的文化氛围；发挥价值观教育的默化作用，使自主自觉的价值认知转化为“日用常行”的价值规则，使自主自为的价值实践转化为“日用不觉”的价值习惯养成。

（三）构建“落实”的教育方法论

“实”包含着“真实”“事实”“实践”和“实效”等多重含义。“落实”则包含着“落到实处”“落入实践”“落出实效”等多重含义。核心价值观教育的“落实”要落实到践行功能的常态化，顺应文化的内在规律，将价值观落实到具体实践中；顺应社会发展和治理的基本规律，落出践行实效，实现价值观的文化育人功能与治理功能的内在融合。

1. 以“落实”增强价值观践行功能的契合性

核心价值观作为高度认同的价值规则体系，在实践过程中发挥着精神激励、柔性规范和效能保障的功能，“把培育和践行社会主义核心价值观落实到经济发展实践和社会治理中”，“要把践行核心价值观作为社会治理的重要内容，融入制度建设和治理工作中”。② 在此意义上，“落实”要将价值观功能与践行场域相契合，尤其是落到社会治理实践之中，将价值准则与各个治理领域的内在要求相契合。

首先，以“落实”增强社会治理功能的协同性。就践行主体而言，践行功能的融合要实现人的全面发展和协同发展。治理功能要实现价值取向与价值结果之间的内在协调，即治理的价值取向是以人民为中心，价值成果是以推动人民全面发展、坚持人民主体地位为根本旨归。就践行内容而言，践行功能的融合是实现核心价值观的文化功能与治理功能的内在契合。治理功能要实现价值认知与实践的协同，即在价值认知层面，合理理解和诠释核心价值观的本质内容；在价值评判层面，基于具体的治理环境、治理问题，作出理性的价值选择。

其次，以“落实”激发社会治理功能的主体性。核心价值观蕴含着“以人为本、尊重人民主体地位”的价值原则，人民的主体性价值在治理

---

① 《习近平谈治国理政》，北京，外文出版社，2014年，第165页。

② 《关于培育和践行社会主义核心价值观的意见》，北京，人民出版社，2013年，第9、10页。

过程和治理功能发挥中得以充分彰显。一方面，核心价值观凝聚了人民对治理的价值共识。治理的价值共识正是治理权威性和合法性的基础，关涉如何治理、怎么治理、多元化治理主体如何共同接受和认可等根本问题。在此意义上，核心价值观正是以主流价值观的方式使治理的价值共识更为凝聚，使多元治理主体之间的诉求表达、利益协调、矛盾调处和权益保障更为契合核心价值观的价值导向和规范，形成科学有效的价值激励机制。另一方面，核心价值观激发了人民的治理能力和素养。核心价值观的培育和践行直接关涉人民的治理素养和能力。在此意义上，提高人民的治理素养和能力在很大程度上取决于人民的政治素养、道德修养和文化涵养。人民治理素养和能力的提升，是在具体践行过程中将共有的价值原则与具体的践行主体、环境相融合，将外在的价值原则内化为践行主体的治理素养，将自由、民主、公正、法治等核心价值原则具体内化为人民的自由意识与民主意识、权利意识与法治意识、个体意识与大局意识等多方面的治理素养。①

2. 以“落实”增强价值观践行功能的实效性

“落实”是核心价值观的功能运作与现实成效的高度契合，使核心价值观发挥价值引导功能，参与到国家治理体系与治理能力现代化建设之中。由此，“落实”是将核心价值观的规范和匡正功能，以治理为实践路径和载体，由价值引领延伸至价值实践，融入治理的价值理念、价值目标预设、价值实践过程和价值结果衡量的各个环节之中。

首先，以“落实”匡正治理功能的规范性。治理的规范性需要核心价值观的引导。治理需要充分发挥规范作用，必然要发挥其柔性规范和综合协调功能。一方面，核心价值观发挥着治理的柔性规范功能。治理规则不仅需要刚性的法治规则，更需要柔性的价值规则；不仅需要强制性的制度原则，还需要协商性的价值原则；不仅包括正式的法定规范，还蕴含着非正式的契约规则。由此，核心价值观作为治理规则的价值核心，以价值统摄的方式，以特有的价值观念、精神理念影响着治理规则的制定和运作，以柔性规范的方式保障治理运行的合法性、运作过程的程序性、治理结果的有效性。另一方面，核心价值观发挥着治理的多样协调功能。具体而言，治理是在多元主体的互动协调中得以实现的，核心价值观具体发挥着治理的利益调配、关系调节和价值协调的功能。在核心价值观的匡正功能作用下，治理进行利益协调，对不同主体之间的利益进行合理分配；进行

① 参见夏锋：《新时代社会主义核心价值观与治理现代化契合性的价值哲学阐释》，《学习与探索》2018 年第 9 期。

关系协调，对治理过程中的具体边界和权限进行法定确认；进行价值协调，对治理过程中的不同价值选择和取向进行引导和匡正。

其次，以“落实”保障社会治理功能的高效性。治理的高效性需要核心价值观的导向。一方面，治理体系以工具理性审视其自身的高效性和合理性。归其本质，治理的现代化是制度运作方式和执行能力的系统性改变。治理体系必然要以工具理性衡量治理效能，以此实现制度效益的最大化，降低制度成本，规避制度运作风险。基于此，治理现代化必然要完善规则体系和运作程序，使治理体系具有高效化、法治化、透明化等特征。另一方面，治理体系以价值理性省察其自身的高效性和合理性。治理体系现代化并非是价值无涉的制度体系，而是实现中国特色社会主义完善和发展的必然过程和结果，具有鲜明的中国特色和社会主义的内在规定性，彰显出鲜明的意识形态属性和文化价值属性。就此而言，治理的现代化进程是治理功能的高效性、合理性不断发挥和彰显的过程。这一进程必然需要核心价值观的价值导向和价值评判。核心价值观匡正了治理现代化的价值方向，明确了治理的价值目标和归属，以价值统摄的方式规定了治理体系的内在质性，保障了中国特色社会主义事业的发展方向；以价值评判和匡正的方式明确了治理的价值归属，保障了人民的主体地位和根本利益诉求。

三、构建“全员全过程全方位育人”的教育方法论

“坚持全员全过程全方位育人”①，是思想政治工作的基本原则。核心价值观教育作为思想政治工作的重要组成部分，必然要以“全员全过程全方位育人”作为基本的方法论原则，拓展全员的教育主体、全过程的教育环节、全方位的教育机制，实现价值观教育方法与教育主体、环节和机制的有机协同。

（一）构建“全员育人”的教育方法论

在价值观教育层面，“全员育人”具有价值主体、价值内容、价值手段和价值旨归的有机协同关系。具体而言，“全员育人”的教育方法论以“全员”为价值主体，以价值观为教育内容，以“育”为价值实现动力，

---

① 《中共中央国务院印发〈关于加强和改进新形势下高校思想政治工作的意见〉》，《人民日报》2017年2月28日。

以“人”作为价值落脚点，呈现出“人为”价值动力与“为人”价值归属之间的方法融通及价值贯通。

1. 构建“育人自育”的全员育人方法

就教育关系而言，“全员育人”是实现教育者与教育对象的双向主体关系，以尊重人的主体价值地位、发挥人的主体价值作用为前提，即实现育人与自育相融通的教育关系。

首先，提升“全员育人”的育人自觉性。核心价值观教育是思想政治教育的重要组成部分，具有明确的价值主体性和目标指向性。在此意义上，提升育人自觉性是尊崇人的主体价值，“坚持以人为本，尊重群众主体地位，关注人们利益诉求和价值愿望，促进人的全面发展”①。提升育人自觉性要坚持目标指向，“用一定的思想观念、政治观点、道德规范，对其成员施加有目的、有计划、有组织的影响，使他们形成符合一定社会、一定阶级所需要的思想品德的社会实践活动”②。由此，“全员育人”要发挥育人的主体自觉性，以全社会所有成员作为践行主体，发挥全员的自觉教育和践行作用，自觉弘扬、自为恪守和自主践行核心价值观。与此同时，“全员育人”要坚持育人的目标导向，培养人、引导人符合核心价值观所倡导的国家价值目标、社会价值取向和个人价值准则。在此情境中，“全员育人”要具有主体与目标的双重自觉性，在主体层面激发社会全员自觉践行核心价值观的内生动力，增强为核心价值观代言的认同感和自豪感；在目标层面以核心价值观的“三个倡导”为目标指向，自觉匡正核心价值观践行过程的思想行为偏差，构建核心价值观教育的纠偏纠错机制。

其次，深化“全员育人”的自育自主性。就教育主体而言，“全员育人”意指每个人都可能成为教育主体，发挥育人与自育的双向作用。在育人的主体层面，核心价值观教育必然是“根据一定的社会要求，针对教育对象的思想实际，经教育者选择设计后有目的、有步骤地输送给教育对象的带有价值引导性的思想政治信息”③。在自育的主体层面，核心价值观教育要发挥人的自主自为能力，在多样的价值选择中找准价值定位，在多维的价值实践中增强价值定力。育人到自育，是全员育人的拓展和升华过程。育人是在有组织、有系统、有步骤的教育体系中发挥育人的价值渗透作用，使核心价值观在内化过程中入脑入心；自育则是教育的落脚点，要

① 《关于培育和践行社会主义核心价值观的意见》，北京，人民出版社，2013 年，第 5 页。

② 张耀灿等：《现代思想政治教育学》，北京，人民出版社，2006 年，第 50 页。

③ 陈万柏：《思想政治教育学原理》，北京，中国人民大学出版社，2013 年，第 129 页。

发挥自主教育的功能，主动将核心价值观的价值理念、价值规则融入内心精神世界，将核心价值观作为自我价值认知和实践的基本准则，以此解释和化解生活中的问题，以此指导生活实践。与此同时，自育是发挥自主实践的作用，通过志愿服务、社区实践、基层治理、精神文明建设等践行路径，引领人民群众成为核心价值观的“代言者”“践行者”，增强践行核心价值观的社会责任意识、规则意识、奉献意识。

2. 构建“育人协同”的全员育人方法

全员育人蕴含着内在的协同机制，蕴含着育人的主体协同、过程协同，进而达到功能协同。恰如《中庸》所载：“万物并育而不相害，道并行而不相悖。”① 全员育人方法以“全员”为育人主体，基于主体的差异性、多样性和层次性，达成育人主体的合力；以“育人”为核心价值观教育的具体践行过程，基于育人的内容差异、过程延伸，达成育人过程的互补整合。

首先，注重“全员育人”的主体协同。全员育人要发挥主体的协同作用，彰显“和而不同”的主体价值。一方面，主体协同是在差异中实现调合，在协调中实现整合。核心价值观教育要尊重主体的差异性和多样性。人作为社会存在，必然是处于一定的社会关系中，在社会交往中实现个体、群体与社会的相互影响，继而形成教育合力。人作为精神存在，必然有一定的世界观、人生观和价值观，以价值外化和实践的方式，在价值认知、情感表达过程中对他人产生影响，形成不同的社会心理、情绪和心态。由此，主体协同是在具体的价值实践中实现个人意识与集体意识、权利意识与法治观念的协调整合，进而实现个人与集体、社会之间的关系交融、权限界定和价值协同。另一方面，主体协同是在分层中实现联合，在互补中实现结合，在多样中实现聚合。主体协同的价值前提是尊重人的主体性价值，即在尊重人的主体价值选择、考量和诉求的前提下引导价值主体实现价值观的通约和聚合。由此，核心价值观教育是全社会成员的共有责任，这不仅需要每位社会成员具有问题意识和批判思维，善于发现价值观培育和践行过程中存在的问题和不足，更需要每个人具有过程意识和建设心态，善于在问题归因中遵循问题解决的过程规律和方式方法，也要善于在批判思维过程中从个人之自我做起，从当下点滴做起，自觉践行核心价值观。

其次，注重“全员育人”的功能协同。协同育人要实现育人主体的协

① 《礼记·中庸》。

同互补，即在多样性的育人过程中发挥育人主体的多样教育功能，实现育人的自然性、社会性和精神性协同互补。究其育人的过程，要明细“育”的内在含义，即意指生存、培植、抚养、培养、教育。① 在此意义上，“育”彰显出自然属性、社会属性和精神属性。在自然属性层面，“育”是自然生存、生育和培植，如“载生载育，时维后稷”②；在社会属性方面，“育”是家庭和社会中的抚养、培养，如“父兮生我，母兮鞠我。拊我畜我，长我育我”③；在精神属性方面，“育”是人的德化、德性教育，如“尊贤育才，以彰有德”④，又如“君子以果行育德”⑤。由此，协同育人要基于育人过程的多样性和层次性。在家庭养育中，协同育人要发挥父母与长辈的示范作用，形成具有鲜明价值导向的“前喻”文化，即如何更好地实现长辈对晚辈的教育，在日常生活中彰显家风、家训的价值教化作用。在社会生活中，协同育人要发挥全社会的协同效应，善于营造“并喻”文化的氛围，即如何实现同辈之间的积极影响和价值引领，凝练具有核心价值观导向的朋辈文化。与此同时，协同育人也要注重信息化时代中网络文化形成的文化分层，善于把握“后喻”文化的特点和影响，即如何实现晚辈对长辈的正向价值影响，发挥青年人在新媒体运用、新媒体信息传播中的积极作用。

（二）构建“全过程育人”的教育方法论

基于人的文化存在过程，“全过程育人”是基于人的发展阶次的育人过程，也是基于教育发展阶段的育人过程。由此，全过程育人的教育方法论具有两个层面的价值意蕴：一方面，在人的成长层面，在人的社会化过程中，全程育人是实现人的化育，使个体完成社会化过程，也使个体在社会文化熏陶、社会心理从众和社会交往过程中实现核心价值观的内化过程；另一方面，在教育层面，全程育人在国民教育的过程中实现人的训育，使人在各个学段的课堂教学、校园熏陶、社会实践的过程中实现核心价值观的知识传授、文化传播和价值内化的有机协同。

---

① 参见夏征农、陈至立主编:《辞海》(第六版缩印本),上海,上海辞书出版社,2010年,第2331页。

② 《诗·大雅·生民》。

③ 《诗·大雅·生民》。

④ 《孟子·告子下》。

⑤ 《易·蒙》。

1. 构建具有社会化发展阶次的“全过程育人”方法

人的文化存在以过程存在的方式促成文化对人的熏陶和默化作用。由此，文化对人的价值塑造处于“无处不在”的各个场域，文化对人的价值渗透则处于“无时不在”的各个成长阶段，以人格养成的方式影响渗透了人的终身发展。在此意义上，全程育人立足人的社会化发展和教育学制的全过程，基于不同的发展阶次进行不同层次、不同侧重点的价值观教育。

首先，贯穿于人的成长阶段的全过程。人的成长过程是在社会化发展过程中实现个性化发展的过程。在人的社会发展层面，“社会化是个体通过与社会的交互作用，适应并吸收社会的文化，成为一个合格的社会成员的过程”①。价值观教育要发挥价值观以文化人的功用，使人承载共有价值，适应社会共同体，实现自我发展；正如马克思所言，人“不仅是一种合群的动物，而且是只有在社会中才能独立的动物”②。由此，价值观教育是在社会化进程中形成趋同的文化模式和行为，即在文化共同体中为共有价值观念、价值选择和价值行为所培养、塑造。与此同时，人的社会化与个性化具有共生互补关系。人的个性化是在社会化发展进程中实现的。社会化的共性特点促成了个性化的价值通约和价值接受，使个性总是处于一定社会共同体、社会文化模式中的个人特性。由此，核心价值观教育是注重社会化与个性化的共生培养。在社会化养成层面，核心价值观是注重社会公共意识和社会交往能力的培养，以积极正向的社会心态看待自身与社会的关系，以理性和适度的社会交往方法处理个人与他人的关系。在个性化塑造层面，核心价值观教育注重个性化的价值选择、价值行为，契合主流价值取向和价值评判标准，达到个性的“从心所欲”契合“不逾矩”的主流价值取向。

其次，基于人的教育发展阶次的全过程。人的教育发展过程，既是人的社会化过程，也是人的认知和实践的发展过程。核心价值观教育基于受教育者的个性特征，遵循教育学、心理学的基本规律，遵循不同阶段的身心特点和问题诉求。核心价值观教育贯穿于学校教育和社会化教育的各个发展阶段，以终身教育的理念，使认知教育与生活养成紧密融入衔接。基于人的心理发展规律和成长发展规律，核心价值观教育呈现出阶次性、分层性的教育分段。基于学龄儿童之前的阶段，核心价值观教育注重行为方式的塑造，运用感知运动思维的特点，通过简洁有序的认知判断，引导儿童形成一定的日常行为养成。基于小学学龄阶段，核心价值观教育由行为

① 〔美〕戴维·迈尔斯:《社会心理学》,乐国安等译,天津,南开大学出版社,2003 年,第 68 页。

② 《马克思恩格斯选集》第 2 卷,北京,人民出版社,2012 年,第 684 页。

塑造拓展到价值认知判断，运用具象思维的特点，确立鲜明的价值判定标准。基于中学学龄阶段，核心价值观教育充分运用抽象思维特征，由线性的价值思维方式转化为抽象化、高度概括的价值认知和理解方式。基于大学阶段，核心价值观教育则更加注重辩证思维的引导，以更辩证、全面地予以价值认知和考量，更务实、积极地予以价值践行。

2. 构建具有衔接性的“全过程育人”方法

“全过程育人”基于人的文化存在的整体性，在家庭养育、学校训育和社会化育过程中实现人的全面发展。由此，全过程育人要在家庭、学校和社会的协同作用下实现育人的全过程衔接。

首先，国民教育各学段的层次衔接。国民教育作为总体规划的系统性教育，既有各个学段的相对独立的教育内容和方式，更具有贯通和衔接的教育体系。一方面，在不同学段之间要注重层次的衔接性。“坚持育人为本、德育为先，围绕立德树人的根本任务，把社会主义核心价值观纳入国民教育总体规划，贯穿于基础教育、高等教育、职业技术教育、成人教育各领域。”① 不同学段的衔接性要基于任务导向，按照一体化、分学段、有序推进的原则，将核心价值观融入各个学段的教育教学之中。另一方面，在同一学段中要注重环节的衔接性。全程育人要注重教育、管理和服务的环节衔接，以及第一、二课堂的平台协同。核心价值观教育要以多维度、全方位的教育方法和载体，注重运用各种教育载体和平台，促成认知理解、情感体验、信念塑造和行为养成的协同发展。

其次，国民教育与社会生活的领域衔接。国民教育作为体制化教育，具有固定学制规划、学段分层的教育过程。学校训育过程与家庭养育过程、社会化育过程构成了育人的全过程。一方面，完善学校、家庭和社会的教育过程衔接。核心价值观教育要注重导向性与渗透性、显性与隐性相融通的教育全过程，“引导广大家庭和社会各方面主动配合学校教育，以良好的家庭氛围和社会风气巩固学校教育成果，形成家庭、社会与学校携手育人的强大合力”②。另一方面，完善学校、家庭和社会的教育内容衔接。核心价值观教育落实到家庭教育和亲子教育之中，加强家庭规则的规范教育和家庭文化的养成教育；加强社会规范和价值规则的养成教育，“加强社会公德、职业道德、家庭美德、个人品德教育，形成修身律己、崇德向善、礼让宽容的道德风尚”③。

---

① 《关于培育和践行社会主义核心价值观的意见》，北京，人民出版社，2013 年，第 6 页。

② 《关于培育和践行社会主义核心价值观的意见》，北京，人民出版社，2013 年，第 7 页。

③ 《关于培育和践行社会主义核心价值观的意见》，北京，人民出版社，2013 年，第 14 页。

（三）构建“全方位育人”的教育方法论

“方位”意指方向位置[①]，“全方位”则是具有系统性、完备性和协同性的方向位置。在此意义上，全方位育人的教育方法论具有双重维度，即在人的发展全方位和教育的全方位的维度下，进行系统性、完备性和协同性的教育实践。由此，“全方位育人”以全方位为育人的视域设定，以人与教育为育人的维度设定。在人的发展方向层面明确了育人的定向，即为实现人的全面发展，实现人的精神和谐，构建人的意义世界而构建的育人方法；在教育的发展层面决定了育人的定位，以立德树人为根本任务而构建的育人方法。

1. 基于人的发展全方位的育人方法

基于人的文化存在视域，人的发展在自然存在和社会存在的基础上实现精神存在的完善发展。人的发展全方位以人性和谐为价值前提，以人的自由自觉的存在为价值指向。基于人的发展全方位，全方位育人则以人的价值定向为价值视域，以人的价值实践为价值路径，实现价值目标指向与价值实践路径的有机协同。

首先，实现人的发展的价值定向方法。全方位育人的首要价值前提是尊崇人的主体价值，实现人的全方位发展。人的发展要实现自我价值与社会价值的内在统一，人的发展过程也是人的价值目标的确定过程。这一确定过程是个体的价值观念契合于群体的价值原则、主流社会的价值目标的过程。在此过程中，人的价值观念由对象性的价值意识转变为反身性的对象意识，由模仿、从众于群体和社会的价值趋向转变为基于自身的社会角色进行价值反思和价值考量。由此，人的具体发展阶段既成为人的全面发展的限定条件，也成为人的全面发展的价值视域。“全方位育人”要以价值定位的方法，实现人的自我价值定位，以核心价值观为价值导向，发挥社会层面公共舆论的价值规范作用，更要发挥个体层面的价值自律作用。与此同时，“全方位育人”也要引导人实现社会价值定位，使自我价值定位目标符合社会期望值，基于社会角色的具体设定和发展过程，使现实社会角色契合理想社会人格。

其次，实现人的发展的价值实践方法。全方位育人要基于人的全面发展的价值定位，在教育实践中实现人的价值实践，使教育真正成为实现人的全面发展的价值路径。习近平指出：“思想政治工作从根本上说是做人

---

① 参见夏征农、陈至立主编：《辞海》（第六版缩印本），上海，上海辞书出版社，2010 年，第 2331 页。

的工作，必须围绕学生、关照学生、服务学生，不断提高学生思想水平、政治觉悟、道德品质、文化素养，让学生成为德才兼备、全面发展的人才。"[①] 究其根本，全方位育人不仅是在狭义层面的学校育人方式，也是广义层面的全方位育人方式。全方位育人是以教育为根本的实践方式，使人以全方位的践行方式成为核心价值观的践行主体，成为核心价值观的传承者、倡导者和践行者。与此同时，全方位育人要以人的全面发展为根本的实践指向，实现核心价值观践行与人的全面发展的价值同一性。基于此，全方位育人基于人的精神属性，在精神世界的内在和谐层面实现人的感性、理性与悟性的有机统一，在价值践行层面实现价值实践目标与价值实践结果、价值观念取向与价值衡量标准之间的有机统一。

2. 基于教育全方位的育人方法

人的文化存在处于全方位的文化场域之中，由精神文化构建出多维度的文化场域；也处于全方位的生活场域之中，由人的实践活动构建出多层次的生活场域。育人不是单一性场域或单维度的教育实践，而是处于全方位的育人场域包绕之中。由此，基于育人的实践方式和内容，全员育人要在教育实践的各个环节中实现育人的协同、整合和优化。

首先，实现育人环节的全方位贯通。全方位育人基于核心价值观教育的育人定位，以立德树人为根本任务，将核心价值观教育融入育人的各个方面和环节。就此而言，全方位育人具有广义与狭义两个层面。在狭义层面，全方位育人立足学校的育人场域，发挥学校在办学各个环节中的育人作用。"把思想价值引领贯穿教育教学全过程和各环节，形成教书育人、科研育人、实践育人、管理育人、服务育人、文化育人、组织育人长效机制。"[②] 在广义层面，全方位育人立足社会的宏观场域，发挥显性与隐性、宏观与微观的协同育人作用。就此而言，全方位育人基于"一"与"多"的辩证关系，实现育人各个环节的关联贯通。"一"是立足"立德树人"这一根本任务，使全方位育人具有明确的目标指向，以匡正核心价值观教育的具体路径和实践指向。"多"是立足多样化和多维度的育人环节，在学校层面实现教学、管理和服务的各环节融通，使育人在"立德树人"的任务导向中发挥各个环节的具体育人功用，聚合实现协同育人效用；在社会层面实现核心价值观教育的社会实践、精神文明创建、宣传教育、组织

---

① 《习近平在全国高校思想政治工作会议上强调：把思想政治工作贯穿教育教学全过程　开创我国高等教育事业发展新局面》，《人民日报》2016年12月9日。

② 《中共中央国务院印发〈关于加强和改进新形势下高校思想政治工作的意见〉》，《人民日报》2017年2月28日。

领导等各个环节的内在贯通，使育人以全方位的方式融入人的文化存在的多维场域之中，构建“致广大”与“尽精微”相贯通的全方位育人模式。

其次，实现育人内容的全方位融通。全方位育人是以人的全面发展为价值指向，基于人的全面发展的内在要求外化为教育的具体内容。在此意义上，全方位育人是“真正按照人的本质实现人的物质与精神、科技与人文、政治与道德、生理与心理、知识与能力等方面的全面发展，真正成为‘完整的人’”①。由此，全方位育人要求核心价值观教育立足人的精神属性，基于精神世界的构建，实现世界观、人生观和价值观的全方位教育。全方位育人要立足人的个体、群体和类的存在方式，实现人的个体存在与社会存在的内在协调，完善社会公德、职业道德、家庭美德、个人品德教育等多层面的德性教育。全方位育人要立足自我价值与社会价值的有机协调，尊重个人意识、权利意识与加强国家意识、社会责任意识、法治意识的有机结合。全方位育人要立足人的精神性与物质性的有机协调，遵循人的利益考量，更要关注人的价值情怀；注重思想问题的价值引导和心理疏导，也要加强现实问题的解决和利益诉求的实现，通过现实诉求的有效解决确证价值导向的说服力和信服力。

① 张耀灿等:《现代思想政治教育学》,北京,人民出版社,2006 年,第 148 页。

第八章　新时代人的文化存在视域下社会主义核心价值观教育创新途径实现

基于人与文化的本质关联，人的文化存在以文化为具体的存在样态，文化的自觉存在则以教育为实践动力。由此，人的文化存在为价值观教育创新提供了丰富的文化给养，也为价值观教育创新构设出广阔的文化场域和多样的文化背景。新时代坚持以人民为中心，“把人民对美好生活的向往作为奋斗目标，依靠人民创造历史伟业”[①]。在此意义上，新时代是在新的历史方位中，以人民为价值旨归和价值实现动力。人民的价值实践则是在“因时而变”中，锚定新时代的历史方位，实现核心价值观教育培育践行与人民的全面发展之间的价值融通。

一、拓展社会主义核心价值观教育的文化实践

人是文化存在的主体，在自知、自主、自为的文化实践过程中，产生了影响久远、渗透细微、扩展广泛的文化力。价值观教育作为实现价值观内化与外化的主体实践路径，激发了人的文化理解力、凝聚力、内驱力和创造力。由此，核心价值观教育要立足新时代的新方位，积极顺应现代化的发展趋向，坚持以人民为中心的发展思想，在文化自信中推动文化自强，在文化实践中促成社会全面进步。

（一）推进生活养成实践

在人的文化存在视域中，生活实践养成是人与文化共生存在的子系统。生活养成实践包含着日常生活、习惯养成和实践三重要素。具体而言，日常生活是生活养成实践的实现过程和场域，习惯养成是生活养成实

① 习近平:《决胜全面建成小康社会　夺取新时代中国特色社会主义伟大胜利——在中国共产党第十九次全国代表大会上的报告》,北京,人民出版社,2017 年,第 21 页。

践的实现路径，实践则是生活养成实践的实现动力。由此，生活养成实践是由生活主体、过程、场域、路径和动力组成的系统化架构。核心价值观教育要推进生活养成实践，在教育实践中将价值观内容与生活主体、过程及场域有机融通，使生活养成实践成为价值观实践的具体实现方式，使价值观实践成为生活养成实践的具体内容。

1. 拓展生活养成实践教育的主体性

生活养成实践聚合了生活与实践的双重特征。一方面，生活是“日用常行”的存在方式，以“日用不觉”的方式重复着日常生活；另一方面，实践是人自由自觉的活动，立足生活的现实性不断实现着人的超越性。由此，生活养成实践是在“日用常行”中实现“日用自觉”与“日用不觉”的有机统一。核心价值观教育要在生活养成实践中实现自觉地倡导践行与不自觉地“日用常行”的有机统一。

首先，注重生活养成实践教育的自觉性。习近平强调：“一种价值观要真正发挥作用，必须融入社会生活，让人们在实践中感知它、领悟它。要注意把我们所提倡的与人们日常生活紧密联系起来，在落细、落小、落实上下功夫。”[①] 日常生活作为核心价值观践行的基本场域，既是人的生命维系、生存发展和生活优化的实践场域，也是文化交织交融的精神场域。由此，日常生活构成了人与文化相融通的现实场域，构成了人与文化互诠互释关系，形成了“六经注我”“我注六经”的双重关系。核心价值观教育正是基于人与文化的双重关系，以高度的文化自觉，在“六经注我”的过程中将价值准则内化为人的价值理念，使人成为承载价值准则、恪守价值规范的文化存在；在“我注六经”的过程中强化人的主体认识能力和领悟能力，将价值理念外化为价值实践和行为，使价值观成为匡正人的生活实践的基本准则。

其次，注重生活养成实践教育的潜隐性。日常生活总处于琐细的生活环节和微细的生活情境之中，呈现出日常化、碎片化、休闲化等方面的生活特征。日常生活营造出闲适舒缓的文化场域，往往遮蔽了文化的自觉和省察意识，使人处于精神上的舒适区。在生活场域中，价值观教育要以隐性的方式潜入生活场域的各个环节之中，以“自然”的方式渗透于人的生活细节之中。核心价值观教育在宏观社会层面进行显性教育和正面引导，在微细的生活环节中进行隐性教育和侧面渗透。核心价值观教育探索运用“隐性植入”的教育方式，善于运用生活中的各种载体，通过各种具有文

① 《习近平谈治国理政》，北京，外文出版社，2014 年，第 165 页。

化创意的生活产品设计，将价值观的理念、内容和事例有机嵌入文化创意和产品中，使价值观由“有深度”价值理念具象化为“有温度”的生活方式；善于运用生活化的话语方式和事例，将核心价值观的理念宣传转化为故事的讲述，由程式化的宣传话语转化为打动人、感化人的“心流”故事。

2. 增强生活养成实践教育的过程性

生活养成教育是在日常生活中由生活习惯长期积习形成的固化思维方式和行为方式。“日用常行”承载着日常生活的双重属性。“日用”意味着生活具有时间的周期性，“常行”意味着生活具有实践的重复性。由此，生活养成实践是在时间维度的往复中增强人的思维惯性和行为惯性，也是在实践维度的反复践行中遵循人的成长规律和阶次，使价值观教育贴近生活情境，依托生活现实，汲取生活滋养。

首先，注重生活养成实践教育的生成性。生活过程是最能反映和显现人的文化存在的“原生态”过程，蕴含着拙朴天成的生活意蕴。“人民生活中本来存在着文学艺术原料的矿藏，这是自然形态的东西，是粗糙的东西，但也是最生动、最丰富、最基本的东西。”[①] 由此，生活养成教育是基于生活的生成性和原初性，将生活作为人民群众日常实践的最基本场域，以生活作为教育的源头活水。核心价值观教育要在具体的微观生活情境中关注人的心理发生机制与生活情境的内在关联。由此，价值观教育要通过教育氛围的营造、从众效应的引导、心理暗示的烘托等方式，将一般意义上的价值取向和价值原则具象化为可操作性强的价值践行。核心价值观教育也要充分汲取日常生活的文化滋养，善于运用实践智慧，以灵动多样的方式，将教育的“大道理”转化为“小故事”，将宣传式标语和格式化话语转化为生活化语言表达方式。

其次，注重生活养成实践教育的规律性。生活养成过程既是人的文化存在的实践过程，也是人的文化存在的规律作用过程。生活养成实践是以人为主体，楔入人的主体性价值，展现人的实践性成果。由此，生活养成实践已经超越了一般意义上的主客关系实践，而是人与人之间的双重主体实践。生活养成实践要基于关系思维的考量，将价值观教育作为协调人与人关系的实践方式，将价值观规则转化为现实生活的关系准则。由此，核心价值观教育要善用生活智慧，发挥价值观在人际交往、关系协调中的重要作用，将价值观的价值准则与传统文化理念、价值观念相融通，使核心

① 《毛泽东选集》第3卷，北京，人民出版社，1991年，第860页。

价值观教育既有文化底气，也有生活底气。例如“友善”价值观与“推己及人”处世法则的有机结合，倡导协调个体与群体之间的紧张关系；又如“自由”价值观与“从心所欲不逾矩”处世境界的有机融合，有助于保持自由与限制之间的适度张力；再如“平等”价值观与“理一分殊”存在观的相互参照，有助于通透观照共性与个性之间的内在关系。

3. 把握生活养成实践的节点性

日常生活具有周期化的往复性和阶段性，也具有非周期化的渐变性和节点性。由此，日常生活看似是线性、均质的实践过程，实则是具有非线性的实践过程，具有不可确定性和跃变性。由此，生活养成教育要在日常生活中善于把握“守”与“变”的关系，在固守生活节奏和秩序的过程中善于把握重要节点、节日和时机，增强生活养成实践的仪式感和归属感。

首先，把握生活养成实践教育的节日性。日常生活不仅蕴含着人的实践特质，也蕴含着文化传统因素，使生活具有文化传承性、沿袭性和习俗性。在此，节庆日作为日常生活的重要节点，发挥着实践养成和文化育成的重要作用。节庆日不仅包含民族传统节日，还包含政治性节日、纪念日。基于此，传统节日教育要充分发掘节日的文化意蕴和内涵，使核心价值观教育融入传统文化普及之中，引导人自觉认知传统文化的本来源流和发展脉络，“开展移风易俗，创新民俗文化样式，形成与历史文化传统相承接、与时代发展相一致的新民俗”[①]。与此同时，重要节庆日要挖掘所蕴含的深厚教育资源，“利用五四、七一、八一、十一等政治性节日，三八、五一、六一等国际性节日，党史国史上重大事件、重要人物纪念日等”[②]，组织群众性庆祝活动，增强节日的庄严感和仪式感。

其次，把握生活养成实践教育的动态平衡性。日常生活在实践层面，是人的生命生存和生活发展的延续过程；在文化层面，则是人的精神世界的构筑过程。日常生活的不确定性，使生活实践处于动态生成过程，也使人的精神世界与现实生活构成了动态的契合关系。由此，生活养成实践教育要基于生活的非线性过程，将一般性、抽象性的价值观原则与复杂性、不确定性的生活过程相契合，把握好教育的动态过程。由此，生活实践养成教育在价值认知层面，引导个体对道德规范的理性的认知和判断，构建完善的价值认知内容；在价值情感层面，引导个体对价值观念的感性和直觉体验，形成正义感、集体荣誉感等情感体验，固化积极正向的社会归属感、支持感和安全感等心理体验；在价值实践层面，由个人的“正己修

① 《关于培育和践行社会主义核心价值观的意见》，北京，人民出版社，2013 年，第 17 页。

② 《关于培育和践行社会主义核心价值观的意见》，北京，人民出版社，2013 年，第 18 页。

身”拓展到群体之间的“泛爱众”，由个人的“兼济天下”升华到全社会的“天下为公”，形成由价值理性到价值实践、价值情怀到价值愿景的高度契合。

（二）深入社会治理实践①

“要把践行社会主义核心价值观作为社会治理的重要内容，融入制度建设和治理工作中”②，这是核心价值观培育和践行的重要实践要求。社会治理实践与价值观教育实践具有内在的契合性和融通性。治理现代化是坚持和发展中国特色社会主义的必然要求，也是全面深化改革战略目标的制度实践；核心价值观的培育和践行，“是推进中国特色社会主义伟大事业、实现中华民族伟大复兴中国梦的战略任务”③。治理现代化与核心价值观共同融入中国特色社会主义事业的伟大进程，实现两者的价值实现路径高度融合与整合。

1. 核心价值观教育融入治理现代化的多维领域

治理领域作为系统化的多维领域，既是制度顶层设计和完善发展的系统领域，也是制度运作和执行的具体领域。基于治理主体及作用范围的差别，治理在国家、社会和公民等三个层面形成宏观、中观和微观的多维领域，也成为核心价值观践行的多维场域。

首先，基于治理宏观领域的核心价值观践行。国家层面既是治理的宏观领域，也是核心价值观践行的宏观领域，直接关涉系统性、长期性和统一性的全局领域。在此意义上，治理的宏观领域不仅关涉治理体系运作的整体过程，也使各治理领域之间协同构成系统化全局。一方面，治理的整体过程构成了核心价值观践行的系统化过程。习近平指出：“要弄清楚整体政策安排与某一具体政策的关系、系统政策链条与某一政策环节的关系、政策顶层设计与政策分层对接的关系、政策统一性与政策差异性的关系、长期性政策与阶段性政策的关系。”④ 具体而言，国家治理要实现整体性的顶层设计、统一性的制度安排以及长期性的制度实践的全局性过程统一。在全局化的制度实践进程中，核心价值观贯彻落实到治理的全局过程，即在治理顶层设计中以富强、民主、文明、和谐的核心价值目标为导

① 参见夏锋：《新时代社会主义核心价值观与治理现代化契合性的价值哲学阐释》，《学习与探索》2018 年第 9 期。

② 《关于培育和践行社会主义核心价值观的意见》，北京，人民出版社，2013 年，第 10 页。

③ 《关于培育和践行社会主义核心价值观的意见》，北京，人民出版社，2013 年，第 3～4 页。

④ 《习近平谈治国理政》，北京，外文出版社，2014 年，第 106 页。

向，在治理的贯彻实施中以核心价值取向为统摄，在治理的结果反馈中以核心价值原则为衡量评价标准。另一方面，治理的全局领域构成了核心价值观践行的系统化领域。国家治理是基于“五位一体”的总体布局，在经济领域、政治领域、文化领域、社会领域和生态领域的系统化治理过程中不断推进中国特色社会主义事业。在此意义上，国家治理领域是核心价值观培育和践行的全局领域，是将价值原则具体内化和渗透至各个治理领域，尤其是将富强、民主、文明、和谐的价值目标在治理的顶层设计和制度实践中予以落实和彰显。

其次，基于治理中观领域的核心价值观践行。治理不仅是在国家层面的宏观布局，更要落实到社会层面的中观领域。社会作为治理的中观领域，是治理的下行、上行与平行的交汇点，也成为治理与核心价值观践行的公共领域。其一，社会公共领域成为价值观践行的利益场域。社会公共领域构成了治理主体之间的多层次利益关系，需要核心价值观的利益协调，“注重经济行为和价值导向有机统一，经济利益和社会效益有机统一，实现市场经济和道德建设良性互动”①。其二，社会公共领域成为价值观践行的法治场域。社会公共领域是依法治理的法治环境，也是践行法治精神的公共场域，“充分发挥法律的规范、引导、保障、促进作用，形成有利于培育和践行社会主义核心价值观的良好法治环境”②。其三，社会公共领域成为价值观践行的舆论场域。核心价值观教育通过价值匡正和道德舆论，充分发挥着治理的精神激励和关系协调作用，实现治理效能与道德提升的相互促进。

最后，基于治理微观领域的核心价值观践行。日常生活作为公民个体和社会共同体的具体存在场域，是公民和社会组织、行业组织进行自治的微观领域，也是核心价值观践行的日常领域。习近平强调：“把社会主义核心价值观融入社会发展各方面，转化为人们的情感认同和行为习惯。坚持全民行动、干部带头，从家庭做起，从娃娃抓起。”③ 在此意义上，日常生活构成了基层治理和核心价值观生活化的具体场域，也使核心价值观的培育和践行有机融入基层治理之中。一方面，基层治理为核心价值观践行提供了多样的实践平台。核心价值观践行的原则要求是“善于运用群众

① 《关于培育和践行社会主义核心价值观的意见》，北京，人民出版社，2013 年，第 9 页。

② 《关于培育和践行社会主义核心价值观的意见》，北京，人民出版社，2013 年，第 10 页。

③ 习近平：《决胜全面建成小康社会　夺取新时代中国特色社会主义伟大胜利——在中国共产党第十九次全国代表大会上的报告》，北京，人民出版社，2017 年，第 42 页。

喜闻乐见的方式，搭建群众便于参与的平台，开辟群众乐于参与的渠道”[①]。由此，基层治理作为治理最为基础的部分，是治理发挥其功能的末梢部分，也是核心价值观践行的最为现实的微观场域。在基层治理过程中，公民获得了更多参与治理的渠道和机会，激发了人民的治理意识和能力。基层治理以更为微观具体的路径，引导公民更为理性地看待政府、社会群体和个体对治理的权责边界，由过度依赖政府和单位组织转变为合理地自我组织，有效处理社区、自组织等方面内部事务。另一方面，基层治理为核心价值观践行提供了自主的实践渠道。加强基层治理，需要保障公民以各种方式参与到社会治理之中，通过居民自治、社区自治、社会自治的基层治理方式，既增强了践行核心价值观的自主性和自觉性，也增强了参与治理的积极性、承担治理责任的自主性、加强自我管理的主动性。

2. 核心价值观教育融入治理实践的具体路径

核心价值观教育的实现路径构成了治理的实践路径，在具体践行中既实现了价值观的目标指向、功能发挥和现实成效的内在契合，也实现了治理实践的规则化、多元化和常态化的有机结合。

首先，核心价值观教育促进治理实践的规则化。核心价值观教育过程是价值观规则的细化过程，即将一般性和广泛性的价值原则细化为具体化的践行要求和可操作性的践行规则。一方面，核心价值观教育的践行路径拓展了治理规则的广泛性。核心价值观作为全社会共同恪守的价值准则，具有广泛性的特征。核心价值观的践行路径是将一般的价值原则广泛覆盖到社会全部领域，提高了治理柔性规则的拓展面。具体而言，核心价值观的践行是将具有广泛约束力的价值准则转化为各行业领域、各生活场域的治理规则和规范，形成市民公约、村规民约、学生守则及行业规范。另一方面，核心价值观教育的践行路径提升了治理规则的可操作性。践行核心价值观是将一般意义上的价值规则与具体的践行要求相统一，将一般意义上的价值观念转化为践行中的具体要求。在此意义上，核心价值观以高度的实践智慧，增强治理规则的可操作性；以增强人民的主体意识和自觉意识为践行指向，加强分类引导，将抽象的治理理念与现实的生活实践有机结合起来，细化为“人人可为、人人能为”的具体准则。

其次，核心价值观教育促成治理实践的多元化。核心价值观教育是价值理念和规则具体化和情境化的过程，即实现核心价值观教育内容的具体化和教育场域的情境化。一方面，核心价值观践行的具体化，促成了治理

① 《关于培育和践行社会主义核心价值观的意见》，北京，人民出版社，2013 年，第 6 页。

实践的主体更为多元。核心价值观的践行是国家、社会和公民个体等多元主体的共同践行，是在协同关系中形成多元主体的践行合力。“坚持依法治国和以德治国相结合，完善弘扬社会主义核心价值观的法律政策体系，把社会主义核心价值观要求融入法治建设和社会治理，体现到国民教育、精神文明创建、文化产品创作生产全过程。”① 在核心价值观的具体践行过程中，治理的重心由宏观领域下沉至中观和微观领域，由国家层面转至社会和公民个人层面。由此，国家、社会与公民个人的协调互动更为密切，治理更具有包容性和协调性，以实现公共利益的最大化为目标，明确治理的公共领域范围和权限边界。另一方面，核心价值观教育的情境化，促成了治理实践的路径更为多元。核心价值观“落小”是将价值原则和内容有机融入、隐含和渗透入日常生活中。在此意义上，核心价值观教育在“落小”中实现了践行方向的“自下而上”“自上而下”以及平行的有机结合，以社会作为国家全局与公民个体之间的连接点，实现国家层面的宣传教育、社会层面的示范引领和公民层面的实践养成相统一。在核心价值观的“落小”过程中，治理的践行方向也具有了多元化特征。就治理方向而言，上行、下行与平行的治理关系在优化协调过程中，以促成政府、社会和个人的协同治理为目标，实现多元主体的共同治理。就治理环节而言，社会成为治理的重要连接点，既是国家制度和政策下行至社会层面的治理环节，也是公民个体上行至社会领域的治理桥梁，更是社会领域平行的治理纽带。

最后，核心价值观教育提升治理实践的常态化。核心价值观教育过程提升核心价值观践行的长效性和实效性，即践行机制具有长效性，践行效果具有实效性。一方面，核心价值观教育的践行机制巩固了治理机制的常态化，“形成科学有效的诉求表达机制、利益协调机制、矛盾调处机制、权益保障机制”②。在此意义上，构建长效性的践行机制，既要遵循精神文化的内在规律，也要顺应社会发展和治理的基本规律，实现价值观的文化育人机制与治理机制的内在融合，以价值践行机制保障了治理运作机制的长效性。另一方面，核心价值观教育的践行效果巩固了治理实效的常态化。在此意义上，核心价值观的践行效果扎实有效，通过教育实践、道德实践、生产实践和生活实践的协同一致，实现核心价值观对物质利益保障、社会关系协调、精神文化和谐的价值保障作用。由此，核心价值观的

---

① 《中共中央关于坚持和完善中国特色社会主义制度、推进国家治理体系和治理能力现代化若干重大问题的决定》，北京，人民出版社，2019 年，第 23 页。

② 《关于培育和践行社会主义核心价值观的意见》，北京，人民出版社，2013 年，第 10 页。

践行结果巩固了治理实践的实效性，加强了全社会对治理的合理性、科学性、权威性的价值认同和制度认同，形成提高治理能力、巩固治理成果、完善治理体系的文化合力和制度合力。

（三）融入文化事业与文化产业

党的十九大报告提出："推动文化事业和文化产业发展。满足人民过上美好生活的新期待，必须提供丰富的精神食粮。"① 文化事业和文化产业是以业态发展的文化路径，构成了中国特色社会主义文化的内生性机制。践行核心价值观，要融入文化事业和文化产业，促成文化发展机制的优化。具体而言，践行核心价值观要在文化资源方面优化文化产品，在文化主体层面激发文化创造力，在文化环境层面营造文化氛围。

1. 核心价值观教育融入文化事业

"文化事业是指以继承和弘扬优秀传统文化，吸收和同化优秀域外文化，丰富和提高人们的审美水平、思想觉悟、道德素养和才智能力，纯化和优化社会风气、生产秩序、行为规范和价值取向，并能给人的全面发展和社会的全面进步提供精神动力和智力支持为目的的文化建设。"② 在此意义上，文化事业蕴含着四个层面的意义：在文化内容层面以传承优秀文化为内容，在文化指向层面以优化价值取向为目标，在文化功能层面以核心价值观融入公共文化服务为基本功用。由此，核心价值观教育融入文化事业，要以全方位的方式融入文化事业的体制机制、公共服务、传播交流之中。

首先，融入文化机制的制度实践。文化事业的发展以健全的文化体制机制为组织载体和制度保障。制度的架构设计、运作机制和效能评价，直接关涉到文化事业发展的成效。党的十九大报告明确提出："深化文化体制改革，完善文化管理体制，加快构建把社会效益放在首位、社会效益和经济效益相统一的体制机制。"③ 由此，文化体制机制具有双重的效益导向：一是坚持社会效益，彰显出社会的公共性和公益性价值；二是考量经济效益，彰显出市场化的利益导向和经济价值。核心价值观教育融入文化体制机制之中，以有力的价值导向实现社会效益的放大效应，拓展社会效

① 习近平：《决胜全面建成小康社会　夺取新时代中国特色社会主义伟大胜利——在中国共产党第十九次全国代表大会上的报告》，北京，人民出版社，2017年，第43～44页。

② 艾斐：《文化事业与文化产业的关系》，《人民日报》2004年5月11日。

③ 习近平：《决胜全面建成小康社会　夺取新时代中国特色社会主义伟大胜利——在中国共产党第十九次全国代表大会上的报告》，北京，人民出版社，2017年，第44页。

益的价值渗透性和辐射性。与此同时，核心价值观教育融入文化体制机制的运作过程之中，以正面的价值维度匡正经济效益的片面市场化或唯利润化。核心价值观教育实践作为柔性的价值实践活动，以文化体制的运作过程为载体，转化彰显价值导向的制度实践。

其次，融入公共文化的服务实践。文化事业的发展以文化公益性、公共服务性和大众性为内在规定。在此意义上，文化事业的发展以公共服务为合理性前提，以满足人民群众的精神文化诉求为内生性动力。党的十九大报告提出："完善公共文化服务体系，深入实施文化惠民工程，丰富群众性文化活动。"① 基于此，核心价值观教育融入文化事业的公共服务之中，实现价值观的导向性与服务的公益性有机结合，使价值观教育具象化为志愿服务实践、社会公益实践，融入公共文化的服务实践，将价值观原则具象化为责任感、奉献意识和公益意识。

最后，融入文化交流的传播实践。文化事业的发展具有文化传播的导向力和影响力，不仅具有文化的育人功能，还具有文化的传播功能和辐射功能。党的十九大报告指出："加强中外人文交流，以我为主、兼收并蓄。推进国际传播能力建设，讲好中国故事，展现真实、立体、全面的中国，提高国家文化软实力。"② 由此，文化事业不仅具有内聚的实践路径，使核心价值观教育发挥文化的聚合效应，使价值导向更具引导力，使全社会产生强大的文化合力；也要具有外宣的实践路径，使核心价值观教育保持内在的价值规定性的同时也具有国际化的宣传路径和话语表达方式。由此，文化交流的传播实践在跨文化交流的场域中实现核心价值观教育向外的文化影响力和辐射力，以最为本真的方式实现对核心价值观的跨文化理解，以达到用国际化话语表达好中国故事的传播功效。

2. 核心价值观教育融入文化产业

文化产业是"为社会公众提供文化、娱乐产品和服务的活动，以及与这些活动有关联的活动的集合"③。文化产业是以文化产品和服务为内容，以市场化经营为介质而进行的文化实践活动。由此，文化产业具有个人和社会文化服务的功能，也具有市场化运作和经济性经营的特质。在此，核心价值观教育要发挥育人功能，融入文化产业的文化服务功能，激发文化

① 习近平:《决胜全面建成小康社会　夺取新时代中国特色社会主义伟大胜利——在中国共产党第十九次全国代表大会上的报告》,北京,人民出版社,2017 年,第 44 页。

② 习近平:《决胜全面建成小康社会　夺取新时代中国特色社会主义伟大胜利——在中国共产党第十九次全国代表大会上的报告》,北京,人民出版社,2017 年,第 44 页。

③ 国家统计局:《文化及相关产业分类(2018)》,http://www.stats.gov.cn/tjsj/tjbz/201805/t20180509_1598314.html。

产业的创新创造力；发挥价值导向功能，融入文化产业的市场运作和实践过程，匡衡文化产业的发展指向和路径。

首先，融入文化产业的市场实践。党的十九届五中全会提出："健全现代文化产业体系。坚持把社会效益放在首位、社会效益和经济效益相统一，深化文化体制改革，完善文化产业规划和政策，加强文化市场体系建设，扩大优质文化产品供给。"① 文化产业的发展趋向是构建具有现代化的组织体系，即在运作方式上以市场化为导向，在运作机制上以市场经营为主要方式，在管理机制上以高效稳定的政策和制度为依托。可见，文化产业是文化与产业的有机融合，在产业内容层面包含着不同的文化样态，在产业形态层面具有现代化的组织形态和市场化的运作机制。由此，核心价值观教育融入文化产业，融入文化产业的内容样态和组织形态之中。一方面，核心价值观教育构成了文化产业的重要内容，将价值观教育转化为文化产业的创作内容，使价值观教育具有文化产业的样态和特点；另一方面，核心价值观教育具有文化产业的运作方式，以文化产业的市场化运作、营造和包装的方式，将核心价值观教育转化为文化产品，实现教育的生活化和具象化。

其次，融入文化产业的创新实践。"加强对新型文化业态、文化样式的引导，让不同类型文化产品都成为弘扬社会主流价值的生动载体。"② 文化产业以文化产品满足人的精神文化需求，以此形成人与文化产业之间的供给和需求关系。在具体样态层面，文化产业表现出不同的文化业态和样态；在产品形式层面，文化产业具有不同的文化产品和表现方式。核心价值观教育融入文化产业的样态创新之中，形成多样化的文化业态，为价值观教育提供更为丰富的文化样式和载体。由此，文化产业的创新拓展价值观教育的文化路径，使其借助文化创业的新形式、新媒介和新业态，激发教育的时代活力。文化创业的创新也要拓展文化的新媒体业态，拓展教育的虚拟文化路径，拓展教育的线上与线下的融加能力。与此同时，核心价值观教育要融入文化产业的产品创新之中，创作更多蕴含主旋律和正能量的文化作品，为价值观教育提供多层次的文化产品，注重观赏性、大众化与思想性、艺术性的有机融通及兼顾。

① 中共中央党史和文献研究院编：《中国共产党第十九届中央委员会第五次全体会议文件汇编》，北京，人民出版社，2020年，第50页。

② 《关于培育和践行社会主义核心价值观的意见》，北京，人民出版社，2013年，第14页。

二、挖掘社会主义核心价值观教育的文化资源

“资源”在其本义上是指供给、蓄积之来源。[①] 文化资源是关系到文化生成发展的源头和来源。在一般意义上，文化是价值观形成、发展和践行的精神资源，也是涵养价值观的精神根基。立足新时代的历史方位，中国特色社会主义文化作为涵养核心价值观教育的文化资源，是价值观教育实践的文化导向和精神力量。党的十九大报告指出：“中国特色社会主义文化，源自中华民族五千多年文明历史所孕育的中华优秀传统文化，熔铸于党领导人民在革命、建设、改革中创造的革命文化和社会主义先进文化，植根于中国特色社会主义伟大实践。”[②] 中华优秀传统文化、革命文化和社会主义先进文化构成了中国特色社会主义文化的主要内容，成为社会主义核心价值观教育的主体文化资源。

（一）推进中华优秀传统文化的创造性转化和创新性发展

中华优秀传统文化“积淀着中华民族最深沉的精神追求，代表着中华民族独特的精神标识，是中华民族生生不息、发展壮大的丰厚滋养”[③]。“社会主义核心价值观是当代中国精神的集中体现，凝结着全体人民共同的价值追求。”[④] 可见，核心价值观是立足伟大事业的时代境遇，对中华优秀传统文化的时代表达和价值传承。由此，推进中华优秀传统文化创造性转化和创新性发展，是对核心价值观的文化滋养，为核心价值观教育提供了文化创新动力和源头活力。

1. 基于新时代的规律性过程，中华优秀传统文化必然要以合规律性的方式实现创造性转化和创新性发展

习近平指出：“发展中国特色社会主义文化，就是以马克思主义为指导，坚守中华文化立场，立足当代中国现实，结合当今时代条件，发展面向现代化、面向世界、面向未来的，民族的科学的大众的社会主义文化，

① 参见夏征农、陈至立主编：《辞海》(第六版缩印本)，上海，上海辞书出版社，2010年，第2538页。

② 习近平：《决胜全面建成小康社会　夺取新时代中国特色社会主义伟大胜利——在中国共产党第十九次全国代表大会上的报告》，北京，人民出版社，2017年，第41页。

③ 《关于实施中华优秀传统文化传承发展工程的意见》，《人民日报》2017年1月26日。

④ 习近平：《决胜全面建成小康社会　夺取新时代中国特色社会主义伟大胜利——在中国共产党第十九次全国代表大会上的报告》，北京，人民出版社，2017年，第42页。

推动社会主义精神文明和物质文明协调发展。"① 在此意义上，中华优秀传统文化蕴含着鲜明的规律属性，以合规律性方式和动态生成的方式，实现创造性转化和创新性发展。其创造性转化和创新性发展必然要坚持"客观、科学、礼敬"的态度，以高度的理论自觉遵循科学指导原则，以高度的文化自觉顺应客观的社会发展规律和文化生成规律。

首先，中华优秀传统文化必然要遵循社会发展规律。马克思指出："我的观点是把经济的社会形态的发展理解为一种自然史的过程"；"它还是既不能跳过也不能用法令取消自然的发展阶段。但是它能缩短和减轻分娩的痛苦"。② 在此语境中，马克思认为"它"作为社会运动的规律犹如自然规律，具有必然性、客观性，不以人的意志为转移。与此同时，遵循社会规律是以文化自觉的方式，以合规律性的方式，自觉自为地认知和遵循；以合目的性的方式，创设社会条件，发挥客观规律的应然作用。在此意义上，中华优秀传统文化的传承发展必然是实现合规律性的方式，顺应社会发展规律，推进社会形态的转型发展。在现代化建设进程中，社会形态由传统社会向现代社会转变，由乡村化的熟人社会向城镇化的陌生人社会转变。由此，中华优秀传统文化创造性转化和创新性发展，必然首先从经济、政治和社会等层面，顺应社会转型发展的客观现实，并以此作为传统文化传承发展的客观归因和现实动力。具体而言，中华优秀传统文化传承发展要顺应现代化社会发展的基本规律，要积极顺应社会主义市场经济的深化发展趋向，适应政治制度与治理体系的现代化发展趋势。与此同时，创造性转化和创新性发展要发挥中华优秀传统文化的能动作用，以推进现代化建设为现实诉求，适应现代化发展需求，"不断赋予新的时代内涵和现代表达形式，不断补充、拓展、完善，使中华民族最基本的文化基因与当代文化相适应、与现代社会相协调"③。

其次，中华优秀传统文化必然要遵循文化生成发展规律。社会规律和社会形态演变的客观性和规律性，决定了文化演化发展的客观性和规律性。恩格斯指出："历史从哪里开始，思想进程也应当从哪里开始，而思想进程的进一步发展不过是历史过程在抽象的、理论上前后一贯的形式上的反映；这种反映是经过修正的，然而是按照现实的历史过程本身的规律

① 习近平：《决胜全面建成小康社会　夺取新时代中国特色社会主义伟大胜利——在中国共产党第十九次全国代表大会上的报告》，北京，人民出版社，2017 年，第 41 页。

② 《马克思恩格斯文集》第 5 卷，北京，人民出版社，2009 年，第 10 页。

③ 《关于实施中华优秀传统文化传承发展工程的意见》，《人民日报》2017 年 1 月 26 日。

修正的。”① 在此意义上，文化的生成发展受到社会发展规律的限定，受到具体的社会现实和历史条件的限制。与此同时，文化的生成发展具有一定的自组织特性，即文化发展演化具有独立和相对独立的发展路径，具有“本然”的文化传承规律、“应然”的文化价值规律和“未然”的文化生成规律。由此，中华优秀传统文化的传承发展，必然要在历史的限定中，以自有的文化视域、特定的文化基点，实现创造性转化和创新性发展，顺应现代化转型的历史趋向，实现文明形态的重塑，促成由农业文明向工业文明转变；也必然要在文化规律的限定中，以内生性方式，顺应传统文化发展的内在逻辑理路，自主自觉地发挥传统文化的积极作用。在此境遇中，中华优秀传统文化必然要在顺应社会发展和转型的前提下，以高度的文化自觉，立足“本然”“应然”和“未然”的规律指向，遵循文化发展规律，坚持社会主义先进文化的发展方向。习近平指出：“要讲清楚中华优秀传统文化的历史渊源、发展脉络、基本走向，讲清楚中华文化的独特创造、价值理念、鲜明特色，增强文化自信和价值观自信。”② 在此意义上，中华优秀传统文化创造性转化和创新性发展，立足“本然”的文化发生规律，以“是其所是”的历史进路，本真理解传统文化的发展脉络，加强对中华优秀传统文化的科学性辨识、时代性诠释；立足“应然”的文化价值规律，以“何以是其所是”的历史归因，本质理解传统文化发展的内在逻辑；立足“未然”的文化适应规律，以“应是其所是”的历史发展指向，顺应传统文化的发展趋向，实现其与社会主义先进文化的融通，服务于社会主义现代化建设。

2. 基于新时代的动态性过程，中华优秀传统文化必然要以动态生成的方式实现创造性转化和创新性发展

基于唯物史观原理，社会形态的动态性不仅体现在经济基础与上层建筑之间的双向关系，还体现在服务于上层建筑、服务于经济基础的过程中，不断实现文化体系的内在协调，实现文化的“本来”与“外来”的交流互鉴，以及“本来”向“未来”的创新发展。

首先，中华优秀传统文化创造性转化和创新性发展是“本来”与“外来”的交流互鉴过程。社会形态的演化过程具有空间上的拓展过程，实现人类历史的世界性发展。基于唯物史观，世界历史是“交往与生产”“普遍交往”中形成的人类历史进程。在世界历史发展的进程中，文化不仅具

① 《马克思恩格斯文集》第2卷，北京，人民出版社，2009年，第603页。

② 《习近平谈治国理政》，北京，外文出版社，2014年，第164页。

有根植于地域和民族的限制性，更具有面向世界的开放性和生成性。历史向世界历史的转变，中华优秀传统文化处于历史限定的文化场域之中。马克思和恩格斯指出："过去那种地方的和民族的自给自足和闭关自守状态，被各民族的各方面的互相往来和各方面的相互依赖所代替了。物质的生产是如此，精神的生产也是如此。各民族的精神产品成了公共的财产。民族的片面性和局限性日益成为不可能，于是由许多种民族的和地方的文学形成了一种世界的文学。"① 在此意义上，中华优秀传统文化不仅具有"中国特色"的地域特征和民族特质，更是在历史世界的文化视域中形成了"本来"与"外来"的文化张力。中华优秀传统文化要放置于世界历史的普遍性、开放性特质中予以审视省察。正如习近平指出的："文明因交流而多彩，文明因互鉴而丰富。文明交流互鉴，是推动人类文明进步和世界和平发展的重要动力。"② 在此意义上，中华优秀传统文化在开放性与限定性的文化张力中，必然以内在的历史逻辑，按照中国国情的历史沿承，以自有的文化定力，走上具有中国特色的文化现代化发展道路。

其次，中华优秀传统文化创造性转化和创新性发展是"本来"向"未来"的转化发展过程。社会形态的演化过程具有时间上的延续性，实现人类历史的阶次性发展。文化作为社会意识的组成部分，具有相对的独立性、适应性和完整性，在一定程度上按照自组织方式发展推演。马克思指出："人们自己创造自己的历史，但是他们并不是随心所欲地创造，并不是在他们自己选定的条件下创造，而是在直接碰到的、既定的、从过去承继下来的条件下创造。"③ 在此意义上，中华优秀传统文化是在限定性与开放性的文化张力中实现"本来"向"未来"的转化发展。也正如马克思指出的："时间实际上是人的积极存在，它不仅是人的生命的尺度，而且是人的发展的空间。"④ 时间距离构成了中华优秀传统文化的开放性、积极性因素。在历史、当下和未来的时间距离中，中华优秀传统文化保持发展的延续性和开放性。习近平指出："要善于融通马克思主义的资源、中华优秀传统文化的资源、国外哲学社会科学的资源，坚持不忘本来、吸收外来、面向未来。"⑤ 在此意义上，中华传统文化的创造性转化和创新性发展具有双重文化目标指向，实现传统文化的现代性与现代文化的传统

① 《马克思恩格斯选集》第1卷，北京，人民出版社，2012年，第404页。

② 习近平：《在中国国际友好大会暨中国人民对外友好协会成立60周年纪念活动上的讲话》，《人民日报》2014年5月16日。

③ 《马克思恩格斯选集》第1卷，北京，人民出版社，2012年，第669页。

④ 《马克思恩格斯全集》第42卷，北京，人民出版社，1979年，第352页。

⑤ 习近平：《在哲学社会科学工作座谈会上的讲话》，《人民日报》2016年5月19日。

性。就传统文化自身而言，中华传统文化是原生性的文化体系，作为中华民族独特的精神标识，形成了文化精华与糟粕、积极与消极因素并存的整体关系存在。在此意义上，创造性转化和创新性发展是立足“本来”的发展指向，实现传统文化的现代化，保持文化体系的完整性、文化基因的传承性、文脉的延续性。就现代文化而言，中华传统文化是共生性的文化体系，作为中华民族的精神存在方式和成果，形成了文化与人之间须臾难离的共生关系存在。在此意义上，创造性转化和创新性发展是立足“未来”的发展指向，彰显现代文化的传统色彩和特征，充分辨识传统文化中的精华和积极因素，融入社会主义先进文化之中，成为构建社会主义文化新样态的宝贵文化资源。

（二）推进社会主义先进文化和革命文化的弘扬发展

党的十九大报告指出：“培育和践行社会主义核心价值观，不断增强意识形态领域主导权和话语权，推动中华优秀传统文化创造性转化、创新性发展，继承革命文化，发展社会主义先进文化，不忘本来、吸收外来、面向未来，更好构筑中国精神、中国价值、中国力量，为人民提供精神指引。”① 核心价值观践行与中国特色社会主义文化具有内在的本质关联。在本质范畴层面，两者都归属于上层建筑范畴，从属于意识形态领域；具有共同的指导思想，以马克思主义为指导；具有共同的发展指向，以“不忘本来、吸收外来、面向未来”为发展趋向；具有共同的价值旨归，在文化的价值层面构筑中国精神、中国价值、中国力量，在人的价值层面为人民提供精神指引。由此，弘扬社会主义先进文化和革命文化是核心价值观教育的践行使命，也是拓宽教育路径的合理性前提。

1. 推进社会主义先进文化的弘扬发展

社会主义先进文化从属于社会意识的本质范畴，不仅具有社会意识的一般属性，更具有中国特色社会主义的内在规定性。与此同时，社会主义先进文化植根于中国特色社会主义伟大实践，对于促进经济社会的稳定繁荣、巩固马克思主义在意识形态中的指导地位发挥着文化引领作用。由此，推进社会主义先进文化的弘扬发展，要秉持科学社会主义的本质属性，也要持守中国特色的本质特征。

首先，坚持社会主义先进文化的指导思想。社会主义先进文化以科学社会主义为内在规定和基本原则，以马克思主义为指导思想。由此，弘扬

---

① 习近平：《决胜全面建成小康社会　夺取新时代中国特色社会主义伟大胜利——在中国共产党第十九次全国代表大会上的报告》，北京，人民出版社，2017年，第23页。

社会主义先进文化首要条件是要巩固马克思主义在意识形态领域的指导地位。核心价值观教育作为弘扬社会主义先进文化的实践方式，必然要在教育实践中坚持和弘扬马克思主义。具体而言，核心价值观教育要以马克思主义为理论指导，将具有鲜活生命力的理论体系运用到教育实践之中，提升马克思主义的指导力和解释力。核心价值观教育要提升马克思主义的指导力，实现马克思主义理论与教育实践的有机结合。人的存在是现实的、具体的存在，面临着社会生活中的各种问题和困境。核心价值观教育理应在当下的历史境遇中，辩证、历史地理解马克思主义理论，灵活、严谨地运用马克思主义理论，解释社会公众关注的重大理论问题和实际问题。在实际教育过程中，人的实际问题与思想问题不应混为一谈，而是在解决实际问题的过程中解决思想问题，避免片面注重理论说教而缺乏心理分析和引导。归于根本，核心价值观教育要彰显马克思主义理论的科学性和实践性，彰显价值观教育的实践理性，引导人成为反思者与实践者的统一体，不仅要以旁观者的角度去理解和解释现实问题，更要以参与者的姿态去积极践行、共同建设，在个人的“积跬步”中实现社会“至千里”的长远发展。

其次，弘扬社会主义先进文化的本质特征。社会主义先进文化蕴含着中国特色的本质特征，具有“实践特色”“理论特色”“民族特色”和“时代特色”。习近平指出：“中国特色社会主义是适合中国国情、符合中国特点、顺应时代发展要求的理论和实践，所以才能取得成功，并将继续取得成功。”① 中国特色社会主义在理论层面，基于中国的文化特色和民族特色，探求科学社会主义基本原理同社会主义民族化、特色化的关系；在实践层面，基于中国的具体国情，探求如何建设、巩固和发展社会主义这一历史性课题。基于此，培育民族精神和时代精神，具有巩固共同思想基础的重要现实意义。“共同思想基础，对于一个政党、一个国家、一个民族的生存发展来说，是至关重要的。没有共同思想基础的维系和支撑，党将不党，国将不国，民族也不会有凝聚力。共同思想基础不会凭空产生，也不是人为确定的，而是根源于共同的利益、生长于共同的事业、凝结于共同的目标。”② 在此意义上，核心价值观教育要在教育实践中提升价值认同，达到最大公约数的价值通约，以此构筑共同的价值基础；加强价值规范和价值匡正，注重价值自律与他律的协同性，以此凝聚共同的利益取向和利益基础。

---

① 习近平：《在纪念邓小平同志诞辰110周年座谈会上的讲话》，《人民日报》2014年8月21日。

② 秋石：《巩固党和人民团结奋斗的共同思想基础》，《求是》2013年第20期。

2. 推进革命文化的弘扬发展

党的十九大报告指出，中国特色社会主义文化“熔铸于党领导人民在革命、建设、改革中创造的革命文化和社会主义先进文化”①。革命文化作为中国特色社会主义文化的重要组成部分，是革命斗争实践的精神结晶，传承创新着中华优秀传统文化，蕴含着社会主义先进文化的本质属性。推动革命文化的弘扬发展，是以“不忘本来”的文化定力，矢志不渝传承革命文化；以“面向未来”的文化趋向创新发展革命文化，使其成为文化自信的精神依托、文化自强的精神支柱。

首先，推动革命文化的历史传承与弘扬。革命文化是党领导人民在伟大的革命实践中形成的精神结晶，是革命斗争历程中的文化积淀。革命文化是在革命斗争具体过程中的伟大创举，“包含红船精神、井冈山精神、长征精神、延安精神、西柏坡精神以及包括红岩精神在内的各具地方特色的红色文化、先进集体与英雄人物等”②。习近平指出：“伟大长征精神，作为中国共产党人红色基因和精神族谱的重要组成部分，已经深深融入中华民族的血脉和灵魂，成为核心价值观的丰富滋养，成为鼓舞和激励中国人民不断攻坚克难、从胜利走向胜利的强大精神动力。”③ 核心价值观教育正是以革命文化为丰富滋养，以革命斗争的坚定意志感召人，以革命英烈的感人事迹感染人，以革命历史的精神标志激励人。由此，核心价值观教育正是传承革命文化的实践路径，使教育实践与革命文化的精神内涵相融通，使革命文化的传承具有可操作性的系统化实践路径。

其次，推动革命文化的时代发展与坚守。革命文化是党领导人民在社会主义建设和改革进程中，面对开创性、艰巨性、复杂性的事业，夺取具有许多新的历史特点的伟大斗争新胜利的精神支柱。习近平指出：“我们强调坚定道路自信、理论自信、制度自信、文化自信，不是说就故步自封、不思进取了，我们必须不断有所发现、有所发明、有所创造、有所前进，使中国特色社会主义永远充满蓬勃生机活力。”④ 革命文化不仅需要在历史中“继往”，传承弘扬革命精神，更需要在现实中“开来”，融入新时代中国特色社会主义事业进程，不断实现传承发展和时代创新。革命文化具有现实的激励意义和作用，也具有当下的文化生命力。核心价值观教

---

① 习近平：《决胜全面建成小康社会　夺取新时代中国特色社会主义伟大胜利——在中国共产党第十九次全国代表大会上的报告》，北京，人民出版社，2017 年，第 41 页。

② 甘丽：《新时代仍须传承和发展革命文化》，《邓小平研究》2018 年第 1 期。

③ 习近平：《在纪念红军长征胜利 80 周年大会上的讲话》，北京，人民出版社，2016 年，第 9 页。

④ 习近平：《在纪念红军长征胜利 80 周年大会上的讲话》，北京，人民出版社，2016 年，第 14 页。

育要基于中国梦的时代感召，秉承革命文化的精神实质，结合现实问题的关注点、热点和焦点，推动革命文化的创新发展。

三、创新社会主义核心价值观教育的文化载体

载体在其原初自然形态上，是带有某种物质参与到一定物理、化学反应、生命过程的物质或元素，如DNA分子是运载生命信息，在细胞内进行自我复制的有机物质。在社会形态层面，载体是具有某种信息、知识和精神内容的物质形态。人作为文化存在，需要以文化载体为中介，实现自然存在、社会存在和精神存在的有机统一。“所谓文化载体，即以文化为核心价值观教育载体之意，是指核心价值观教育者充分利用各种文化产品并将核心价值观教育的内容寓于文化建设之中，借此对人们进行教育，以达到提高人们的思想道德素质的目的。”①

文化载体具有三个层面的内涵：就功能而言，文化载体是文化的传播媒介，通过语言、符号等方式，发挥着文化传承与传播的桥梁作用；就结构而言，文化载体作为文化体系中的要素构成，以器物化、制度化和情境化等方式，表现为具体文化样式的物质形态和场域；就形态而言，文化载体是承载文化内容、彰显文化特质的过程体现，具有“化无形为有形”的承载功能，将无形、隐性和抽象的文化理念转换为具体化、有形化和形象化的文化实体和成果。基于人与文化的双向存在，文化载体具有文化的内在属性，以传媒手段和中介作为物质手段，发挥着文化传播的功用；文化载体具有人的本质彰显，以人的精神成果为中介，以语言文字为媒介，形成了人之特有的符号化、抽象化表达方式。在此，文化载体的创新要基于“形神兼具”的原则，以价值观为教育内容，以传媒载体为教育中介，以话语体系为教育表征方式，构建传媒载体与话语体系相协同的双向载体。

（一）拓展核心价值观教育的传媒载体

传媒载体是以传媒为中介的物质载体，也是以文化产品为中介的文化载体。传媒载体具有物质属性，以传媒技术、软件和硬件为依托；也具有文化属性，以文化价值为内核，以文化产品为表征。由此，拓展传媒载体是核心价值观教育实现“形”与“神”的内在协同及外在拓展。价值观教

① 陈万柏：《论核心价值观教育文化载体的特征和功能》，《求索》2005年第5期。

育要依托有形的传媒载体，以多样性的载体形式拓展教育实践的系统性；也要彰显无形的价值观意蕴，以辐射性的载体影响拓展教育实践的渗透性。

1. 拓展文化载体形式的多样性

根据字面的直接意义，文化载体是文化所“载”之“体”。就此而言，文化载体以实体为承载，以文化资源为内容，构成了“无形”与“有形”的统一体。在实体层面，文化载体以现实的器物文化、行为文化为载体，构建出具有物质实体性的文化载体。同时，以现代信息化技术为支撑，构建出具有虚拟性、虚拟与现实交互性的文化载体。

首先，文化的现实载体与虚拟载体实现多样性互补。现实载体的信息传播和沟通方式大多是自上而下的单向传播，传播内容具有严格性和权威性，传播手段具有相对的单一性。虚拟载体的传播方式则是多向化的交互传播，传播内容具有海量特征，摆脱了传统媒体的时段限制和容量限定，传播手段具有多种信息技术的综合性。可见，两者的文化特性和功能存在着相对应的差异，此种差异是由其载体的内在技术差别和教育载体运用者的差异决定的。在此，现实载体与虚拟载体之间应发挥“和而不同”的整合作用，实现了载体差异性与功用互补性的双向结合。所谓“不同”，意味着两者存在价值取向的差异。随着现代信息化技术的快速迭代，虚拟技术融入现实的程度越来越高。人由在虚拟环境中的虚拟存在方式转入了虚拟现实环境中的数字化生存方式。宽松的虚拟空间易于造成网络行为的道德失范，部分网络信息的真实性和权威性遭遇质疑。虚拟空间作为人的现实存在的文化投射，造成了人生意义的平面化。与现实环境相比，虚拟空间呈现出去隐私化、去自律化的道德失范倾向。这导致一些人在现实环境与虚拟环境中其价值观点、思想言论和评判标准发生割裂，甚至是相互背离和对立。同时，在现实载体与虚拟载体所营造的异质性空间中，人呈现出多重化的人格倾向、道德标准和行为方式，也出现了“网上联络沟通”“网下聚集交往”的现实与虚拟之间的双向互动。另一方面，所谓“和”意味着现实载体与虚拟载体所蕴含的价值指向应避免冲突，都应坚持教育的根本目标，即培养担当民族复兴大任的时代新人。虚拟载体要发挥信息技术优势的同时，运用多种技术手段规避虚拟载体的负面作用。“网络化生活虽然便利了人与人的沟通，却封闭了面对面的接触与倾诉。在碎片化时代，人们普遍感到孤立、隔绝，而人本身是社会化生存的，所以人们对别人的价值观和行为方式有参照和窥视的欲望，希望借此帮助自己做选择。”① 基于人的现实与虚拟存在的实际发生过程，核心价值观教育要注重载体的现实性与虚拟性的结合，立足人的现实性需求匡正虚拟载体的价值指向。就此而言，虚拟载体要注重信息和言论的理性尺度，避免个体或群体以非理性、攻击性的言行侵扰他人，规避非理性的“网络围观”“网络跟风”等现象发生。

其次，文化的现实载体与虚拟载体实现多样性整合。现实载体与虚拟载体具有不同的内在特质，所发挥的教育功用也不尽相同。在当下境遇，教育的现实载体所体现的话语权削弱，道德约束逐渐失效，诚信缺失、见利忘义、价值观扭曲等问题逐渐泛化至社会生活中，冲击了职业道德、家庭道德及公共道德。网络虚拟环境在很大程度上出现了去身份化、去个性化的特征。在网络虚拟环境中，每个人具有了虚拟化数字身份，而非社会化实体身份。由此，人在虚拟环境中如同是“面具人”，剥离了自身的社会身份。这不仅导致了人的身份认同割裂，也导致了各种“社会情绪反向”现象发生，直接危害社会的他律作用、公信力和公共秩序。同时，现实载体与虚拟载体所体现的多样化的教育导向产生交错。现实载体与虚拟载体之间的交融和互动更为频繁，“跨媒体”已成为两者整合的中介。一方面，现实媒体向虚拟媒体转型的趋向更为明朗。许多权威媒体逐渐转型为数字媒体，采用网络数字电子报刊、微博等多种虚拟载体形式。目前媒体融合的态势已经历了融合 1.0 阶段、融合 2.0 阶段和融合 3.0 阶段。融合 1.0 阶段是传统媒体寻求转型突破，向网络平移内容的同时强化报（台）网互动；融合 2.0 阶段是移动优先，“一端两微”建设进入封口，移动“互联网＋”媒体成为外延扩张和内涵增长的主线；融合 3.0 阶段是报（台）网端微相融，彼此联动，实现快、全、深、广覆盖。② 另一方面，虚拟载体向现实载体延伸。人的存在方式已经不能绝然划分为虚拟存在与现实存在，两者已经呈现出交融与交织的态势。以手机终端的应用为例，“截至 2018 年 12 月，我国手机网络支付用户规模达 5.83 亿，年增长率为 10.7％，手机网民使用率达 71.4％。线下网络支付使用习惯持续巩固，网民在线下消费时使用手机网络支付的比例由 2017 年底的 65.5％提升至 67.2％”③。在此境遇中，只有多样化的载体在教育合力的凝聚中实现汇

① 喻国明:《中国社会舆情年度报告》,北京,人民日报出版社,2013 年,第 44 页。

② 参见梅宁华、支庭荣:《中国媒体融合发展报告(2019)》,北京,社会科学文献出版社,2019 年,第 9～10 页。

③ 中国互联网络信息中心:《第 43 次中国互联网络发展状况统计报告》,2019 年,《摘要》第 3 页。

集、交织甚至碰撞，才能实现教育者与受教育者对教育内容的群体认同。教育合力的实现需要教育者具有高度的鉴别力，能够甄别选取具有针对性的教育载体，通过不同的教育表达方式，引导受教育者在多样化的认知和行为选择中形成教育的他律与自律合力。现实载体与虚拟载体要基于良性的互动反馈机制，促使教育者、受教育者与载体之间形成教育的合力，即教育者根据教育目标、受教育者特点，综合运用不同的现实载体和虚拟载体，以期实现各教育要素之间的优化整合。

2. 注重文化载体辐射的全面性

辐射是从中心向各方直线延伸的过程，如同车轮的中心毂延伸至车轮的辐条。就自然状态而言，辐射是电磁波、机械波或粒子由发射体经介质传播后向各方传播的过程。就社会状态而言，辐射是由聚集到扩散的过程，既具有过程的拓展性，也具有意义和价值的指向性。在此意义上，文化载体的辐射是文化价值和意义通过文化产品、活动等各类载体，由隐性无形的文化价值转化为显性的文化实体，对人进行影响和渗透的过程。文化载体要注重其影响的全面性，一方面是针对不同的文化分层实现文化载体对社会各群体影响的全面覆盖，另一方面是针对不同的文化需求实现文化载体对社会各群体影响的整体渗透。

首先，文化载体提升对主体辐射的全面性。教育主体与教育载体之间具有目的与手段、主体性与客体性之间的辩证关系。教育载体作为“物”的存在，要以人的价值旨归、教育的价值目标为指向。基于教育主体的互动关系、教育方式的互动方式，教育载体要发挥信息沟通的中介作用，既发挥载体的信息承载功能，也发挥载体的精神渗透功能。一方面，就社会分层而言，教育载体要注重自上而下与自下而上的深度整合。“构建网上网下一体、内宣外宣联动的主流舆论格局，建立以内容建设为根本、先进技术为支撑、创新管理为保障的全媒体传播体系。”[①] 尤其是当前手机新媒体平台成为具有全面辐射性的文化载体。新媒体使“人人都可发声”，依靠各种手机智能 APP 平台，实现了点、线、面的即时传播和直播。新媒体使“人人都可成名”，打破了传统单渠道的信息传播方式，出现了“瞬间爆红”“千万转载”的新媒体关注度。另一方面，就内在统一而言，教育载体要注重“雅”与“俗”的有机结合。精英文化与草根文化具有互补的现实基础和内在逻辑关联，促进教育载体要具备“雅”与“俗”的双重特性。一方面，在文化形式上，精英文化要利用多样的文化载体和传

① 《中共中央关于坚持和完善中国特色社会主义制度、推进国家治理体系和治理能力现代化若干重大问题的决定》，北京，人民出版社，2019 年，第 24 页。

媒，既要利用显性的灌输式教育载体，又要利用隐性的渗透式教育载体，善于运用互联网、手机等新兴传媒，采用社会大众乐于接受的文化形式，提高文化受众的覆盖面和接受度。另一方面，草根文化要使其兼具“雅”与“俗”的双重特性。草根文化要呈现出“俗即大”的文化形态，既具有“俗”的一面，以通俗的形式反映民风、民俗；也具有“雅”的一面，虽然教育载体在表现形式上粗陋而非华丽，语言字句上浅显而非古奥，但包含着生活之深意，蕴含着生活之灵巧，以丰富的内容反映社会现实，富含深厚的生活智慧和文化底蕴。在精英文化与草根文化的深度整合中，教育载体要在内容上最为直观地体现社会大众的心理状态、道德素养、利益诉求和行为方式，在教育目标上引导大众在理性的思考中寻求自我成就的目标，追问生活的价值，提升大众的主体意识和能力，例如使网络直播在价值引导过程中由“颜值直播”转型为“价值直播”。

其次，文化载体提升对教育需求辐射的全面性。当下境遇中，文化消费成为人们生活的重要组成部分。文化消费的选择空间和种类更为多样，这既是社会发展进步的必然趋势，也是多层次文化需求的实现方式。文化载体只有契合人的文化需求，才能增强文化辐射力，强化文化的价值导向。基于人的文化需要的层次性，核心价值观教育要引导人以理性、辩证的方式反思和审视自身，形成合理的自我意识，对个人能力、价值以及社会角色进行理性的自我评价；还要引导人以合理、渐进的方式达到“自我实现”的“高峰体验”，发挥个人潜能，完善自身能力，实现个人理想。在此，价值观教育的载体是以有形的方式承载着看似无形的价值意蕴，发挥培养人的成长功能，满足人的求真、求善和求美的文化需要。在此，核心价值观教育载体要承载核心价值理念，发挥三个方面的功用：一是作为反映社会大众现实生存状态的平台，具有潜意识的文化生命，以质朴、直观的方式表达精妙、深刻的人生智慧，探究自我实现的方式和境界。二是作为个人能力和价值展现的平台，以此作为提升人的主体地位的手段，深刻反映社会大众的生存现状，真切了解民意和舆情。教育载体的多维化恰恰是社会允许价值多元、包容多样、追求公平的表现。三是作为提升教育平等性的平台，教育载体要具有深厚的现实基础，兼顾精英与草根的文化特性，深深扎根于现实的文化土壤之中，以顽强的生命力和耐受力得以延续传承。

3. 增强文化载体影响的渗透性

核心价值观教育作为人与教育的双向实现过程，一方面在认知与实践中实现人的自由全面发展，另一方面在教育的渗透中实现教育内容的内化与外化。在此，文化载体影响的渗透性是在核心价值观教育过程中，通过各类文化载体承载着价值鲜明、内涵丰富的教育内容。

首先，核心价值观教育作为实践的教育，充分发挥文化的“化人”功能。实践的教育是以实践操作的方式，将价值理性转化为实践理性，实现价值观教育由内化到外化的拓展。就此而言，外化是基于自身需求的生成、动机的产生，由内在的价值认知转化为外在的价值言行，将隐性默然的价值观念彰显为显性可瞩的价值行为。核心价值观教育的外化过程的实现必然需要行为载体，实现由价值认知、价值情感、价值意识和价值信念的内化融通，再转化为可操作的价值原则与可实施的价值践行之间外化共鸣。在此，行为载体与语言载体具有互为补充和诠释的内在关系。核心价值观教育应依托语言载体，深化对教育价值、内容和过程的理解和解释，使人的行为更具有合理性和指向性；依托行为载体，在实践交往中确证教育的合理性和实效性，由内在的逻辑解释转向外在的实践确证，形成了开放性、生成性的教育过程。在行为载体的中介和依托下，核心价值观教育凸显出人的本质价值，即在解释世界和改造世界的过程中自我确证人之存在的合理性。

其次，核心价值观教育注重行为载体的灵动性。文化载体的影响发挥着过程性的渗透作用。文化载体的影响渗透不是以刻板、严肃的方式进行抽象理论说教，而是以直观的内容、间接的方式与生动的情境相结合的方式引发人感性认知，以强烈浓厚的教育氛围引起情感共鸣，以生动鲜活的教育事例，在可亲、可敬、可信、可学的典型示范带动下提升人生境界和觉悟。由此，核心价值观教育要以多维度、全方位的行为载体，立足现实传媒载体与虚拟传媒载体、认知教育载体与社会实践载体、管理服务载体与文化教育载体相结合，有效“活化”教育内容，拓展教育覆盖面。教育者要深切理解“教无教法”的内涵，避免以机械、僵化和不变的模式应对具体的受教育者，而是充分发挥载体的创造性、灵动性，把握受教育者的特点，善于运用教育的情景，使用恰当的教育手段，达到将教育理念为受教育者所理解、接受认可，实现内化于心与外化于行的双向统一。

（二）构建核心价值观教育的话语体系

党的十九大报告提出：“培育和践行社会主义核心价值观，不断增强意识形态领域主导权和话语权。”“坚持正确舆论导向，高度重视传播手段建设和创新，提高新闻舆论传播力、引导力、影响力、公信力。”[①] 核心价值观教育要在话语权的强化、话语信息的传达、公共舆论的营造过程中构建具有传播力、引导力、影响力、公信力的话语体系。

1. 增强话语体系的传播力

话语体系的传播是话语体系内在要素的动态作用过程，即语音、语意、语用的互动作用和依次延伸过程。增强传播力要在核心价值观教育过程中发挥话语体系每个要素的功能作用，实现话语体系要素之间的衔接和协同。

首先，增强话语体系的接受力。话语体系的传播，是以教育对象和受众为主体。在语音层面，话语体系是将核心价值教育的内容转化为文字、语音、图像和动态视频。核心价值观是高度凝练的价值目标、价值取向和价值原则。要实现核心价值观的广泛传播，首先要提升传播的接受力。提升话语体系的接受力，是将价值观的表达方式和表述方式契合教育受众的认知方式，为教育受众所广泛接受。由此，话语体系的传播要将高度凝练的价值观转化为多层次的表达方式，以文字表述、语音传达、视频传播等多种方式具象化为文章、图片、视频、VR影像，充分调动教育受众的听觉、视觉观感。在语音的方法运用方面，价值观教育要注重语气语调的运用，语音的平仄、语气的缓急、语调的高低都要契合于具体情境，以求达到预期的教育效果，营造适宜的教育氛围。

其次，增强话语体系的覆盖力。话语体系的传播，以拓展教育对象的广度与数量为关键。在语意层面，话语体系是将“三个提倡”进行理论诠释和现实分析，提升传播的系统性、逻辑性和直观性，使不同文化层次、年龄阶段的受众更为贴合地理解核心价值观内容。由此，话语体系的覆盖力是将价值观教育内容以不同层面的话语方式拓展到更广泛的受众群体，拓展话语体系的影响范围。价值观教育要将价值观内容予以具体化诠释，由一般性价值原则转化为具体的价值规则，以古语、谚语及俗语等方式将抽象的价值观念诠释为易懂易记的价值原则和规则。例如关于“自由”的价值观，有精炼的表达，如“做好自己的事情不影响到别人”；也有丰富的表述，如“植根于内心的修养，无需提醒的自觉，以约束为前提的自由，为别人着想的善良”。可见，在语义的方法运用方面，核心价值观教育要注重语词的意义流变和沿承。语言风格要根据受众的教育程度、个性特征、情感体验等方面，采取多样的话语方式和语言风格，提高语言的感

---

① 习近平：《决胜全面建成小康社会　夺取新时代中国特色社会主义伟大胜利——在中国共产党第十九次全国代表大会上的报告》，北京，人民出版社，2017年，第23、42页。

染力和渗透力，降低教育受众的心理阻抗。核心价值观教育通过具体的价值诠释，能够丰富价值原则的语义表达，使教育受众能够更辩证、全面地理解价值理念和原则。

再次，增强话语体系的实效力。话语体系的传播，是以教育的结果和功用为根本评判要素，考量传播的有效性和实效性。在语用层面，话语体系是将教育内容传达给教育受众，使教育受众以理解的方式接受和认同价值观，以实践的方式恪守和践行核心价值观，以此达到话语传播由语音表达、语义理解向语用践行的延伸和提升。核心价值观教育要注重“发其言、解其义、践其行”的教育过程，使教育受众最终落实到践行价值观的实践层面。“践其行”不仅需要价值教育的外在约束力和舆论匡正力，更需要内在的认同力和感召力。由此，核心价值观教育要在语用践行的层面，以更多维的方式，使价值传播切合教育受众的生活，契合其内心诉求，结合其现实问题，使教育受众在个体层面“自律慎独”践行价值观，在群体层面“同声共振”践行价值观。

2. 提升话语体系的引导力

话语体系的引导力，是以明确的价值目标，确立鲜明的价值评判标准，在价值目标导向中坚持明确的价值导向和意识形态导向，在价值标准考量和审视中提升价值舆论的导向力、价值观念的匡正力、价值行为的约束力。

首先，提升价值舆论的导向力。价值舆论营造出宏观的价值导向氛围，形成了具有弥散性、渗透性和导向性的价值场域。核心价值观教育在教育场域中强化价值舆论的导向作用，发挥着“激浊扬清，针砭时弊”的舆论作用。习近平指出：“要适应分众化、差异化传播趋势，加快构建舆论引导新格局。”“要抓住时机、把握节奏、讲究策略，从时度效着力，体现时度效要求。”[①] 价值舆论的营造要注重提升导向力、分众化与时度效的有机结合。一方面，价值舆论的营造要注重话语体系的导向力与分众化的结合。话语体系具体表征为不同的话语方式。差异化的话语方式实质上是思维方式的直观差异，也是人的文化分层、年龄阶段和教育层次的差异。由此，核心价值观教育要呈现出话风、文风的多样性和灵活性，贴合教育受众的群体差异，切合教育内容的需要。另一方面，价值舆论的营造要注重话语体系的导向力与时度效的结合。话语体系是根植于时代，具有浓重的时代特点和风格；价值舆论也具有时代性，关注于时代焦点，呈现出鲜

① 《习近平谈治国理政》第2卷，北京，外文出版社，2017年，第333页。

明的时代价值取向。由此，话语体系作为核心价值观的表达方式，承载时代性的新闻舆论焦点，善于发现舆论焦点和热点，精于表述新闻故事和典型人物，在娓娓道来、情感渗透和氛围营造中增强价值舆论导向的时度效。

其次，强化价值观念的匡正力。习近平指出："思想舆论领域大致有红色、黑色、灰色'三个地带'。红色地带是我们的主阵地，一定要守住；黑色地带主要是负面的东西，要敢于亮剑，大大压缩其地盘；灰色地带要大张旗鼓争取，使其转化为红色地带。"① 话语体系要具有鲜明的价值标准，在核心价值观教育过程中呈现出主流的价值评判和先进的价值导向。在现实的文化生态中，社会思想观念、价值取向和道德认知具有多层次和多维度。一方面，话语体系要辨明"是与非"。主流的价值评判要匡正非主流的价值观念，先进的价值取向要匡正落实的价值观念。由此，话语体系是以鲜明的表达方式、理性的表述方式、明确的评判标准对价值观念和价值取向进行评判，发挥"澄清谬误，明辨是非"的价值匡正作用。另一方面，话语体系要辨清"是与非"。价值评判的标准具有一般性、确定性、规则性，然而价值评判的对象则具有具体性、多样性和情境性。具体的价值规则、行为总是嵌入一定的价值情境之中，具有不同的价值动机、价值选择，产生了不确定性的价值后果。例如"嫂溺援之以手"的典故，是在一定的价值标准与具体的价值权衡之间作出的"两害相权"的价值选择。由此而言，话语体系不仅要具有完备性、周延性的价值表述方式和评判方式，更要具有辩证、权变的考量思维，以多维度的视角审视具体情境，使核心价值观发挥"成风化人，凝心聚力"的作用。

3. 强化话语体系的影响力

话语体系的影响力，是在话语表达、表述和表征的过程中，以话语为教育载体，以价值理性、价值情感和价值审美等方面为教育内容，提升话语态度、深度和温度的影响效能。

首先，增强有态度的话语影响力。核心价值观教育是价值态度的引导和塑造过程。基于态度的构成要素，价值态度是人对一定价值观形成的心理倾向，即具有稳固的价值认知、价值情感和价值行为倾向。在此意义上，话语体系的影响力首先是对人的价值态度产生正面积极的影响力。核心价值观教育是教育主体与受众之间的实践协同过程，既有"教学相长"的关系协同，也有"教学做合一"的实践协同。教育主体的话语态度，直接影响到教育受众的价值认知倾向。就此而言，教育主体要具有清晰的话

---

① 《习近平谈治国理政》第 2 卷，北京，外文出版社，2017 年，第 328 页。

语表达方式。具体而言，教育主体在词汇使用方面要运用主流价值认同的词汇进行清晰表达，在话语组织方面要具有逻辑性的分析进行层次性表述，在话语传达方面要具有丰富性的信息进行系统性阐述。在话语词汇的组织和传达的过程中，核心价值观教育具有观点的明确性、话语的逻辑性和信息的系统性。在此意义上，话语影响力要确立明确的价值态度，使受教育者在价值观点方面具有正面的价值判断，在价值话语方面具有理性的价值分析，在价值引导方面具有丰富的价值信息。

其次，增强有温度的话语影响力。核心价值观教育是立德树人的教育过程，是在价值情感的渗透和激发中进行有感情温度、价值关怀的教育感召。正如古语道："感人心者，莫先乎情。"[①] 情感表达具有情绪的指向性，或者以接受的心理认同他者的情感表达，或者以逆反的心理抵触他者的情感表达。由此，增强话语影响力，需要以情动人，基于情绪表达的指向性，进行有温度的情感教育。一方面，话语体系要以情感顺应的方式，找准教育受众的情绪敏感点，顺应其情感认知，以"关乎情"的方式，在情感沟通中寻求"发乎心"的情感理解；另一方面，话语体系要以情感同化的方式，在情绪渲染、氛围营造和情感共鸣中引导教育受众认同教育者的价值情感。

最后，增强有深度的话语影响力。究其根本，价值观教育是"为人"的教育，避免人的价值认知失调，实现人性和谐与意义世界的内在协调。由此，话语体系对人的价值观影响，是由价值感性深化至价值理性，再升华至价值悟性，形成由浅至深、由具象到抽象的价值影响深化过程。话语影响力是影响人、改变人的精神影响力。就影响的深度和难度而言，人的价值情感在情绪感染和感召中容易被打动和改变；人的价值认知则具有思维定式和心理惯性的特点，需要在长期的潜移默化中改变和匡正。由此，核心价值观教育要注重价值理性和价值悟性的话语影响。在价值理性层面，话语体系要彰显逻辑的力量、理性的思维，以发人深省的话语分析、逻辑分明的话语表达系统、全面地分析问题，表达观点，阐明事实。在价值悟性层面，话语体系要彰显知性的力量，在价值感性与理性的融汇基础上，在价值体认过程中体悟价值智慧，在价值感悟过程中辩证把握"言有尽而意无穷"的价值境界。

4. 构建话语体系的公信力

话语体系的公信力，是人对话语体系的共同认可、接受和信任所形成

① 白居易:《如元九书》。

的主体通约。归其本质，话语体系是对于信息的表达传递和认知理解的语言组织体系。在此意义上，话语体系的公信力包含着话语内容和话语传达过程机制等两个层面。核心价值观教育作为国家、社会和个人的系统化教育，必然要在构建具有公信力的话语体系过程中增强教育的权威性价值和系统化效用。

首先，增强话语信息内容的公信力。在话语体系的内容层面，信息是话语体系的本质内容，信息是消除不确定性的存在。基于信息的本质规定，话语体系的公信力则是对话语信息的共同认知和理解，具有公共性、可信任性和可通约性的特质。基于此，构建核心价值观教育的话语公信力，是在教育实践过程中实现对教育信息的准确传达、公开透明和逻辑自洽。一方面，教育的话语体系要对价值观内容、事例和数据进行准确表述，将核心价值观的内容具象化为真实的现实案例和典型事例，转化为具有精确性、权威性的数字数据，引导教育者以感性直观、理性认知等方面笃信价值观教育的内容。另一方面，教育的话语体系要增强逻辑的自洽性，以历史与逻辑相统一的辩证法思维提升话语体系的公信力。要在核心价值观概念表述方面保持内在的一致性，避免概念的混用而导致教育受众对信息的理解混淆；在价值观内容的逻辑关系方面具有统一性，避免在同一教育语境和情境中出现逻辑关系的前后矛盾、话语内容的相互抵牾。

其次，加强话语信息过程的公信力。在过程和机制层面，话语体系的公信力是对话语体系的传达和沟通过程，具有权威性、过程性和系统性的特质。话语体系发挥着信息的确定作用和稳定功能。信息的确定性决定了话语体系要消除具有模糊性、隐晦性和歧义性的话语表达。信息的稳定性则决定了话语体系要注重内在逻辑的自洽和一致，使信息表达始终具有可预期、可信服的表达效果。由此，文化的内化过程必然需要文化载体在人的沟通和交流中实现主体间性和文化认同。美国心理学家贝克尔指出，沟通过程包含信息源、信息、通道、信息接收者、反馈、障碍和背景等七个要素。信息源作为信息沟通的发出者，是带来确定信息的个体或群体。信息是沟通者传达的内容，在语音、语意和语用的统一中为信息接收者所接受、理解和认同。此外，障碍因素和背景因素在沟通中发挥着重要作用。基于此，核心价值观教育应注重以语言作为把握教育信息和动态的重要载体。一方面，教育的话语体系要注重信息的公开性和透明性，尤其是在教育过程中面对教育受众所关注的焦点、热点和难点问题，以恰当的话语方式、适当的表达渠道予以公布公开。这能够避免因信息不对称而导致对教育权威的动摇，也避免将某一方面的不信任而迁延到其他教育内容方面。

另一方面，教育的话语体系要注重信息的实效性和自证性。在信息作用机制的结果方面，价值观教育要在口头语言和书面语言的传播中实现教育内容的形象化与抽象化的有机结合，既直观描述具体信息和场景，也抽象反映深刻的理论知识。在信息作用机制的实践方面，价值观教育要在具体的践行过程中达到价值观的宣传和实践的内在统一，使价值观所渲染的教育情境与价值观实践的现实情境达到内在的统一。

四、优化社会主义核心价值观教育的文化环境

核心价值观教育环境具有整体性，即教育环境、途径、教育者、受教育者之间具有整体性关联。人作为社会存在者，必然在社会交往中形成多种社会关系，构成了多方面的教育场域。其中，家庭、学校和社会构成了主要的教育场域。家庭是以“养育”的方式，使个体接受教育的原初起点，发挥着原生态意义上的教育影响。学校是以“训育”的方式，使个体接受阶段化知识训练和周期化教育塑造的重要场所。社会则是以“化育”的方式，使个体在社会共同体的熏陶作用下潜移默化的接受方式。在此，核心价值观教育应以个体的成长阶段为参照维度，立足家庭、学校和社会的基本场域，探究文化环境的优化和核心价值观教育创新途径的实现。基于教育环境的整体性，核心价值观教育要充分发挥环境育人的作用，学校、家庭和社会形成合力，充分发挥全员育人、全场域育人、全过程育人的作用。

（一）塑造具有养育功能的家庭文化

家庭是人的文化存在的基点，所谓基点是指家庭成为人之存在的基本联结纽带和最小单元。家庭是“由姻缘、血缘关系或收养关系而形成的亲属间的社会生活组织单位”①。家庭有广义与狭义之分。本书所指的家庭是狭义的家庭，“狭义指一夫一妻制个体家庭（单偶家庭）；广义泛指群婚制出现后的各种家庭形式，包括血缘家庭、亚血缘家庭（普那路亚家庭）、对偶家庭和一夫一妻制个体家庭”②。在此，家庭文化是在个体成长的初始阶段，最先所接受、熏陶的文化样式。家庭文化发挥着文化启蒙和生活教养的养育功能。

① 陈国强:《简明文化人类学词典》,杭州,浙江人民出版社,1990年,第422页。

② 夏征农、陈至立主编:《辞海》(第六版缩印本),上海,上海辞书出版社,2010年,第867页。

1. 家庭文化要凸显文化启蒙功能

家庭是满足人的文化存在需要的基础，促成了人的社会化和个性化的实现，也促成了人的人格塑造和健全。当下国内的家庭类型是以核心家庭为主体。美国文化人类学家乔治·彼得·默多克考察了核心家庭的特征、分布状况和作用。他指出，在人类文明史的纵向发展过程中，核心家庭逐渐成为主要的家庭类型；在文明形态的横向分布中，有250个之多的社会存在着核心家庭。核心家庭作为夫妻和子女组成的家庭，是构成其他家庭类型的基础。核心家庭是人类普遍存在的家庭结构常态，发挥着其他家庭类型不可替代的作用，即性、生育、教育、生活等四种作用。在此，基于中国文化的现实境遇，教育作为核心家庭的基本功能之一，具有家庭的文化启蒙功能。“启蒙”其意为启迪，开导，给予理智的洞察力。“蒙”有蒙昧无知、阴暗不明之意。“启蒙”是指“教育童蒙，使初学者得到基本的、入门的知识”①，以开启心智，使其通透豁达。

首先，家庭文化是以家训为价值凝练和传承。在中国传统文化中，家训既指“父母对子女的训导”，也指“父祖为子孙写的训导之辞”②。在此，家训具有两个层面的意义：一是家庭文化对人的教化和开导，二是家庭文化的价值凝练和表达。就历史发展而言，家训的形成、凝练和传承具有深厚的社会文化背景。家训源流甚长，从隋代的《颜氏家训》至现代的《傅雷家书》，家训的数量和影响力可谓是蔚然大观。就文化内容而言，“中国古代、近代和现代的家训内容虽然非常丰富，且覆盖面广，但都是围绕着励志勉学、读书做人、管理家庭、择业交友等问题展开的，其核心和精髓都是对子孙、家人进行的家庭和社会伦理道德教育”③。就文化功能而言，在传统社会结构中，家训成为家族立命、修身和延续的价值合理性基础，在世代传承中使个体承载着“法先祖”的文化使命，力求塑造成为家训所指向的理想文化人格。正如《大学》中所凸显的“修、齐、治、平”的文化角色，充分体现了理想文化人格的特征和本质。《大学》注重由“修身”到“明明德于天下”的不断循序渐进的过程。“格物”“致知”“正心”“诚意”“修身”“齐家”“治国”“平天下”构成了“大学之道”的八条目。八条目在逻辑上呈现出递进关系，由“修身”到“齐家”“治国”“平天下”是外王，由“修身”到“正心”“诚意”“致知”“格物”是内

① 夏征农、陈至立主编：《辞海》(第六版缩印本)，上海，上海辞书出版社，2010年，第1473页。

② 夏征农、陈至立主编：《辞海》(第六版缩印本)，上海，上海辞书出版社，2010年，第838页。

③ 林庆：《家训的起源和功能——兼论家训对中国传统政治文化的影响》，《云南民族大学学报》2004年第3期。

圣。由外王到内圣，再由内圣复归至外王。

家训的历史传承和时代创新构成了当下家庭文化的重要内容。一方面，家训要彰显厚重的文化底蕴。家训所蕴含的传统文化精髓在当下仍具有现实意义和影响。正如古语言："积习成性。"家训在传承过程中发挥着家庭生活的规范和养成作用。尤其是当下国内家庭是以核心家庭为主，祖辈、父辈与子辈之间面临着代际差异、价值观念差别、生活方式的多样等问题。在此，家训作为家庭生活的文化凝练，是基于"发乎情"的血缘纽带和亲情，以"止乎礼"的伦理纽带和规范，将家庭情感、家庭规范、家庭礼仪在家庭生活中实现高度的价值凝练。由此，家训的凝练要实现家庭文化的认知情感、价值观念和行为规范的深度契合。另一方面，家训要彰显时代精神和特征，要基于核心价值观予以发展和创新。传统家训是基于家国同构的传统社会，具有维系家族宗法血缘关系的重要功能。在当下境遇，传统社会已离解，尤其是在城镇化进程中宗族家庭逐渐弱化，由熟人社会逐渐转变为陌生人社会。家训的文化价值和形式需要时代转换，基于"爱国、敬业、诚信、友善"的公民个人层面的价值准则，加强家庭美德教育，彰显社会主义精神文明，形成修身律己、崇德向善、礼让宽容的道德风尚。

其次，家庭文化要营造良好家风。习近平指出："不论时代发生多大变化，不论生活格局发生多大变化，我们都要重视家庭建设，注重家庭、注重家教、注重家风，紧密结合培育和弘扬社会主义核心价值观，发扬光大中华民族传统家庭美德，促进家庭和睦，促进亲人相亲相爱，促进下一代健康成长，促进老年人老有所养，使千千万万个家庭成为国家发展、民族进步、社会和谐的重要基点。"① 在中国传统文化中，家风"犹门风，指一个家庭或家族的传统风尚"②。在此，家训和家风构成了彼此呼应和整合的家庭文化。家训是家庭核心价值观念的凝结，家风则是家训的具体表征和实际践行，是家庭文化在日常生活中的习惯沿袭、行为方式、成员关系中体现的整体风格、风气和氛围。家风基于家庭层面，作为社会主流价值观的具体实现方式，应彰显文化自觉意识，有意识地认知、评价家风，自觉地培育和践行家风。家风的优劣直接关系到家庭成员，尤其是子女的德育、智育和美育的成效。

培育积极、正向的家风应基于三个层面：其一，家风应充分发挥家庭生活的"濡化"功能。所谓濡化是以柔性浸染的方式，在"行不言之教"

① 习近平:《在2015年春节团拜会上的讲话》,《人民日报》2015年2月18日。

② 夏征农、陈至立主编:《辞海》(第六版缩印本),上海,上海辞书出版社,2010年,第867页。

中实现人的文化习得和传承。在家庭文化环境中，濡化作为纵向的文化传导方式，由父辈通过训导等方式将核心价值观念融入日常生活之中，实现子代对家庭文化的认同和趋同。其二，家风应实现家庭关系的积极协调作用。在家庭的组合凝结中，人与人之间构成了最为基本的社会关系，形成了夫妻关系、亲子关系以及其他家庭成员之间的婚姻或血缘关系。家庭关系既是社会关系的基础，也是社会关系的文化折射。家风意味着以特定的家庭价值精神和道德观念约束和协调着家庭成员的关系。家风要基于情、理、法的内在协调和统一，增进家庭成员的亲情，实现家庭关系的和睦稳定；注重家庭成员的关系定位，合理、有度地处理好家庭问题；明晰家庭成员的法律责任、权利和义务，承担相应的赡养、抚养、监护等责任。基于此，家庭成员才能成为承载家训精神、传承家风文化的文化存在，成为履行社会职责、担负社会责任的社会存在。其三，家风应实现家庭氛围的营造功能。家庭结构、家庭关系、家庭物质条件、家庭成员文化修养和道德素质等诸多因素构成了家庭的文化环境，成为制约影响家庭成员个体发展的重要因素，尤其是对家庭子女的成长成才产生深刻影响。家作为人的物质居所，构成了人的日常生活场域；家作为人的社会关系的原初场域，在亲情的关爱和呵护中使人获得心理安全感、精神归属感。在此，家风应注重将“忠信孝悌”的传统文化家庭伦理与核心价值观有机结合，实现家庭文化的伦理观念、生活方式和行为方式之间的渗透融通，使家庭成员成为良好家风的推进者和践行者，成为具有良性习惯养成、健全人格特征的文化存在。

2. 家庭文化要凸显生活教养功能

家庭文化应注重“养”与“育”的有机结合，既注重体质培养，又注重心智培养。“养”与“育”之间具有内在的关联性。养不仅具有生养、养活之意义，也具有教育熏陶之意，“涵育熏陶，俟其自化也”①。在此意义中，生活教养是人的社会化的初始阶段，尤其是父母长辈对亲子的生活教养，对儿童的发展具有至关重要的影响意义。

首先，家庭文化注重生活习惯养成。习近平指出：“家庭是人生的第一个课堂，父母是孩子的第一任老师。孩子们从牙牙学语起就开始接受家教，有什么样的家教，就有什么样的人。家庭教育涉及很多方面，但最重要的是品德教育，是如何做人的教育。”② 在此意义上，家庭文化要遵循

① 夏征农、陈至立主编：《辞海》(第六版缩印本)，上海，上海辞书出版社，2010年，第2212页。

② 《习近平在会见第一届全国文明家庭代表时强调：动员社会各界广泛参与家庭文明建设　推动形成社会主义家庭文明新风尚》，《人民日报》2016年12月13日。

儿童的成长规律，以“自化”的育人方式实现生活教养和天性呵护之间的适度平衡。在中国传统教育中，儿童在四岁左右要进行“开蒙”教育，其目的是培养儿童基本的书写认读能力，掌握基本的日常生活和文化常识，促成良好生活习惯的养成，形成基本的道德规范。如《朱子童蒙须知》所言：“夫童蒙之学，始于衣服冠履，次及言语步趋，次及洒扫涓洁，次及读书写文字，及有杂细事宜。”① 儿童蒙学的合理性在于，儿童在3～7岁期间是人格塑造的关键时期。这一阶段的家庭环境、文化氛围、亲子关系直接影响到儿童的性格塑造和习惯养成，对于其今后的人生发展有着最为关键和基础的影响。在家庭成员的日常生活过程中，尤其是在父母的言传身教中，儿童以有意识与无意识相结合的方式，由强制化的训导转变为无意识的重复，由本能生存方式转化为文化生存方式。在传统社会向现代社会转型过程中，家庭文化的功能也随之发生了转变，文化启蒙的功能逐渐由专业化的教育机构——学校承担，而家庭的重心转为养育。然而当前国内家庭教育存在一定的认知和行为误区，偏重“育”而忽略“养”，偏重“智育”而忽略“德育”。基于此，家庭如何顺应儿童的发展规律，在生活养成中实现儿童智育、德育和美育的有机结合，培养儿童的社会性和个性，学习适应社会的各类知识和技能，这一问题成为家庭文化面临的重要问题。由此，家庭文化要注重儿童人际交往的引导和规范，在社会沟通和联络中建立稳固的社会关系，提升个体的社会归属感；注重儿童发展的底线问题，即教育引导儿童提升安全意识，获得安全感，强化安全防范的能力。在此，“关于儿童教育的科学，得出一个最基本的结论是，每一个生命个体的成长都遵循着生物发生和精神发生的规律，这是自然的法则。无视自然，企图跨越成长的某个阶段，很可能导致儿童的心智、社会阅历、道德的缺陷。这样，纵然赢在了起跑线上，却输掉了童年，甚至人生”②。

其次，家庭文化要适度保持“天性”与“文化”之间的张力。蒙台梭利提出，人具有双重胚胎期：一是肉体胚胎期，在婴儿降生之前在母体中度过；二是0～6岁，是人的“精神胚胎期”，具有内在的生命力，在学习、交流和模仿中自我构筑出内在的精神世界。卢梭也曾指出，人在12岁之前处于理性的睡眠期，感官和身体的训练成为教育的重点，因此要进行自然的教育、人的教育和事物的教育，尤其是自然的教育是顺应儿童的“天性”进行教育，契合儿童的成长节奏，避免人为阻断其自然的发展过程。可见，“天性”构成了儿童身心发展的初始状态，构成了其发展的潜

① 朱熹：《朱子全书》第13册，合肥，安徽教育出版社，2010年，第367页。

② 陈晓：《何种童年值得守护》，《三联生活周刊》2012年第22期。

在空间和能力。同时，“天性”存在着先天式的缺陷，处于体质、心智的不成熟状态。恰恰此种不成熟状态成为人的文化存在可塑性的前提，使儿童对世界具有强烈的好奇心、想象力和模仿力，由自在的思维体系转化为自觉的思维体系。在此，家庭的生活养育要注重去“成人中心化”，避免以成人的价值标准审视儿童的教育；去“功利化”，不以认字的数量、背诵诗歌的多少作为教育的基本内容，对孩子进行智力和知识的训练，一味将孩子培养为父母眼中“成功的人”，而是首先要将孩子培养成为“幸福的人”，培养成为适应现代生活的“社会人”。以家庭文化对未成年人的网络引导为例，网络流行文化往往是以亚文化的方式，隐性渗透到未成年人的日常生活之中。“调查显示，网络流行文化是未成年人模仿和追逐的热点，传播和感染能力极强，易在未成年人中形成流行趋势。比如Cosplay、‘二次元’、‘粉丝文化’、‘投票/拉票文化’等等。”① 对于网络文化对价值观的影响，父母以身教和言传的方式，发挥着价值引导和认知匡正的作用。“重点纠正父母、学校和社会对于未成年人互联网运用的认知偏差，发挥家庭、学校、共青团和少先队组织、社会教育机构和网络平台的引导作用，塑造未成年人向上向善的价值观和网络文化观念。”② 由此，家庭文化要凸显养育功能，必须营造平等和关爱的家庭关系。正可谓“大爱无爱”，父母对子女的“爱”不应是溺爱和宠爱，而是真正以子女的自由全面发展为本真目的，顺应子女的个性特征和成长规律；要尊重和顺应儿童的天性，以自然的方式实现亲子关系的融洽，在内容上注重子女发展的阶次化，以孩子的身心发展规律为依据，在换位思维中深入到孩子的内心世界。

（二）传承具有训育功能的学校文化

训育是以“训”之方式进行教育。“训”具有三个层面的意义：一是解释之意，二是训练之意，三是开导之意。基于“训”的基本内涵，学校训育具有三层功用：一是进行知识和文化的理解和掌握，二是进行教育灌输和训练养成，三是进行心智的启发和熏陶。在此，学校文化在训育的内容完善、功能发挥和阶次递进中彰显“立德树人”的价值理念，发挥“以文化人”的价值功用。

---

① 季为民、沈杰:《中国未成年人互联网运用和阅读实践报告(2017～2018)》,北京,社会科学文献出版社,2018年,第29页。

② 季为民、沈杰:《中国未成年人互联网运用和阅读实践报告(2017～2018)》,北京,社会科学文献出版社,2018年,第28页。

1. 训育应彰显学校文化的价值理念

学校是有组织、有步骤、有阶次进行教育的社会化机构，以知识训练、人文熏陶和价值塑造为基础教育内容，发挥着“人文教化”“人文化成”的育人功能。学校的“训育”对于提高学生思想道德素质和科学文化素质、促进学生全面发展、增强学校乃至国家的文化软实力具有重要作用。在此，学校文化的精神底蕴、价值目标和育人实效的彰显是以训育为实现路径。

首先，训育应彰显学校文化的价值指向，始终秉承“育人为本，德育为先”的价值理念。“育人为本”中的“本”，有着“根源、根基”的意义，也有着“中心的、主要的”“根据”等意义。① 在此，“育人为本”意味着，“人”作为教育的内在依据和前提，既是教育的根本落脚点和目标，也是衡量教育成效和价值的根本标准；“育”是实现人的价值目标的手段。“德育为先”中的“先”是“次序或时间在前”，也是逻辑在前，意指“首要的事情”。② 在此，“德育为先”意味着学校教育包含着德育、智育、美育等子要素内容，其中“德育”在学校训育的内容体系中处于首要位置，也在教育的次序中处于首要环节。“真正的训育是品格修养之指导。”③ 训育的过程是立德树人的过程，是人的思想品德得以形成、发展和完善的教育过程。在此，“立德树人”意味着训育具有两个层面的价值意蕴：一方面是立德的过程，即建树德行教化，彰显道德价值观的过程。这一过程是德行的核心价值标准的确立和彰显过程，也是德行以教化的方式进行渗透熏陶的育人过程。“坚持育人为本、德育为先，围绕立德树人的根本任务，把社会主义核心价值观纳入国民教育总体规划，贯穿于基础教育、高等教育、职业技术教育、成人教育各领域，落实到教育教学和管理服务各环节，覆盖到所有学校和受教育者，形成课堂教学、社会实践、校园文化多位一体的育人平台。”④ 在此，“立德”是以核心价值观引领和匡正训育的全过程，发挥教育者“学为人师，行为世范”的身教示范作用，注重第一课堂的知识教导与第二课堂的实践体验相结合，发挥校园文化的感染、渗透和凝聚作用，真正将核心价值观融入学校文化建设、教育、管理和服务的全过程。另一方面是树人的过程，这意味着训育不仅是知识层面的训练和灌输，更是人本层面的价值熏陶和塑造。“教育首先是人学，而人的全

① 参见夏征农、陈至立主编:《辞海》(第六版缩印本),上海,上海辞书出版社,2010 年,第 100 页。

② 参见夏征农、陈至立主编:《辞海》(第六版缩印本),上海,上海辞书出版社,2010 年,第 2057 页。

③ 《陶行知教育文集》,成都,四川教育出版社,2005 年,第 196 页。

④ 《关于培育和践行社会主义核心价值观的意见》,北京,人民出版社,2013 年,第 6～7 页。

面自由发展，首在养内心之德、张精神之维。让精神生长、灵魂发育，才会有朝气蓬勃的生命，才会有不断出彩的人生。”① 在此，训育的方法和手段始终要凸显“人”的价值理念，以“现实的人”为价值基点，高扬人的主体性价值，关注人的现实生活世界，进而实现理性与非理性的内在精神和谐、“知、情、意、信、行”的内在整体协调，将学生培养为德智体美全面发展的社会主义建设者和接班人。

其次，训育应彰显学校文化的育人功能，实现知识的说教训练与文化的培养熏陶的有机结合。习近平指出：“思想政治工作从根本上说是做人的工作，必须围绕学生、关照学生、服务学生，不断提高学生思想水平、政治觉悟、道德品质、文化素养，让学生成为德才兼备、全面发展的人才。”② 可见，训育是立德树人的过程。“训育对于性格培养来说是双重的——间接的与直接的，它一部分是帮助教学，使教学成为可能并去影响一个业已独立的人今后性格的形成；一部分是起这样的作用：通过行动或非行动直接就使学生产生或不产生初步的性格。”③ 在此，训育包含着两个层面的内容：一是具有“训”的功能，以训导、训练的方式进行知识的灌输，构建完善的教育知识体系；二是具有“育”的功能，学校文化对学生予以培养和培育，拓展和完善学生的综合素质和能力。可见，“训育的调子完全不同，不是短促而尖锐的，而是慢慢地深入人心和渐渐地停止的，因为训育要使人感到是一种陶冶”④。在此，一方面，“训”和“育”发挥不同的训导和培养功能，两者在教育方式、教育内容、教育途径等诸多方面存在着差异。“训”是以灌输为主要方式，以抽象理论为传授内容，直接目的是要求学生掌握相关的知识内容，强调记忆而忽略理解，强化应试而忽略内化，强调理论认知而忽略实践体验。“育”是以培养、渗透和熏陶为主要教育方式，将外在的教育信息引入学生的认知框架之中，使学生以理性的方式予以理解，以感性的方式予以共情，最终以悟性的方式予以感悟和体悟。在此意义上，“育”不是工具化和模式化的社会产品制造，而是基于学生的成长成才规律而循循善诱。由此，训育是基于发挥文化的

---

① 人民日报评论部：《教育，如何让生命蓬勃生长——创造一个更好的中国之三》，《人民日报》2014 年 1 月 10 日。

② 《习近平在全国高校思想政治工作会议上强调：把思想政治工作贯穿教育教学全过程 开创我国高等教育事业发展新局面》，《人民日报》2016 年 12 月 9 日。

③ 〔德〕赫尔巴特：《普通教育学·教育学讲授纲要》，李其龙译，北京，人民教育出版社，1989 年，第 149 页。

④ 〔德〕赫尔巴特：《普通教育学·教育学讲授纲要》，李其龙译，北京，人民教育出版社，1989 年，第 151 页。

育人作用，立足整体化的日常生活世界，将教育内容与生活世界紧密结合，实现理论认知与具体应用的有机结合，真正体现“以文化人”的功能。另一方面，训育应注重“训”与“育”的功能调和，由外在教育规范的约束转向为内在教育认同的引导，真正实现“立德树人”的教育目标。“‘教育即生长’，是使每个人的天性和与生俱来的能力得到健康生长，而不是把外在的东西灌进一个容器。智育是要发展好奇心和理性思考的能力，而不是灌输知识；德育是要鼓励崇高的理想追求，而不是灌输规范；美育是要培育丰富的灵魂，而不是灌输技艺。”① 在此，训育要以“立德树人”为内在的价值旨归，以课程学习为载体，构建系统化的知识和文化内容；以生活教育为重点，进行行为训导和养成；以学校文化为依托，在内化与外化、为人与为学、自律与他律的辩证统一中，将核心价值观内化到学生群体和个体之中。在层层递进和相互依托中，训育真正构建出知识传授、生活养成和文化熏陶并重衔接的教育体系，训导和培育学生自觉学习系统化知识，自主感悟理性价值，自为积极构建意义世界。

2. 训育要注重教育阶段的有机衔接

训育既是以“立德树人”为价值指向和根本目标，又具有不同阶段和层次的育人重点和具体目标。这归因于思想品德形成和发展规律的方向性和不平衡性。就方向性而言，个性品质形成和发展是由低级阶段向高级阶段的方向演进。就不平衡性而言，个性品质的发展是由个体发展过程中的不平衡因素引发的。人不仅具有本能和生物因素等自然属性，更具有社会和文化等内在特性。在不同发展阶段，人的自然需要与社会要求之间出现不平衡，导致个体与社会关系冲突、个体内在心理失调，引发了人的心理社会危机。由此，训育要遵循思想品德形成和发展规律，教育内容、目标和重点要与人的发展阶段相契合，避免顺序的倒错，利用每个阶段人格塑造的关键期，找准每个发展阶段不同的教育重点，引导个体以主体的方式，形成积极和正向的道德品质。基于此，学校训育要“适应青少年身心特点和成长规律，深化未成年人思想道德建设和大学生思想政治教育，构建大中小学有效衔接的德育课程体系和教材体系，创新中小学德育课和高校思想政治理论课教育教学，推动社会主义核心价值观进教材、进课堂、进学生头脑”②。

首先，小学阶段训育功能的发挥。在小学阶段，学生正处于童年期

① 人民日报评论部：《教育，如何让生命蓬勃生长——创造一个更好的中国之三》，《人民日报》2014 年 1 月 10 日。

② 《关于培育和践行社会主义核心价值观的意见》，北京，人民出版社，2013 年，第 7 页。

（7～12岁）。根据美国心理学家埃里克森提出的人格发展八阶段理论，童年期的主要发展任务是解决勤奋与自卑的心理冲突，克服自卑感，获得勤奋感，要形成的积极品质是能力。在此阶段，就学习的形式而言，小学生在教师的指导下，开始学习间接经验和理论，由松散的游戏式学习转变为具有限定性、强制性和组织性的学习。就学生的思维特点而言，小学生以形象逻辑思维为主导，逐渐向抽象逻辑思维发展，意义记忆和抽象记忆逐渐超过机械记忆和形象记忆，概括能力和推理能力得到有序发展。基于这一学龄阶段的特点，训育应侧重于两个方面：一方面，强化学生的学习意识，系统地习得学习方法，端正学习态度，养成学习习惯，加强校规的学习和遵守。另一方面，强化学生的品行培养，按照学龄特征，小学低年级的学生注重常规的行为训练，使具体的行为举止符合学校的纪律要求。小学中年级的学生侧重于集体意识、规则意识和纪律意识的培养。小学高年级的学生侧重社会公德、爱国意识以及公民意识和素质的培养，注重朋辈交往和友谊的良性发展，养成文明待人的良好习惯。在此阶段，学校文化应注重校规的宣传、渗透和教育，让校规以实际训导和日常约束的方式作用于课堂学习、课外活动和校外生活，强化小学生对校规的识记和遵从；注重思想品德知识的识记与情感体验的有机结合，既要让学生掌握道德的评价性规范，明晰是非、对错的评价标准，又要习得操作性规范，在日常学习生活中灵活运用思想道德的标准和规范。

其次，中学阶段训育功能的发挥。在中学阶段，学生正处于青春期和青年期的初期，学生的生理发育、人格特征、品德修养和社会化程度日趋成熟。在此阶段，中学生不仅面临着学业和升学的压力，还面临着生理发育与心理发展的不平衡性和矛盾性，尤其是存在着心理的成人感与半成熟感、心理断乳与精神依赖、自我封闭与开放、成就感与挫败感之间的交替和矛盾。根据埃里克森的观点，青少年（12～18岁）主要发展任务是解决自我同一性和角色混乱的心理冲突，克服角色混乱，形成角色统一性，要形成的积极品质是诚实。按照学龄阶段，中学阶段又划分为初中阶段和高中阶段。在初中阶段，初中生的抽象逻辑能力逐渐成熟，自我意识更为觉醒，关注自我的外貌体征、人格特征、学习能力，朋辈关系更为亲密，对父母和教师的逆反心理和行为趋于明显。在此阶段，训育应着重培养学生的公民素养、社会责任意识、生命意识，将德育作为素质教育的重要环节；要基于现实性，避免单纯空洞的道德说教，从日常学习生活入手，找准学生面临的思想困惑和人生迷惑，在解决现实问题的基础上加强思想困惑的解疑和化解；基于可操作性，设定合理的教育目标，在现实生活的道德选择和实践中，注重道德选择的具体性、道德衡量的情境性和道德原则的一般性相结合。在高中阶段，学生的自我意识趋于完善，伴随着生活经历的丰富，对自我认知和评价更为客观，通过不断的自我接纳和自我否定，人生观和价值观初步确立。在此阶段，训育要着重进行世界观、人生观和价值观教育，注重智育与德育的有机结合，将认知能力、选择能力、评判能力融入为成熟稳健的德性和心智；进行政治法律教育，通过政治课等课程，坚定政治立场，激发爱国意识，维护社会正义，履行社会责任。

最后，大学阶段训育功能的发挥。在大学阶段，学生正处于青年期，思维认知能力、情感意志和人格特征趋于稳定，社会化程度趋于成熟。在此阶段，大学生面临着择偶和爱情的压力、择业和职业生涯规划的多种选择，面临着人际交往的困惑。针对这些问题，训育逐渐由灌输式教育向渗透式教育转变。习近平指出："要坚持不懈培育和弘扬社会主义核心价值观，引导广大师生做社会主义核心价值观的坚定信仰者、积极传播者、模范践行者。要坚持不懈促进高校和谐稳定，培育理性平和的健康心态，加强人文关怀和心理疏导，把高校建设成为安定团结的模范之地。"① 由此，训育要尊重和培养学生的个性，基于学生的成长经历，梳理其价值判定的标准、思路和认知模式，科学遵循学生成长成才规律，分步骤、分阶次进行引导教育，真正关注学生成长发展中的"大事"与"小事"，善于了解流行文化，采用其喜欢的沟通、交流、联络和聚集的新方式；善于把"大道理"转化为学生能接受的理念，将马克思主义的观念、立场和哲学方法有机融入现实生活中，内化到学生头脑中。

（三）营造具有化育功能的社会文化

化育有教化、培育之意。《中庸》云："能尽物之性则可以赞天地之化育，可以赞天地之化育则可以与天地参矣。"在此语境中，化育体现了天地之至高德性，在自然状态中化生万物，滋养万物。在文化体系中，化育是社会对人的渗透和塑造的教育过程，体现了社会与人的文化存在之间的内在关联，即在社会文化的暗示和感染中，人是社会文化的接受者和塑造者，以自觉或不自觉的方式，被社会文化所影响和塑造。与此同时，人也是社会文化的践行者和弘扬者，在个体、群体和社会的文化张力作用下，凝聚为具有确定性的文化合力，彰显出文化发展趋向的必然性和指向性。在此，化育是在一定的文化体系或文化模式中，文化对人的存在过程、状

① 《习近平在全国高校思想政治工作会议上强调：把思想政治工作贯穿教育教学全过程　开创我国高等教育事业发展新局面》，《人民日报》2016 年 12 月 9 日。

态、方式、场域的全面影响和辐射。社会文化的化育作用是在社会群体的分层和互动中形成各种文化群体或共同体，在长期的社会文化交往中促成不同文化群体之间的相互影响和改变，使一方或多方群体发生文化变迁，实现文化之间的渗透、整合和创新。

1. 营造具有化育功能的社会公共文化

社会文化具有鲜明的公共性，具体表征在社会文化的主体、内容、方式和环境等诸多方面。就主体而言，人的群体本质决定了其社会关系的广度和深度，社会关系的丰富程度取决于人的公共性程度。就内容而言，社会文化是以培养公民素养为基本内容，凝聚公共价值观，保持社会公共秩序的良性态势。就环境而言，社会文化是以社会公共环境为营造场域，宏观的社会环境成为主要的社会公共领域。就作用方式而言，社会文化是以化育为功能作用方式，以社会核心价值观为联结纽带，促成个体对社会主流文化的认同、社会核心价值观的凝聚。在此，社会公共文化构成了人的文化存在的文化基础、交往基础和发展基础。在社会公共文化的化育过程中，人成为具有公共性的文化存在，即秉承着既定的社会核心价值观，受社会道德规范制约，以社会化的方式实现自身的生存和发展。

首先，社会公共文化以化育的方式培育社会大众的公共意识。当前中国正处于现代社会转型过程中，尤其是社会拐点的出现意味着在市场经济作为原初力量撬动了传统社会结构。社会公共领域的价值理念既是对市场经济的映射，也是对市场经济负面效益的弥补。社会公共领域成为平衡个人私权与社会公权之间的重要场域。基于如此境遇，社会公共文化理应以化育的方式，在文化协调和文化整合中培养社会大众的公共意识。

一方面，就文化协调而言，社会公共文化要注重协调“经济人”与“道德人”的价值定位，实现经济利益意识与道德规范意识内在协调。人在公共领域中不仅是追求工具理性和个人私利的“经济人”，也是孜求价值理念和社会公益的“道德人”。社会文化要在“道德人”与“经济人”的张力中彰显公共人格、公民意识和责任观念。公共意识作为个体对自身在社会中的定位和关系等方面的认知，是人的社会化程度的重要表征。人的个体本质和群体本质的实现方式成为个人、集体乃至社会的连接纽带。正如马克思所言：“在这些权利中，人绝对不是类存在物，相反，类生活本身，即社会，显现为诸个体的外部框架，显现为他们原有的独立性的限制。把他们连接起来的唯一纽带是自然的必然性，是需要和私人利益，是对他们的财产和他们的利己的人身的保护。”① 可见，社会公共文化是以个体的权利利益的实现和满足为基点，在共有的社会规范意识协调下，实现个体与社会之间的价值协调。在此，“公共意识是现代经济、政治和文化发展到一定阶段的产物，是对公共利益、公共事务、公共秩序等公共性的一种唤醒和关注，是现代公民处理个体与社会共同体关系时应具备的基本素质，是以当代社会发展和公共利益为诉求的一种深层次的社会意识”②。社会公共文化投射到人的精神世界之中，必然形成相应的公共意识。基于当下中国境遇，核心价值观教育基于社会公共意识的培育，必然以核心价值观为统领，构筑社会共同的思想基础。

另一方面，就文化整合而言，社会公共文化要注重实现个人与社会的关系整合，促成社会从众意识与个性独立意识的内在协调。一方面，公共文化要发挥从众的正面效应，促进个体对群体以及社会的认同和归属。从众是个体面临群体压力，在认知判断、价值观念和行为选择等方面主动与群体中的大多数人相一致。从众是个体自愿作出选择，以求个人与群体的契合。在社会归因方面，从众是个体为自身的存在，寻求社会参照系，使个体与群体保持一致，为自身的选择和判断提供合法性依据。在心理归因方面，从众是个体为避免偏离社会群体而产生恐惧、焦虑情绪，在行为上附和群体的要求，进而提升自身在群体中的认同感和归属感。社会公共文化在从众效应的作用下，社会的共同价值观念、思维方式和行为方式的形成得以可能。就个体而言，从众效应使个体与社会主流保持一致，提升个体的社会化水平和社会适应能力。另一方面，社会公共文化还应培育人的独立个性意识，规避社会从众的负面影响。个体在情境压力下，尤其是在判定标准模糊的情境下，容易丧失独立自主性，使个体成为盲从于群体、具有集体无理性的一分子。“在集体心理中，个人的才智被削弱了，从而他们的个性也被削弱了，异质性被同质性所吞没，无意识的品质占据了上风。”③ 在此，社会公共文化要注重情境的社会感染功能，发挥其正向的引导作用，使个体在互动交往中产生正面影响，避免群体受到情感的煽动，丧失独立判断力和批判力，进而滋生非理性行为。由此，基于社会公共文化的公共特性和功能，核心价值观教育应注重培养大众的独立自主意

① 《马克思恩格斯全集》第3卷，北京，人民出版社，2002年，第185页。

② 陈付龙：《当代中国文化公共意识成长的理论观照》，《理论与改革》2012年第3期。

③ 〔法〕古斯塔夫·勒庞：《乌合之众》，冯克利译，北京，中央编译出版社，2004年，第49页。

识，“培养自尊自信、理性平和、积极向上的社会心态”①。

其次，社会公共文化以化育的方式培育社会大众的公共交往能力。社会公共文化作为发展人、塑造人的化人功能，既有实践的共有特征，体现了人自由自觉的活动特性；又有自身的内在规定性特征，体现了塑造人、发展人的重要功能。在此，社会公共文化在公共意识和公共理性的导向中，在核心价值观的匡正下，培育公共交往和文化践行能力。“公共理性追求的目标是公共的善，或曰是公平与正义的价值，它在政治层面的表现就是公共选择和公共政策的公共性、正当性和合法性。公共理性应该成为调节工具理性与价值理性、个体理性与国家理性、精英理性与大众理性的中介和桥梁。公共理性是横跨国家、政党、政府、社会、利益集团、大众和个人之间，并以成熟自律的公民社会为基础的利益整合的能力和机制。”② 尤其是基于当下境遇，社会群体的分化趋于明显，既有基于文化价值选择差异的群体分化，更主要的是基于利益考量的群体分化。尤其是近年来，社会群体的维权意识更为高涨，基于共同价值诉求的群体行为屡见于各类媒体，甚至引发多种群体冲突。在群体行为中，既有长期利益诉求被压制而导致的“积累型聚合利益群体”，也有因偶然事件导致的“诱发型聚合利益群体”。“随着社会的进一步分化，相同利益、身份、价值观念的群体也会不断分化出来，这些具有相同群体特征的人们要表达他们的诉求、保护或争取他们的利益时会越来越多地采取群体形式，群体之间的摩擦、冲突也会相应增加。”③

由此，社会公共文化不仅要具有鲜明的公共意识，更是实践层面的理性彰显。党的十九大报告指出：“推进诚信建设和志愿服务制度化，强化社会责任意识、规则意识、奉献意识。”④ 这深刻指明，社会公共文化既凸显出公共的价值属性，是社会群体所共同维系和发展的文化价值，也彰显出公共的实践属性，是全社会所共同参与并建设的文化样态。一方面，社会公共文化应培养理性、平和、辩证的社会心态，要培养个体层面权利意识和价值理性，培养人具有自我内省和自我改变的文化智慧。社会公共

① 习近平：《决胜全面建成小康社会　夺取新时代中国特色社会主义伟大胜利——在中国共产党第十九次全国代表大会上的报告》，北京，人民出版社，2017 年，第 49 页。

② 史云贵：《从政府理性到公共理性——构建社会主义和谐社会的理性路径分析》，《社会科学研究》2007 年第 6 期。

③ 王俊秀等：《中国社会心态研究报告（2012～2013）》，北京，社会科学文献出版社，2012 年，第 17 页。

④ 习近平：《决胜全面建成小康社会　夺取新时代中国特色社会主义伟大胜利——在中国共产党第十九次全国代表大会上的报告》，北京，人民出版社，2017 年，第 43 页。

文化更要高扬社会公共层面的公共意识和实践理性，基于问题意识与过程意识、批判意识与建设意识的有机结合，既要辨清社会发展的现状和趋势，理性认知、评价社会问题；也要以积极的姿态、建设的心态，以反观自身、立足当下的方式，形成正向、积极的社会合力。此种文化智慧既是为人处世的原则性与灵活性的有机结合，既要有原则性，需要坚持不懈的努力，还要避免没认清环境和时机而擅自妄为，草率鲁莽；又要有灵活性，做到合理判定自身和外在环境。另一方面，社会公共文化应培养理性的公共实践方式和途径，不仅注重引导社会群体以“辩证看”的理性思维审视问题，还要以“务实办”的实践思维。在此，社会转型和改革从理念形成到制度设计，再到具体实践，需要经历长期的社会发展过程。社会问题的改良和完善不是一蹴而就的，是顺应社会发展规律，立足国情、社情和民情，在适宜的环境下顺时、顺势而为，而不可无视社会发展现状而强力为之；是在社会公众的共同努力和凝聚下，有层次、有步骤地共同解决问题，促进社会稳定有序发展。只有如此，社会公共文化才能凸显化育的实践意蕴，实现公共理性的本质旨归，以个人的理性行为促成集体的理性行为，进而实现私权与公权的共有利益最大化，实现个体、群体乃至社会之间的动态和谐与平衡，“以更积极的态度、包容的气度、渊博的深度，加厚信息时代的文化土层。通过‘各美其美，美人之美’，最终走向‘美美与共，天下大同’的文化中国”①。

2. 营造具有化育功能的社会法治文化

在“法治”一词中，“法是‘依’法治国的‘根据’，而非‘以’法治国的‘工具’”。② 基于“法治”的内在意蕴，“法治文化是指实现了法治的国家和社会所具有或应具有的文化。也就是说，在这样的国家和社会里，法治本身就意味着一种特定的社会文化类型、文化体系。它是从国家社会的整体面貌和文化性质上，把法治看作一种基本的、普遍的‘生活样式’，而不仅仅是某个领域或某个层面的特殊职能”③。

首先，社会法治文化在价值观念层面培养法治精神。习近平强调：“要既讲法治又讲德治，重视发挥道德教化作用，把法律和道德的力量、法治和德治的功能紧密结合起来，把自律和他律紧密结合起来，引导全社会积极培育和践行社会主义核心价值观，树立良好道德风尚，防止封建腐

---

① 人民日报评论部:《谁来加厚信息时代的文化土层？——创造一个更好的中国之二》,《人民日报》2014 年 1 月 6 日。

② 李德顺:《法治文化论纲》,《中国政法大学学报》2007 年第 1 期。

③ 李德顺:《法治文化论纲》,《中国政法大学学报》2007 年第 1 期。

朽道德文化沉渣泛起。”① 一方面，就其终极价值目标而言，法治是以实现人的自由、平等和正义为价值要义。基于人的文化存在的自由与限定之间的辩证关系，人总是基于文化视域的限定、文化传统的局限理解“法治”的内在精神和意义，以“从心所欲不逾矩”的方式促成自由与必然之间的适度协调，实现人对自由与必然关系的自觉理解和觉察。“从心所欲”是人达到自由自觉状态，对存在方式进行自主的认知、自行的选择和自为的实践；“不逾矩”是人存在于既定文化体系之中，理解文化体系的限定性，必然处于一定文化模式中，受制于文化的规范性，恪守法律制度、道德规范、风俗习惯，成为特定文化传统和模式所塑造的人。在此，我国的法治文化是社会主义法治文化，必然以马克思主义为基本理论框架，彰显法治的终极指向，即实现自由与必然、自我与他者之间的和谐统一。此种和谐统一的终极目标就是消弭个体、群体与类之间的紧张关系，实现人的文化存在方式的积极扬弃，最终实现“人和自然界之间、人和人之间的矛盾的真正解决，是存在和本质、对象化和自我确证、自由和必然、个体和类之间的斗争的真正解决”②。基于此，社会主义法治文化应彰显法治对人的生存和发展的本真意义。法治不仅仅是国家执政和社会管理层面上的法律规章制度，更是人的文化存在的具体样式和表征，是对人的文化存在的合理性依据和制度性规范。另一方面，就其现实境遇而言，法治是核心价值观内容之一，凸显了公平正义的价值导向。在此，社会主义法治文化发挥化育功能，应以渗透和辐射的方式，拓展至社会政治、经济、精神文化的各个层面，彰显社会主义意识形态导向，弘扬社会主义法治精神，实现全社会对法治精神的本真理解，真正将法治精神作为社会和谐发展、人的自由全面发展的合理性依据和制度性保障。同时，社会主义法治文化应以内化的方式，在“以文化人”的化育过程中真正将法治的核心价值内化于精神世界，真正增强全社会学法、尊法、守法、用法的意识，引导社会大众形成对社会主义法治精神的共同认知、接受、敬畏和内化，使法治所彰显的核心价值观成为全社会自觉构建的精神归宿和价值目标。

其次，社会法治文化在生活规范和习惯层面，培育法治的践行方式。社会法治文化的彰显和贯彻，必然是落脚于社会大众的日常生活之中。在生活规范层面，“加大全民普法力度，建设社会主义法治文化，树立宪法

① 《习近平李克强栗战书赵乐际分别参加全国人大会议一些代表团审议》,《人民日报》2018 年 3 月 11 日。

② 《马克思恩格斯全集》第 42 卷,北京,人民出版社,1979 年,第 120 页。

法律至上、法律面前人人平等的法治理念”①。由此，社会主义法治文化应强化社会大众的规则意识和程序意识，将法治观念内化为人的惯性思维，避免以人治思维、官本位思想取代法治观念，以个人权益的价值诉求遮蔽法治的精神和权威；应注重转化为“日用常行”的日常生活规则和道德规范，在生活的细微点滴中，塑造法治意识，匡正法治行为，维护法治权威。由此，法治文化是深刻省察“法”与“治”的本质关联。换言之，法治文化要基于“法”的本质内涵和价值精髓，以“治”的方式深化到现实生活各个环节，以文化的价值样态凝聚为社会价值共识。在生活习惯层面，法治文化应将法治观念外化为学法、遵法、守法、用法的行为习惯。基于整体社会生活层面，法治观念的践行需要以制度保障和约束的方式，加强社会群体的关系协调和利益协调。基于此，建设社会主义法治文化具有战略布局的重要意义，以治理现代化为发展指向。党的十九大报告指出：“加强社会治理制度建设，完善党委领导、政府负责、社会协同、公众参与、法治保障的社会治理体制，提高社会治理社会化、法治化、智能化、专业化水平。”② 基于个体生活层面，法治观念外化为行为习惯，是在整体社会氛围的营造过程中，在长期的公民意识和法治意识的启蒙过程中，在情、理、法的内在协调中，逐渐得以塑造和形成的。在此，法治文化注重发挥社会“场效应”，在潜移默化的法治人格塑造中，守住法治规范的红线和底线，在不损害他人和社会权益的前提下，实现个人权益的保障和伸张；积极弘扬核心价值观中的“法治”理念，将法治思维、法治意识落实到生产生活实践之中，将法治规则、法治渠道融入精神文明创建之中，终而推进国家治理体系与治理能力现代化建设。

---

① 习近平:《决胜全面建成小康社会　夺取新时代中国特色社会主义伟大胜利——在中国共产党第十九次全国代表大会上的报告》,北京,人民出版社,2017 年,第 39 页。

② 习近平:《决胜全面建成小康社会　夺取新时代中国特色社会主义伟大胜利——在中国共产党第十九次全国代表大会上的报告》,北京,人民出版社,2017 年,第 49 页。

主要参考文献

一、经典文献

[1]《马克思恩格斯全集》第 1、2、3、4、6、16、26、42、47 卷，北京，人民出版社，1995、1957、1960、1958、1961、1964、1975、1979、1979 年。

[2]《马克思恩格斯选集》第 1～4 卷，北京，人民出版社，2012 年。

[3]《马克思恩格斯文集》第 1～10 卷，北京，人民出版社，2009 年。

[4]《毛泽东选集》第 1～4 卷，北京，人民出版社，1991 年。

[5]《习近平谈治国理政》，北京，外文出版社，2014 年。

[6]《习近平谈治国理政》第 2 卷，北京，外文出版社，2017 年。

[7]《习近平谈治国理政》第 3 卷，北京，外文出版社，2020 年。

[8]《习近平总书记重要讲话文章选编》，北京，党建读物出版社、中央文献出版社，2016 年。

二、文件汇编

[1] 中共中央文献研究室编：《中国共产党第十八次全国代表大会文件汇编》，北京，人民出版社，2012 年。

[2] 中共中央文献研究室编：《中国共产党第十八届中央委员会第三次全体会议文件汇编》，北京，人民出版社，2013 年。

[3] 中共中央文献研究室编：《中国共产党第十八届中央委员会第四次全体会议文件汇编》，北京，人民出版社，2014 年。

[4] 中共中央文献研究室编：《中国共产党第十八届中央委员会第五次全体会议文件汇编》，北京，人民出版社，2015 年。

[5] 中共中央文献研究室编：《中国共产党第十八届中央委员会第六次全体会议文件汇编》，北京，人民出版社，2016 年。

[6] 中共中央文献研究室编：《中国共产党第十九次全国代表大会文

件汇编》，北京，人民出版社，2017 年。

[7] 中共中央党史和文献研究院编：《中国共产党第十九届中央委员会第三次全体会议文件汇编》，北京，人民出版社，2018 年。

[8] 中共中央党史和文献研究院编：《中国共产党第十九届中央委员会第四次全体会议文件汇编》，北京，人民出版社，2019 年。

[9] 中共中央党史和文献研究院编：《中国共产党第十九届中央委员会第五次全体会议文件汇编》，北京，人民出版社，2020 年。

[10]《关于实施中华优秀传统文化传承发展工程的意见》，《人民日报》2017 年 1 月 26 日。

[11]《关于培育和践行社会主义核心价值观的意见》，北京，人民出版社，2013 年。

[12]《关于加强和改进新形势下高校思想政治工作的意见》，《人民日报》2017 年 2 月 28 日。

三、学术著作

[1] 梁漱溟：《中国文化要义》，上海，上海人民出版社，2005 年。

[2] 陶行知：《陶行知教育文集》，成都，四川教育出版社，2005 年。

[3] 袁贵仁：《价值观的理论与实践》，北京，北京师范大学出版社，2006 年。

[4] 袁贵仁：《对人的哲学理解》，北京，东方出版中心，2008 年。

[5] 陈先达：《马克思主义与中国传统文化》，北京，人民出版社，2015 年。

[6] 韩庆祥：《马克思的人学理论》，郑州，河南人民出版社，2011 年。

[7] 韩庆祥、邹诗鹏：《人学：人的问题的当代阐释》，昆明，云南人民出版社，2001 年。

[8] 张耀灿、陈万柏：《思想政治教育学原理》，北京，高等教育出版社，2007 年。

[9] 张耀灿等：《现代思想政治教育学》，北京，人民出版社，2006 年。

[10] 韩震：《教育的价值与价值的教育》，北京，人民出版社，2016 年。

[11] 韩震：《社会主义核心价值观与中国文化国际传播》，北京，中国人民大学出版社，2017 年。

[12] 韩震：《社会主义核心价值观·关键词》系列丛书，北京，中国人民大学出版社，2015 年。

[13] 孙伟平：《价值哲学方法论》，北京，中国社会科学出版社，2008 年。

[14] 罗国杰：《马克思主义价值观研究》，北京，人民出版社，2013 年。

[15] 张骥：《马克思主义意识形态引领多样化社会思潮若干问题研究》，北京，人民出版社，2013 年。

[16] 王永贵：《马克思主义意识形态理论与当代中国实践研究》，北京，人民出版社，2013 年。

[17] 黄楠森、龚书铎、陈先达：《有中国特色社会主义文化研究》，济南，山东人民出版社，1999 年。

[18] 邹广文：《当代文化哲学》，北京，人民出版社，2007 年。

[19] 欧阳康：《民族精神——精神家园的内核》，哈尔滨：黑龙江教育出版社，2010 年。

[20] 李德顺、孙伟平、孙美堂：《精神家园：新文化论纲》，哈尔滨：黑龙江教育出版社，2010 年。

[21] 戚万学：《冲突与整合——20 世纪西方道德教育理论》，济南，山东教育出版社，1995 年。

[22] 万光侠等：《思想政治教育的人学基础》，北京，人民出版社，2006 年。

[23] 郭凤志：《德育文化论》，长春，吉林人民出版社，2005 年。

[24] 王仕民：《德育文化论》，广州，中山大学出版社，2007 年。

[25] 陈华洲：《思想政治教育方法论》，武汉，华中师范大学出版社，2010 年。

[26] 祖嘉合：《思想政治教育方法教程》，北京，北京大学出版社，2004 年。

[27] 刘新庚：《现代思想政治教育方法论》，北京，人民出版社，2006 年。

[28] 沈壮海：《思想政治教育有效性研究》（第二版），武汉，武汉大学出版社，2008 年。

[29] 郑永廷：《现代思想道德教育理论与方法》，广州，广东高等教育出版社，2000 年。

[30] 陈正良：《冲突与整合：德育环境的系统构建》，北京，中国社会科学出版社，2005 年。

[31] 赵康太：《中国思想政治教育理论史》，武汉，华中师范大学出版社，2006 年。

[32] 李合亮：《思想政治教育探本——关于起源及本质的研究》，北京，人民出版社，2007 年。

[33] 张景荣：《社会主义核心价值观研究综述》，北京，社会科学文献出版社，2017 年。

［34］田海舰：《培育和践行社会主义核心价值观多维研究》，北京，人民出版社，2015 年。

［35］郭维平：《社会主义核心价值观生成与认同研究》，北京，学习出版社，2016 年。

［36］李世黎：《社会主义核心价值观教育论——以高校思想政治理论课为视角》，北京，人民出版社，2016 年。

［37］毕红梅：《全球化视野中的思想政治教育》，北京，中国社会科学出版社，2006 年。

［38］田鹏颖等：《思想政治教育哲学》，北京，光明日报出版社，2010 年。

［38］周从标：《全球化背景下思想政治教育创新研究》，北京，中国社会科学出版社，2005 年。

［39］张世欣：《思想教育规律论》，杭州，浙江大学出版社，2008 年。

［40］邹诗鹏：《存在论研究》，杭州，上海人民出版社，2005 年。

［41］魏义霞：《存在论：人的存在维度及其哲学回应》，哈尔滨，黑龙江人民出版社，2002 年。

［42］李中华：《中国人学思想史——人学理论与历史》，北京，北京出版社，2005 年。

［43］任浩之：《中国人的精神家园》，北京，北京联合出版公司，2011 年。

［44］韩民青：《文化论》，南宁，广西人民出版社，1989 年。

［45］高占祥：《文化力》，北京，北京大学出版社，2007 年。

［46］骆郁廷：《文化软实力》，北京，中国社会科学出版社，2012 年。

［47］黄力之：《先进文化论》，上海，上海三联书店，2002 年。

［48］李鹏程：《当代文化哲学的沉思》，北京，人民出版社，1994 年。

［49］郭湛：《文化的超越性研究》，哈尔滨，黑龙江人民出版社，2006 年。

［50］何中华：《重读马克思》，济南，山东人民出版社，2009 年。

［51］何中华：《社会发展与现代性批判》，北京，社会科学文献出版社，2007 年。

［52］余维武：《冲突与和谐——价值多元背景下的西方德育改革》，南京，江苏教育出版社，2009 年。

［53］胡长栓：《走向文化哲学》，哈尔滨，黑龙江教育出版社，2008 年。

［54］乐国安等：《社会心理学》，天津，南开大学出版社，2003 年。

［55］邹东涛：《中国经济发展和体制改革报告 No. 1——中国改革开放 30 年（1978～2008）》，北京，社会科学文献出版社，2008 年。

［56］王俊秀等：《中国社会心态研究报告（2018）》，北京，社会科

学文献出版社，2018年。

[57] 杨东平：《中国教育发展报告（2018）》，北京，社会科学文献出版社，2018年。

[58] 廉思：《中国青年发展报告（2018）》，北京，社会科学文献出版社，2018年。

[59] 谢耘耕：《中国社会舆情与危机管理报告（2017）》，北京，社会科学文献出版社，2017年。

[60] 喻国明：《中国社会舆情年度报告（2016～2017）》，北京，人民日报出版社，2018年。

[61] 梅宁华、支庭荣：《中国媒体融合发展报告（2019）》，北京，社会科学文献出版社，2019年。

[62] 罗昕、支庭荣：《中国网络社会治理研究报告（2018）》，北京，社会科学文献出版社，2018年。

[63] 季为民、沈杰：《中国未成年人互联网运用和阅读实践报告（2017～2018）》，北京，社会科学文献出版社，2018年。

[64] 姜畅、孙伟平、戴茂堂：《文化建设蓝皮书：中国文化发展报告（2018）》，北京，社会科学文献出版社，2018年。

[65]〔德〕马克思·舍勒：《人在宇宙中的地位》，陈泽环、沈国庆译，上海，上海文化出版社，1989年。

[66]〔德〕弗洛姆：《为自己的人》，孙依依译，北京，三联书店，1988年。

[67]〔德〕恩斯特·卡西尔：《人论》，甘阳译，上海，上海译文出版社，1985年。

[68]〔德〕米夏埃尔·兰德曼：《哲学人类学》，张乐天译，上海，上海译文出版社，1988年。

[69]〔德〕诺贝特·埃利亚斯：《文明的进程》，王佩莉译，北京，三联书店，1988年。

[70]〔德〕伽达默尔：《真理与方法——哲学诠释学的基本特征》，洪汉鼎译，上海，上海译文出版社，2004年。

[71]〔法〕萨特：《存在主义是一种人道主义》，周煦良、汤永宽译，上海，上海译文出版社，2005年。

[72]〔匈〕卢卡奇：《历史与阶级意识》，杜章智、任立、燕宏远译，北京，商务印书馆，1992年。

[73]〔英〕亚当·斯密：《道德情操论》，王秀莉等译，上海，上海三

联书店，2008 年。

[74]〔英〕爱德华·汤普森：《共有的习惯》，沈汉、王加丰译，上海，上海人民出版社，2002 年。

[75]〔美〕亨利·戴维·梭罗：《寻找精神家园》，方碧霞译，北京，外语教学与研究出版社，2010 年。

[76]〔美〕本尼迪克特：《文化模式》，王炜等译，北京，三联书店，1988 年。

[77]〔美〕克拉克洪等：《文化与个人》，高佳等译，杭州，浙江人民出版社，1986 年。

[78]〔美〕柯尔伯格：《道德教育的哲学》，魏贤超、柯森等译，杭州，浙江教育出版社，2000 年。

[79]〔美〕菲利普·巴格比：《文化：历史的投影》，夏克等译，上海，上海人民出版社，1987 年。

[80]〔德〕赫尔巴特：《普通教育学·教育学讲授纲要》，李其龙译，北京，人民教育出版社，1989 年。

四、学术论文

[1] 袁贵仁：《人的全面发展学说的新境界》，《求是》2001 年第 18 期。

[2] 韩庆祥、陈曙光：《中国特色社会主义新时代的理论阐释》，《中国社会科学》2018 年第 1 期。

[3] 韩庆祥：《中国特色社会主义的独特优势——坚定道路自信、理论自信、制度自信》，《中国社会科学》2013 年第 1 期。

[4] 肖贵清等：《人民主体地位：习近平治国理政新思想的核心理念》，《思想理论教育》2016 年第 12 期。

[5] 秋石：《巩固党和人民团结奋斗的共同思想基础》，《求是》2013 年第 20 期。

[6] 邹广文、杨雨濛：《马克思正义思想对构建人类命运共同体的启示》，《山东社会科学》2018 年第 3 期。

[7] 欧阳康、熊治东：《关于习近平新时代增强改革发展共识的思考》，《社会科学战线》2018 年第 2 期。

[8] 俞可平：《社会自治与社会治理现代化》，《社会政策研究》2016 年第 1 期。

[9] 张耀灿：《新时代中国特色社会主义思想的辩证思维》，《思想政治教育研究》2017 年第 6 期。

［10］万光侠：《马克思“现实的个人”的唯物史观审思》，《中国高校社会科学》2021 年第 1 期。

［11］包心鉴：《习近平新时代中国特色社会主义思想的鲜明特质和社会主义核心价值观的本质规定》，《学校党建与思想教育》2018 年第 1 期。

［12］吴翠丽：《以社会主义核心价值观对虚拟社群价值引领的路径探讨》，《南京社会科学》2018 年第 1 期。

［13］刘丽莉、周建超：《新时代推进社会主义核心价值观融入社会治理路径探赜》，《学校党建与思想教育》2018 年第 1 期。

［14］韩同友、于建业：《社会主义核心价值观与“四个全面”战略布局的内在逻辑关系探析》，《西南大学学报（社会科学版）》2018 年第 2 期。

［15］毛牧然：《网络舆论与社会主义核心价值观宣教》，《理论学刊》2018 年第 1 期。

［16］方原：《传统家训家风与社会主义核心价值观涵育践行研究》，《学校党建与思想教育》2018 年第 3 期。

［17］张宗峰、焦娅敏：《社会主义核心价值观培育的文化认同机制探究》，《思想理论教育》2017 年第 1 期。

［18］杨振闻：《习近平关于社会主义核心价值观的三个核心命题》，《毛泽东研究》2017 年第 1 期。

［19］戴木才：《培养担当民族复兴大任的时代新人——党的十九大报告关于社会主义核心价值观的重要论述》，《道德与文明》2017 年第 6 期。

［20］沈壮海、段立国：《习近平社会主义核心价值观战略思想研究》，《东岳论丛》2017 年第 6 期。

［21］徐志远、张灵：《文化软实力与社会主义核心价值观》，《马克思主义研究》2017 年第 11 期。

［22］桑明旭：《加强社会主义核心价值观的网络话语权建设》，《思想理论教育导刊》2017 年第 4 期。

［23］杨威、刘宇：《论当代家风“场域—惯习”的运作逻辑——基于社会主义核心价值观视域的思考》，《中国特色社会主义研究》2017 年第 2 期。

［24］方原：《传统家训家风与社会主义核心价值观涵育践行研究》，《学校党建与思想教育》2018 年第 5 期。

［25］吴宣恭：《社会主义核心价值观绝不等同于“普世价值”》，《世界社会主义研究》2018 年第 1 期。

［26］梅娟：《哲学向度中社会主义核心价值观的培育和践行》，《广西社会科学》2018 年第 1 期。

［27］褚凤英、李光烨：《论思想政治教育研究模式的转变——以“现代的人”作为思想政治教育研究的出发点》，《思想教育研究》2006 年第 9 期。

［28］王啸：《教育人学内涵探析》，《华东师范大学学报（教育科学版）》2006 年第 1 期。

［29］李令永：《学校的文化功能——一种社会学的视角》，《教育理论与实践》2010 年第 4 期。

［30］顾友仁：《我国当代思想政治教育的文化属性及其选择》，《大连理工大学学报（社会科学版）》2011 年第 12 期。

［31］陈万柏：《论思想政治教育文化载体的特征和功能》，《求索》2005 年第 5 期。

［32］龙静云：《试论道德内化的主客观条件》，《思想理论教育导刊》2009 年第 6 期。

［33］王立仁、吴林龙：《德育实效测评标准研究》，《思想教育研究》2012 年第 9 期。

［34］卢岚：《论现代思想政治教育中的草根性》，《思想政治教育研究》2008 年第 1 期。

［35］曾鹿平：《对单个人的尊重是提升思想政治教育有效性的重要环节》，《学校党建与思想教育》2006 年第 7 期。

［36］叶婷：《思想政治教育中的个性教育》，《学校党建与思想教育》2010 年第 5 期。

［37］董世军：《现代思想政治话语及其困境分析》，《长春大学学报》2007 年第 1 期。

［38］张艳新等：《论现代思想政治教育的本质及其启示》，《教育探索》2006 年第 2 期。

［39］彭湃：《德育哲学的“失语”与回归》，《学校党建与思想教育》2005 年第 7 期。

［40］林存华：《教育世界与生活世界：从“隔离”到“融通”》，《教育理论与实践》2004 年第 10 期。

［41］高伟：《论教育世界的异化和救赎》，《教育理论与实践》2005 年第 4 期。

［42］韦吉锋：《网络思想政治教育与现实思想政治教育关系辨析》，《理论月刊》2005 年第 1 期。

[43] 胡凯：《论思想政治教育的哲学根基》，《思想理论教育》2008年第7期。

[44] 张三元：《思想政治教育与人的全面发展》，《思想政治教育》2002年第21期。

[45] 王希鹏、丁三青：《主体文化自觉：马克思主义文化哲学的现实关怀》，《内蒙古社会科学》2011年第1期。

[46] 项久雨：《思想政治教育价值与人的价值》，《教学与研究》2002年第12期。

[47] 李辽宁：《思想政治教育意识形态功能的思考》，《理论探讨》2006年第3期。

[48] 王举民：《我国社会阶层分化与增强思想政治工作的实效性》，《经济与社会发展》2006年第3期。

[49] 戴锐：《思想政治教育研究范式的回顾与前瞻》，《思想政治教育研究》2009年第3期。

[50] 陈秉公：《以人为本的德育本体论解读》，《教育研究》2005年第12期。

[51] 熊建生：《论思想政治教育内容构建的依据》，《学校党建与思想教育》2009年第3期。

[52] 宋有：《论思想政治教育的文化交往》，《思想教育研究》2013年第1期。

[53] 王树荫：《论思想政治教育形式、内容与效果的辩证关系》，《马克思主义研究》2008年第7期。

[54] 郭毅然：《马克思主义人性论的思想政治教育价值》，《探索》2004年第2期。

[55] 胡建、高玉泉：《人的需要结构发展趋势与高校思想政治教育》，《求索》2004年第10期。

[56] 杨秀莲：《试论人的文化存在方式》，《学术交流》2011年第11期。

[57] 李鹏程：《文化衍变：外化、物化、异化、人化和内化》，《西安交通大学学报》2009年第5期。

[58] 曹文彪：《文的内化与外化的循环系统——关于文化本义的新阐释》，《学术研究》2009年第6期。

[59] 黄力之：《论马克思主义文化哲学的当代构建》，《山东社会科学》2002年第2期。

五、英文文献

[1] Storey, John, 2009: *Cultural Theory and Popular Culture: An Introduction (5th Edition)*, Pearson/Prentice Hall.

[2] Carr, David, Jan Steutel(eds.), 2012: *Virtue Ethics and Moral Education*, Routledge.

[3] Kohli, Wendy(ed.), 2013: *Critical Conversations in Philosophy of Education*, Routledge.

[4] Popkewitz, T., 2013: *Cultural History and Education: Critical Essays on Knowledge and Schooling*, Routledge.

[5] Lee, C. M., M. J. Taylor, 2013: "Moral Education Trends over 40 Years: A Content Analysis of the Journal of Moral Education (1971-2011)", *Journal of Moral Education*, Vol. 42, No. 4.

[6] Noddings, Nel, 2012: "Moral Education in an Age of Globalization", *Educational Philosophy and Theory*, Vol. 42, No. 4.

[7] Kristjánsson, K., 2010: "Educating Moral Emotions or Moral Selves: A False Dichotomy?" *Educational Philosophy and Theory*, Vol. 42, No. 4.

[8] Bonnett, M., 2012: "Environmental Concern, Moral Education and Our Place in Nature", *Journal of Moral Education*, Vol. 41, No. 3.

[9] Duncan, A., 2011: "The Social Studies Are Essential to a Well-rounded Education", *Social Education*, Vol. 75, No. 3.

[10] Alexander, T.M., 2010: "Eros and Spirit: Toward a Humanistic Philosophy of Culture", *The Pluralist*, Vol. 5, No. 2.

[11] David, L., L. Altheide, et al.(eds.), 1995: *An Ecology of Communication*, New York: Aldine de Gruyter.

[12] Philip, L., P. Arnold and Ann Grodzins Gold(eds.), 2001: *Sacred Landscapes and Cultural Politics*, Aldershot, England & Burlington, VT: Ashgate.

[13] Baba, L. Marietfa, 1995: *The Cultural Ecology of the Corporation: Explaining Diversity in Work Group Responses to Organizational Transformation*, Sage CA: Sage Publications.

[14] Edmondson, L. Ricca and Henrike Rau (eds.), 2008: *Environmental Argument and Cultural Difference*, Oxford, New York: Peter Lang.

[15] Lesley, Jennifer, Atchison Head, 2009: *Cultural Ecology: Emerging Human-plant Geographies*, Sage, UK: Sage Publications.

[16] Nazarea, Virginia D., 1998: *Cultural Memory and Biodiversity*, Tucson: University of Arizona Press.

[17] Zimmerer, Karl, 2007: *Cultural Ecology (and Political Ecology) in the Environmental Borderlands: Exploring the Expanded Connectivities within Geography*, Sage, CA: Sage Publications.

[18] Sutton, Mark Q. and E. N. Anderson, 2004: *Introduction to Cultural Ecology*, Walnut Creek, CA: AltaMira Press.

后　记

党的十九大报告明确提出，“中国特色社会主义进入新时代”。本书正是以这一重大论断为理论基点，以新时代为锚定的历史视域和方位，深化阐释新时代、人的文化存在和核心价值观教育的本质关联，探究核心价值观教育创新问题。

具体而言，本书以人的文化存在为切入点，厘清其特征、内容、方式等基础学理问题，以人的文化存在与核心价值观教育的内在关联问题为关键点，基于两者的学理关联，分析人的文化存在如何深刻关涉到核心价值观教育的价值取向、基本规律、基本关系和环境场域，解析核心价值观教育如何渗透着人的文化存在的属性，发挥其文化功能；基于两者的现实关联，在人的文化存在现实境遇的基础上，辩证看待核心价值观教育所面临的机遇与挑战。本书以核心价值观教育创新为落脚点，基于人的文化存在的主体、特性、过程、场域等多维视角，拓展教育内容，构建教育方法论原则，探究教育创新的实现路径。

文化对于人的存在而言，呈现出宏远而精微的文化图景。文化之“大”是无边无垠，贯通了人之存在的全过程，以宏大叙事的方式描绘了人类文明历程的全景，构筑了人类发展的终极目标；文化之“小”则是精微玄妙，贯通了人之存在的全场域，在生活的琐细中渗透出弥远的文化指向，在生活的质朴中凸显出精妙的文化意蕴。尤其是当今中国正处于社会转型过程之中，在宏观与微观层面都深刻改变了人的文化存在的境遇。在宏观层面，各类文化思潮涌动不止，既有跨文化的交流和交融，也有文化价值观念之间的交错和交锋，主流价值观与各类价值观念呈现出“一”与“多”的交织共存的态势。在微观层面，个体的文化存在情境更加多维，既有现实情境中的文化存在体验，也有信息网络技术所营造的虚拟存在体验；个体精神文化需求的层次更多，标准更高，民主意识、权利意识、政治参与意识更为强烈，追求幸福感、提升生活满意度的文化诉求更为强烈。本书立足“怎么看”的问题意识，探究如何观照个体的文化存在境遇，引导社会公众理性、辩证地分析社会问题和个人问题，达成社会共识，积累社会心态的正能量；立足“怎么办”的实践意识，探究如何引导社会公众适度协调个体与群体、社会的利益关系，形成理性的公共意识和行为，以积极的建设心态，以积极践行的方式，凝聚社会合力。这一课题的研究恰恰是基于人的文化存在的现实境遇，以核心价值观教育创新为关键，实现核心价值观教育的价值情怀、理论诉求与人的文化存在现实境遇的高度契合。

人与核心价值观教育之间呈现出“六经注我，我注六经”般的互诠互释关系。人的文化存在作为精神性存在，人的存在的价值、意义和归宿是教育的永恒主题，核心价值观教育则是人的文化存在的具体样式、生成过程和成果。人的文化存在构成了核心价值观教育的逻辑前提和预设，成为衡量教育合理性、实效性的价值标准。核心价值观教育作为培养人、发展人、实现人的实践活动，旨在构建精神世界，孜求终极价值；作为人的文化存在的具体样式，理应承载着文化价值，彰显着文化底蕴，传承着文化基因。

核心价值观教育彰显出“致广大而尽精微”的文化情怀，也必然要融汇出“落细、落小、落实”的实践路径。核心价值观教育作为现实性与超越性共存并进的实践活动，促成了人与文化之间互动融通，实现了人的现实性与超越性的互动协调。基于人的文化存在的超越性，核心价值观教育要具有“高明”的文化意蕴，在“文以载道”的价值诉求中构建国人共有的精神家园。基于人的文化存在的现实性，思想政治教育要具有强烈的现实文化价值。就教育与文化的关系而言，核心价值观教育要以文化与生活相贯通的方式，悄然无声、有机融入至人的文化存在的内容、方式、过程和场域之中，彰显“生生不息”的文化品性、“日用常行”的生活意蕴、“以人为本”的价值旨归；就教育与个体、群体、社会的关系而言，核心价值观教育要在社会主义文化强国建设中，在宏观与微观场域，在显性与隐性的教育灌输、渗透过程中，以思想引导、政治宣传和文化渗透等方式，提升文化自觉，增强文化自信，实现文化自强。

虽然本书已初步完成，但其研究仅是处于起始阶段。这一课题的研究绝然不是预成的，而是基于现实社会文化境遇的变迁、核心价值观教育学科的发展以及研究者的理论眼界转变和提升，处于不断生成的未完成、未完结的研究状态。

在学理研究层面，这一论题研究犹如人生之境界，有的学理仍未悟透，有的问题仍未参透，有的表述仍未说透。关于人的文化存在与核心价值观教育之间的学理关联问题已经在书中进行了初步探究，但仍需要在今后的研究中进一步深化，例如核心价值观教育的文化属性与文化功能之间的学理关系和现实关联等问题应予以深化研究。基于人的文化存在视域，核心价值观教育的发展和创新问题也仍有较大的研究空间和潜力。一是在理论深度上仍需进一步深化，基于人的文化存在的理论维度，核心价值观教育的内容拓展、方法论原则建设和创新途径等方面的研究有待深化。二是在现实境遇的契合度上仍需进一步提升，基于人的文化存在的现实境遇，由宏观、抽象的学理逻辑研究转向微观、具体的操作模式研究，逐渐将理论研究成果向现实教育实践和应用转化。

在实证分析层面，这一论题研究具有较强的现实性，在具体研究和写作过程中，笔者借鉴、援引了相关权威数据、案例以佐证研究理论和论点。但需要指出的是，该课题的研究仍欠缺第一手的调研资料和数据，以及权威性的调研数据。在今后的深化研究中，笔者将进一步加强实证分析，提升调研样本的数量以及广度，增强调查方式的多样性和典型性，强化调研分析的精确性和有效性，做好相应的数据统计和定量分析，以提升该课题研究的信度与效度。

这一论题研究不仅要在学科理论上继续梳理和深究，更要在现实境遇中不断丰富和发展，实现理论与现实的契合、呼应，以此提升教育创新的针对性和实效性。习近平强调："当代中国共产党人和中国人民应该而且一定能够担负起新的文化使命，在实践中进行文化创造，在历史进步中实现文化进步。"① 在此，这一课题需要真正转入现实境遇，这既是理论的内在诉求，也是时代的现实呼应；坚持以人民为中心的文化发展思想，在党总揽全局、协调各方的坚定领导下，在全民族文化创新创造活力的激发中，凝聚实践合力共建社会主义文化强国。

作　者

2021 年 3 月

---

① 习近平：《决胜全面建成小康社会　夺取新时代中国特色社会主义伟大胜利——在中国共产党第十九次全国代表大会上的报告》，北京，人民出版社，2017 年，第 6 页。